HERMENÉUTICA

HERMENÉUTICA

Introducción a la interpretación bíblica

JOHN PHILLIPS

EDITORIAL PORTAVOZ

La misión de *Editorial Portavoz* consiste en proporcionar productos de calidad —con integridad y excelencia—, desde una perspectiva bíblica y confiable, que animen a las personas a conocer y servir a Jesucristo.

Título del original: *Bible Explorer's Guide: How to Understand and Interpret the Bible,* © 1987 por John Phillips y publicado por Kregel Publications, una división de Kregel Inc., 2450 Oak Industrial Drive NE, Grand Rapids, Michigan 49505. Traducido con permiso.

EDITORIAL PORTAVOZ
2450 Oak Industrial Drive NE
Grand Rapids, Michigan 49505 USA
Visítenos en: www.portavoz.com

ISBN 978-0-8254-5746-3
ISBN 978-0-8254-6671-7 (Kindle)
ISBN 978-0-8254-7485-9 (epub)

2 3 4 5 edición / año 25 24 23

Impreso en los Estados Unidos de América
Printed in the United States of America

Contenido

Prólogo

Este es el tipo de libro que ojalá me hubiera dado alguien cuando comencé a estudiar por primera vez la Biblia en serio. Estuve durante años acumulando trozos y piezas de información —un sermón aquí, algún estudio bíblico allí, un comentario en otra parte— hasta que tuve en mis manos una cantidad considerable de información acerca de la Biblia. Estaba familiarizado con las historias de la Biblia y las grandes doctrinas. Tenía algún conocimiento de los temas bíblicos básicos. Pensé que conocía la Biblia y cómo estudiarla. Pensé que estaba lo suficientemente preparado como para enseñar a otras personas.

Sin embargo, en realidad, era un ignorante en grandes áreas de las Escrituras y solo tenía unas nociones muy esquemáticas acerca de cómo debía interpretarse la Biblia. Gran parte de lo que pasaba a los demás era información de segunda mano recogida a lo largo de mi trayectoria y convenientemente asociada a un texto o pasaje de las Escrituras.

¡Ojalá alguien me hubiera enseñado cómo interpretar la Biblia correctamente! Para mí fue una revelación descubrir que existía toda una ciencia llamada *hermenéutica* (la misma palabra era formidable), que había formas correctas e incorrectas de descubrir lo que decía realmente la Biblia en cualquier pasaje concreto. Tenía algún conocimiento de la importancia del contexto: de ver lo general antes de estudiar lo particular, de los peligros de alegorizar con demasiada libertad. Pero fue como ver la luz en medio de la oscuridad descubrir que algunos principios generales, aprendidos y aplicados a la Biblia, podían mantenerlo a uno en un rumbo seguro. (¡Y qué importante es eso! Después de todo, las sectas falsas y los grandes errores del cristianismo tienen sus raíces en no interpretar rectamente la palabra de verdad.)

Al escribir este libro he tenido presente a gente como yo. Este libro no ha sido escrito para los que han tenido la ventaja de realizar un curso sobre hermenéutica en una universidad o seminario bíblico. Ha sido escrito para personas que no cuentan con esas ventajas. Puede que valientemente hayan aceptado la responsabilidad de un púlpito, una clase de Escuela dominical, un grupo de estudio bíblico, pero se encuentran en la condición que acabo de describir. Mi intención no ha sido realizar un estudio erudito de la ciencia de la hermenéutica, sino enunciar los grandes principios de la interpretación. Daré ejemplos de cómo funcionan esos principios y cuán importantes son.

El libro está dividido en dos partes. En la primera, le presento al lector las reglas básicas para manejar la Palabra de Dios (he hecho lo posible para que resultaran interesantes). He presentado gran parte de este material en seminarios de iglesia a lo largo de los años, por lo general con una respuesta muy cálida de quienes asistían al curso. La segunda parte del libro reúne información que ayudará al lector a usar algunos de esos principios de interpretación. La lista de libros del final es bastante subjetiva. Son libros que me han ayudado. Quizás ayuden también a otros.

No espero que a todo el mundo le guste este libro. Los que ya están aferrados a un esquema alegórico de interpretación probablemente no estén de acuerdo con gran parte de lo que dice. Sin embargo, los que abrazan "la regla de oro de la interpretación" —que Dios dice lo que quiere decir y quiere decir lo que dice y que cuando Él nos habla lo hace usando las leyes usuales del lenguaje y la comunicación— con suerte, encontrarán mucho para alentarles y ayudarles en la tarea de "interpretar rectamente la palabra de verdad".

Parte 1
Hermenéutica

Introducción

Una vez le pedí a un amigo que me hiciera un nuevo cableado. Primero instaló muchos tubos por los que pasarían los cables. Luego, de caja en caja, de terminal en terminal, colocó largos trozos de cable grueso, aislado. Cada cable contenía tres cables más, cada uno de ellos bien aislado y cada uno de diferente color: rojo, negro y blanco.

Mi amigo mantenía separados esos cables y prestaba una cuidadosa atención al código de colores. No unía indiscriminadamente el rojo y el negro, el blanco y el rojo, el blanco y el negro. Procedía con la simple regla de que esos cables solo se unirían según las reglas de la electricidad: rojo con rojo, blanco con blanco, negro con negro. Suponga que él hubiera ignorado esa regla sencilla y que hubiera mezclado los tres cables. Al encender la electricidad, se habría producido un desastre total. Es una ley sencilla al cablear un edificio eléctricamente que dichos cables se mantengan separados y que se pueda comprender el lugar y la función de cada uno.

Esto también se aplica a la interpretación de la Biblia. Al igual que cablear una casa, la interpretación bíblica tiene sus reglas.

Hay tres líneas principales de verdad en las Escrituras: La verdad de la *salvación,* la verdad de la *Iglesia* y la verdad del *reino.* Debemos realizar una distinción entre una y otra, manteniéndolas separadas en nuestro pensamiento, uniéndolas solo en el lugar correcto y para los propósitos adecuados. Mezclarlas da como resultado la confusión.

La verdad de la salvación aparece en toda la Biblia, desde Génesis hasta Apocalipsis. Dios siempre tuvo una sola forma de salvar a los pecadores. Su respuesta al pecado humano es el Calvario. No importa en qué época vivieron, los creyentes del Antiguo Testamento anticiparon la cruz. La anhelaban por fe. Los creyentes antes del diluvio, los creyentes en la era de la promesa y los creyentes que vivían bajo la Ley ofrecieron sus sacrificios y se mantuvieron firmes por fe en la salvación ofrecida en el Calvario. Los creyentes en la era de la Iglesia hoy día, los creyentes en la próxima era de la tribulación y los creyentes durante la época milenaria todos miran con fe a la cruz. El Calvario nos incluye a todos.

La verdad de la Iglesia se encuentra solo en el Nuevo Testamento y en particular en las epístolas paulinas. La Iglesia no fue revelada a la gente del Antiguo Testamento, sino que fue un misterio que se les ocultó, mencionado por primera vez por Cristo y llevado a plena luz por el Espíritu Santo en las epístolas paulinas. Si bien la verdad de la Iglesia no fue *revelada* en el Antiguo Testamento, estaba *oculta* allí. En la actualidad, con el Nuevo Testamento a mano, podemos retroceder y verla oculta en los lugares más improbables en tipos y sombras. Sin embargo, los creyentes del Antiguo Testamento no podían ver lo que vemos nosotros. Ya que no conocían nada de la Iglesia, ese hecho debe tenerse presente al interpretar las Escrituras del Antiguo Testamento.

La verdad del reino, como la verdad de la salvación, aparece en toda la Biblia. Dios siempre tuvo la intención de establecer un reino en la tierra y Él no ha abandonado ese objetivo. Muchos de los salmos y la mayoría de los escritos proféticos son ricos en la verdad del reino. Varias parábolas del Señor tratan de la verdad del reino, e intentar leer en ellas la verdad de la salvación o la verdad de la Iglesia solo trae confusión. Por supuesto, algunas de las parábolas sí presentan la verdad de la salvación (la parábola del hijo pródigo, por ejemplo) y algunas apuntan a la verdad de la Iglesia (la parábola de la perla, por ejemplo), pero debemos tener cuidado de no mezclar nuestros cables.

Desde el principio nos enfrentamos con dos caminos posibles a seguir. Encontraremos hombres y mujeres evangélicos en ambos caminos, así que tenemos que averiguar a dónde conducen. En ocasiones ambos caminos se parecen mucho, pero en realidad, sus cursos divergen ampliamente. Algunos dicen que existe un tercer camino (si es que podemos llamarlo así), pero está lleno de baches y nos aleja de la verdad bíblica.

Un camino principal comienza con el principio bíblico de la interpretación *alegórica* y toma la gracia de Dios como su principio de control. Afirma que Dios hace todas las cosas para manifestar su gracia.

La teología que surge de este sistema de interpretación se conoce como teología del pacto. Se dice que el esquema bíblico cubre dos grandes pactos celebrados por Dios con el hombre: uno un pacto de obras y el otro un pacto de gracia.

Este sistema se topa por lo menos con uno de los principales temas a los que se enfrenta el intérprete de la Biblia, la relación de la Iglesia con Israel. El teólogo del pacto identifica la Iglesia como el Israel espiritual. Sin embargo, para hacer eso, se anula todo futuro para la nación de Israel y tampoco permite el reinado milenario de Cristo sobre la tierra.

El otro camino principal comienza con el principio de la interpretación *literal,* con la premisa de que cualquier pasaje de las Escrituras debe ser interpretado literal, gramatical y culturalmente. El principio de control de este sistema no es la gracia de Dios, sino la gloria de Dios. Afirma que Dios hace todas las cosas para manifestar su gloria; un principio unificador más amplio y satisfactorio, creo yo, que la gracia de Dios.

La teología que surge de este sistema es la teología dispensacional. Se considera que la Biblia abarca una cantidad de "dispensaciones" o períodos de tiempo, durante los cuales Dios dejó clara la pecaminosidad del hombre y demostró su fracaso, independientemente de cómo se haya relacionado Dios con él.

Del mismo modo, este sistema de interpretación se topa con el asunto de la relación entre Israel y la Iglesia. La regla literal de la interpretación postula una fuerte distinción entre las dos. La Iglesia no es el Israel espiritual; en cambio Israel y la Iglesia son dos entidades separadas en el trato de Dios con la humanidad. La Iglesia e Israel son tratadas de maneras enteramente diferentes y tienen futuros totalmente distintos. El futuro de la Iglesia llega a su clímax en el "arrebatamiento". El futuro de Israel llega a su momento culminante con la gran tribulación, la batalla de Armagedón y el reinado milenario de Cristo en la tierra.

Entre los evangélicos, tanto el sistema de interpretación alegórico como el literal afirman la doctrina de salvación para los pecadores por medio del Señor Jesucristo. Ambos afirman el estado eterno: gloria para el creyente y la aflicción eterna de los perdidos. Sin embargo, estos puntos de acuerdo no deben cegarnos respecto a las diferencias radicales de los dos sistemas. Este libro sigue el método literal de la interpretación bíblica.

¿Y qué hay de un supuesto tercer "camino"? Este no es realmente un camino bíblico. Por lo general comienza con algún dogma, una filosofía o una experiencia hechos por el hombre y usa textos de la Biblia para respaldar una posición ya adoptada.

Los así llamados "carismáticos", por ejemplo, empiezan con una *experiencia:* un supuesto bautismo del Espíritu, que alguien se arranque a hablar en lenguas, o un supuesto milagro. La "experiencia" puede ser una personal o de alguien más. Parece ser bíblica, ya que la Biblia desde luego hace referencia a la sanación, a los milagros, a la profecía y a hablar en lenguas. Se pueden presentar todo tipo de textos para respaldar la opinión de que estas cosas forman parte de la experiencia cristiana normal y siguen siendo válidas. Un texto favorito para algunos, por ejemplo, es "no impidáis el hablar lenguas" (1 Co. 14:39). Un texto no tan favorito es "cesarán las lenguas" (1 Co. 13:8), especialmente puesto que esta enunciación en el texto original indica que las lenguas "cesarán por sí mismas". Llegarían a un final automático porque solo fueron un fenómeno transitorio.

Los católicos romanos comienzan con el *dogma:* la inmaculada concepción de la Virgen María, el purgatorio, las oraciones por los muertos, la "presencia real" del Señor Jesucristo en la hostia consagrada. Tales dogmas no están respaldados por una exégesis profunda de las Escrituras pero sí por textos de prueba, por apelaciones a la tradición, por los escritos de los padres de la Iglesia y por los Apócrifos. Uno solo necesita adquirir una copia de *The Baltimore Catechism* [El catecismo de Baltimore] y estudiar a partir de sus páginas el dogma católico para ver que no existe ningún respaldo sólido para esos dogmas. Los dogmas se basan en textos tomados fuera de contexto. El gran edificio católico romano está construido en este cimiento de arena.

Antes de que una persona pueda conducir un automóvil, lo primero que se le exige es que aprenda las reglas de la circulación y que convenza a las autoridades de que lo ha hecho. Esto es para su propia seguridad y por la seguridad de todos los que usan las carreteras. Nadie puede ser una ley para sí mismo en las carreteras públicas. No podemos de manera arbitraria conducir en el lado incorrecto del camino, manejar nuestro vehículo a velocidad alta en zonas de escuelas o ignorar las señales viales.

Del mismo modo, antes de interpretar la Biblia la gente debe dominar las reglas de la interpretación bíblica. Si no se consigue eso el maestro de Biblia puede convertirse en un peligro respecto a todo lo que se encuentra. La primera parte de este libro presenta las reglas principales. Estas reglas no son arbitrarias. La mayoría de ellas son simplemente sentido común; el mismo tipo de reglas que aplicamos a la interpretación de todos los escritos.

Por supuesto que la Biblia es única, en cuanto a que el impío no puede desenmarañar para nada sus verdades (1 Co. 2:14). Es más, incluso los creyentes más devotos necesitan que el Espíritu Santo revele sus misterios y maravillas (Jn. 14:16-17; 16:12-15). Al mismo tiempo, el Espíritu Santo utilizó las leyes del lenguaje cuando se escribió la Biblia y Él usa las leyes del lenguaje cuando revela sus verdades. Debemos saber cuáles son esas leyes del lenguaje para poder interpretar rectamente la palabra de verdad (2 Ti. 2:15).

1

La regla de oro

Si el sentido obvio tiene sentido común, no busque otro sentido. *Esa* es la regla de oro de la interpretación de la Biblia. Dios dice lo que quiere decir y quiere decir lo que dice. Debemos leer la Biblia como leemos cualquier otro texto escrito, no intentando forzar algún significado alegórico, místico o figurativo en sus declaraciones llanas. Eso no significa que no puedan extraerse lecciones espirituales de un pasaje de las Escrituras, incluso de un pasaje que se exprese con mucha narrativa. Ni tampoco significa que un pasaje no tenga lecciones más profundas que las que aparecen en la superficie. La Biblia es la Palabra de Dios y, por lo tanto, es inagotable. Sin embargo, debemos aplicarle a la Biblia los mismos principios de sentido común que utilizaríamos al analizar cualquier otro escrito. Debemos buscar el sentido llano de lo que se ha escrito. Una vez determinado *eso,* podemos buscar debajo de la superficie para encontrar un tesoro escondido.

1. En otras palabras, *interpretamos literalmente.* El significado común o reconocido de una palabra es el significado literal de esa palabra. Cuando la gente nos escribe o nos habla, tomamos sus palabras por su valor nominal, incluso cuando están utilizando un lenguaje poético. No vamos en busca de todo tipo de significado oculto enterrado bajo la superficie de lo que ellos quieren decir. Leemos periódicos, revistas, publicaciones de negocios, novelas y libros de texto de forma literal. Cuando nos topamos con una figura retórica, la reconocemos por lo que es, un medio poético de transmitir una idea literal. Usamos modismos, símbolos y expresiones poéticas todos los días, no para transmitir significados ocultos sino para agregar colorido a nuestro discurso.

Así, en la Biblia, cuando leemos la parábola del trigo y la cizaña, reconocemos la aptitud de los símbolos porque la cizaña sí crece prolíficamente en un campo de trigo. Cuando la Biblia se refiere a personas como "perros", reconocemos la validez de la comparación. Sabemos cuán toscos pueden ser los hábitos de los perros en ocasiones y cuán ariscas o aduladoras, inmorales o impuras, pueden ser las personas en sus vidas. En la Biblia se compara a las personas con todo tipo de animales: perros, leones, lobos, puercos, zorros, ovejas. Las características de estos animales ilustran las características humanas.

Antes de decidir que un pasaje de la Biblia es figurativo, primero debemos examinar el significado literal. Solo cuando una interpretación literal demuestra ser absurda o no está para nada en armonía con el contexto o el tema debemos aceptar una interpretación figurativa.

El libro de Salmos, por ejemplo, tiene muchas referencias a Sión. No tenemos por qué pensar que se está aludiendo a la Iglesia en esas ocasiones. Sión era una ciudadela muy conocida en Jerusalén y era un nombre utilizado con frecuencia para referirse a toda la ciudad. Las referencias proféticas a Sión no se refieren a la Iglesia, sino a la ciudad literal de Jerusalén. Es cierto que el autor de Hebreos emplea "Sión" de una manera figurativa, pero lo hace no para identificar a la Iglesia con Israel, sino para realizar un contraste entre los dos. Al interpretar la Biblia literalmente hacemos tolerancias obvias a las modalidades de expresión.

Hace algunos años se pidió a un hombre de negocios estadounidense que se dirigiera a un público chino en Taiwán. Se le proporcionó un intérprete cuya familiaridad con los modismos ingleses era menos que adecuada. El disertante se puso de pie y dijo: "Siento un gran cosquilleo al estar aquí". Una mirada de agonía pasó por el rostro del intérprete. Se encogió de hombros, impotente. Luego anunció al público chino que esperaba: "Este pobre hombre se rasca sin parar para poder estar aquí".

Interpretar una comunicación de forma literal permite totalmente la expresión poética y los modismos. La regla consiste en buscar el significado principal, evidente y con intención a un pasaje e interpretar los símbolos, los tipos, las alegorías y las figuras retóricas como normalmente lo haríamos. Si alguien dice: "Perdí la cabeza por completo", sabemos qué quiere decir. No significa que fue decapitado; significa que actuó sin pensar. Debemos usar el mismo enfoque de sentido común al interpretar la Biblia.

2. *Interpretamos culturalmente.* Para un entendimiento inteligente de algunas partes de la Biblia debemos saber algo de la geografía y del clima del país y de las costumbres e historia de la época. La Biblia no se escribió en el siglo XX, ni fue escrita en occidente. Se escribió a lo largo de un período de 1.500 años en lugares tan lejanos entre sí como Persia en oriente y Roma en occidente y fue escrita por personas procedentes de muchos caminos de la vida. Moisés y Daniel eran estadistas. David, Salomón y Ezequías eran reyes. Amós era un vaquero,

Josué, un soldado. Esdras y Ezequiel eran sacerdotes, Mateo era un recaudador de impuestos. Pedro y Juan eran pescadores, Lucas, médico, Pablo, un erudito. El trasfondo cultural de Éxodo es bien diferente del de Oseas. Casi un siglo separó a Jeremías de Isaías. Durante ese siglo surgió toda una nueva situación internacional. Cuatrocientos turbulentos años intervienen entre Malaquías y Mateo. Al estudiar las historias y profecías del Antiguo Testamento y los libros históricos del Nuevo Testamento, es fundamental tener algún conocimiento de las épocas.

También debemos conocer algo sobre la *geografía* de la Biblia, que es rica y variada. Leemos acerca de montañas, ríos, llanuras, ciudades, cosechas, clima, estaciones, vegetación y animales. Un buen diccionario de la Biblia puede ser útil ya que se especializa en brindar información acerca de estas cosas.

El conocimiento de la geografía de la Biblia nos ayudará, por ejemplo, a comprender el Salmo 29. En realidad es una descripción de una tormenta que dejó una impresión duradera en el alma de David. Sucedió sobre el Mediterráneo (vv. 3-4) y David describe la vista espectacular de la tormenta afuera, en el mar. Luego pasó a la tierra, sacudiendo los poderosos cedros del Líbano y tronando a través de los barrancos del Monte Hermón (Sirión) en el norte (v. 6). A partir de allí, la tormenta se movió hacia el sur sobre el desierto de Cades (v. 8). Sus tremendas reverberaciones hicieron que los becerros nacieran prematuramente. Su viento y su lluvia dejaron despojados los bosques (v. 9). Así, David rastrea el avance de la tormenta desde su primera aparición sobre el Mediterráneo hasta su desaparición final en los desiertos del sur. Luego realiza observaciones y aprende lecciones de la tormenta.

O tomemos, por ejemplo, Ezequiel, capítulos 38 y 39. Es vital recordar que toda la geografía de la Biblia toma como centro Palestina. Cuando leemos sobre una invasión que viene "de las partes más distantes del norte", comprendemos en seguida que esto es el norte, no de Pittsburg o de París, sino de Palestina.

Cuando leemos sobre las "siete iglesias de Asia", no pensamos en un puñado de iglesias en la India, China o Japón. La geografía bíblica dirige nuestra atención a la provincia romana de Asia Menor, una parte de lo que ahora conocemos como Turquía. Muchos de los incidentes en la vida del Señor Jesús pueden comprenderse mucho mejor, dado un conocimiento de la geografía de Tierra Santa.

La Tierra Santa era realmente bastante pequeña, según nos lo muestra la tabla de distancias (en el Israel moderno) en la página siguiente. Las distancias se dan en kilómetros.

¿Quién querría estudiar los viajes misioneros de Pablo sin algunos buenos mapas bíblicos? (Asegúrese de ver la lista de libros útiles enumerados en el Apéndice.)

La historia de la Biblia es tan colorida como su geografía. La Biblia fue escrita con el surgimiento y la caída de grandes imperios como trasfondo. Egipto y Asiria, Babilonia y Persia, Grecia y Roma, todas marchan por sus páginas.

	Beerseba	Cesarea	Capernaum	Damasco	Dan	Gaza	Haifa	Jerusalén	Megido	Tel Aviv
Beerseba		218	267	390	330	43	258	86	214	131
Cesarea	218	—	101	224	163	152	48	131	35	77
Capernaum	267	101	—	128	64	243	83	181	94	168
Damasco	390	224	128	—	101	366	197	304	218	291
Dan	330	163	64	101	—	306	136	243	157	230
Gaza	43	152	243	366	306	—	182	96	160	88
Haifa	258	48	83	197	136	182	—	162	32	107
Jerusalén	86	131	181	304	243	96	162	—	128	66
Megido	214	35	94	218	157	160	32	128	—	85
Tel Aviv	131	77	168	291	230	88	107	66	85	—

Canaán y Siria, Moab y Edom, Amón, Filistea y Arabia, todas vienen y van. Jerusalén, Gaza, Damasco y muchas otras ciudades llenan sus páginas.

Trace un círculo con un radio de 1.400 kilómetros, con Jerusalén como centro, y abarcará Atenas, Estambul, Antioquía, Beirut, Damasco, Bagdad, Alejandría, El Cairo y la Meca. También abarcará el área en la que surgió la mayor parte de la civilización. De Jerusalén a Egipto hay solo 480 kilómetros; a Asiria o Babilonia, aproximadamente 1.100 kilómetros; a Persia, cerca de 1.600 kilómetros; a Grecia, aproximadamente 1.300 y a Roma, cerca de 2.400 kilómetros. Jerusalén está en la zona de paso para las grandes potencias imperiales de la antigüedad. Con razón su historia ha sido tan turbulenta. Fue sitiada muchas veces y tomada y saqueada una y otra vez.

El Monte de los Olivos está un poco más elevado que Jerusalén y sirve como pantalla para dividir la ciudad del desierto que llega hasta el Mar Muerto. Jerusalén misma está a 2.500 pies sobre el nivel del mar mientras que el Mar Muerto está a 1.290 pies por debajo del nivel del mar. Así, bajando de Jerusalén al Mar Muerto, el viajero desciende casi 4.000 pies hasta un clima tropical. Puede haber nieve en las calles de Jerusalén mientras que a 35 kilómetros en Jericó puede hacer calor. Jericó no está lejos del Mar Muerto. Podemos ver en la historia del Señor la verdad literal del hombre que "descendió" desde Jerusalén hasta Jericó. El valle del Jordán forma parte de un gran sistema de fisuras en la corteza terrestre y permanece cálido todo el año.

En las Escrituras leemos "desde Dan hasta Beerseba", siendo las fronteras de la tierra en los tiempos históricos de la Biblia. Pensamos en ello como una gran distancia. Es menos de un día en automóvil. Hay solo 120 kilómetros desde Jerusalén a Nazaret. Belén está a apenas ocho kilómetros de Jerusalén. Desde Jerusalén a Capernaum hay apenas 40 kilómetros. Cuando David estaba con sus ovejas en las colinas de Judea alrededor de Jerusalén, él podía ver el país de los filisteos solo a 32 kilómetros al oeste. Toda la historia del Antiguo Testamento en Palestina tuvo lugar en un país más pequeño que Gales o las tierras altas escocesas.

La gran planicie de Esdraelón, donde se llevará a cabo la batalla de Armagedón, es un valle fértil lleno de vegetación y granjas. Más de un ejército de la antigüedad marchó por ese campo fatídico. Los ejércitos de Egipto, Asiria y Babilonia caminaron por él. En algún lugar allí, Barac obtuvo su victoria sobre Sísara y sus novecientos carruajes de hierro. Allí el buen rey Josías enfrentó la muerte intentando detener una invasión egipcia de su tierra. Sobre las colinas que miran hacia allá abajo, el rey Saúl pasó furtivamente para encontrarse con una bruja. El viñedo de Nabot no estaba lejos de la gran planicie. La cadena montañosa del Carmelo, donde Elías castigó a los profetas de Baal, se eleva desde el extremo de esa amplia área.

Nazaret misma, no muy lejos, era una especie de gran división, no solo entre el norte y el sur, Judea y Galilea, sino entre el Antiguo Testamento y el Nuevo. Nazaret, geográficamente, es una ciudad fronteriza, el puente entre dos mundos. Fue el lugar donde el viajero le decía un "adiós" final a Judea y un "hola" a Galilea al dirigirse al norte y lo opuesto al dirigirse al sur. Hacia el sur estaba la Jerusalén exclusiva, aristocrática y formal. Hacia el norte estaba la Galilea de los gentiles, con caminos militares romanos desde Siria y antiguas rutas comerciales desde el lejano oriente.

Girando hacia el este, uno pasaba Caná y nuevamente llegaba a las colinas, pasando una colina con forma de montura que más adelante se llamó los Cuernos de Hattin, donde Saladino quebró el poder de los cruzados en Palestina. Luego los viajeros veían por primera vez el Mar de Galilea, unos 1.000 pies más abajo, con el zigzagueante río Jordán de un lado y girando y retorciéndose nuevamente del otro. El Mar de Galilea mismo está a unos 700 pies por debajo del nivel del mar. Tiene forma de corazón, 21 kilómetros de largo y aproximadamente 11 kilómetros en su parte más ancha. Está bordeado por montañas cuyas cumbres están en una zona templada y cuyos pies están en una zona subtropical, donde pueden crecer bananas, palmeras y bambúes. Lejos hacia el norte del Monte Hermón se eleva su pico nevado.

En la época de Jesús las colinas de alrededor del lago estaban revestidas de árboles. Los acueductos proporcionaban irrigación. La orilla occidental era una cadena de populosas aldeas y ciudades con verdes jardines, mercados llenos de gente, florecientes desembarcaderos e industrias enérgicas.

La ciudad principal era Tiberias, un centro de la vida romana que Jesús nunca visitó (por lo que sabemos). Allí los griegos y los romanos se codeaban con los galileos nativos. El espléndido palacio herodiano estaba allí, con sus esculturas griegas que ofendían las sensibilidades de los judíos ortodoxos. Allí, también, había un anfiteatro y teatros donde se podrían ver espectáculos de viajeros o luchas de gladiadores, como si se tratara de la misma Roma.

Capernaum, donde Jesús fundó su hogar, estaba solo a 16 kilómetros de la Tiberias romana con sus baños y famoso balneario. Cruzando el lago, las colinas silvestres de Gergesa se apiñaban hacia la orilla.

Aquí fue donde vivió Jesús, donde desfilaron los soldados romanos, donde florecieron los mercaderes griegos, donde los fenicios difundieron sus mercancías exóticas provenientes de tierras distantes más allá del mar, donde las caravanas del este se detenían, donde los soldados y los seguidores de los campamentos se codeaban con gladiadores y juglares, donde los judíos y los gentiles se encontraban en una relación complicada. Jesús eligió no vivir en el centro teológico de Jerusalén, ni entre los esenios ascéticos en el desierto, ni siquiera en la decorosa pero dudosa Nazaret, sino en la abundante Capernaum donde se cruzaban y volvían a cruzar personas de muchas tierras en sus viajes.

El mar de Galilea, habitualmente plácido y quieto como un espejo, está sujeto a tormentas repentinas y violentas que agitan el lago con olas enormes muy capaces de hundir pequeños barcos bajo su superficie. El motivo puede encontrarse en las colinas que lo rodean. Los vientos del oeste vienen soplando por encima de las tierras elevadas, bajan con fuerza sobre el lago a través de muchos desfiladeros y valles y luego surgen con mucha furia sobre el agua que está a bastante profundidad. Como resultado, el mar de Galilea puede ser calmo en un instante y salvaje en el siguiente.

Cuando el lago está calmado tiene otra propiedad, utilizada por el Señor Jesús al dirigirse a las grandes multitudes que se apiñaban en sus orillas para oírlo hablar. Él hacía que las miles de personas se sentaran sobre las laderas mientras que Él mismo permanecía de pie en el borde del agua de espaldas al lago, frente a la multitud o, si no, se sentaba cerca de la orilla en un barco. No necesitaba levantar la voz. Hablaba en un tono de conversación y el lago tras Él, actuando como un altavoz natural, alzaba su voz, la amplificaba y la llevaba por las laderas. Una vez me dirigí a un grupo de hombres de este modo, cerca de Capernaum donde el Señor impartió gran parte de sus enseñanzas. Los hombres se sentaron bastante lejos, donde normalmente no hubieran podido oír a alguien hablar en un tono normal de conversación. Pero oyeron cada una de las palabras que pronuncié mientras les leía, en un tono de voz normal, la historia del sembrador que fue a sembrar. El lago actuaba como micrófono del Señor y como amplificador, diseñado por y para Él cuando Él creó el mundo.

No puede haber duda alguna de que el conocimiento de la geografía bíblica le da color y realismo a nuestra comprensión del Libro.

Un conocimiento de la *historia* y de las intrigas políticas de la época, de antiguos reyes y sus campañas y de la estructura política de las naciones en la época de la Biblia también es útil para comprender algunas partes de la Biblia. Daniel 11 es prácticamente ininteligible si no se tiene conocimiento de las luchas políticas en Medio Oriente después de la caída del imperio griego. Cuanto más sepamos sobre la historia de los tiempos bíblicos, mejor equipados estaremos para detectar algunas de las sutilezas del texto. Por ejemplo, qué luz arroja sobre la rebelión de Absalón saber que Ahitofel era el abuelo de Betsabé. (Asegúrese de analizar la sinopsis de la historia de la Biblia que figura al final del libro.)

El conocimiento de las *costumbres* de la Biblia es tan importante como el conocimiento de la historia y la geografía bíblicas. Los antropólogos dividen la cultura de un pueblo en cultura material y cultura social. Cosas tales como herramientas, casas, armas, vestimenta y utensilios componen la cultura material de un pueblo. Las prácticas y costumbres, los ritos y las ceremonias, las costumbres religiosas, los asuntos económicos y la política componen la cultura social de un pueblo. Algunas cosas de la Biblia que confunden mucho al lector occidental moderno las comprendían perfectamente aquellos para quienes fue originalmente dirigida la Biblia.

Cuando el Señor les dio a sus discípulos instrucciones para encontrar un lugar en el que celebrar su última Pascua, les dijo que siguieran a un hombre: "que lleva un cántaro de agua" (Mr. 14:13). Puesto que solo las mujeres generalmente hacían ese trabajo, las instrucciones eran en verdad específicas. Hubiera sido poco común ver a un hombre llevar a cabo esa función particular en ese tiempo y esa época.

En Mateo 10:8-10 leemos que el Señor envió a sus discípulos a "Sanad enfermos, limpiad leprosos, resucitad muertos, echad fuera demonios". Les dijo cómo debían actuar: "de gracia recibisteis, dad de gracia. No os proveáis de oro, ni plata, ni cobre en vuestros cintos; ni de alforja para el camino, ni de dos túnicas, ni de calzado, ni de bordón" (vea también Mr. 6:8-9; Lc. 9:3). La palabra griega para "alforja" es *péra*. De un estudio de los *papyri* (documentos de todo tipo desde los tiempos griegos clásicos y bíblicos: cartas, contratos, relatos, recibos, tareas escolares, historias, facturas, etc.) nos enteramos qué era una alforja. Era una bolsa de recolección de un mendigo (no una bolsa llena de provisiones para mantenerlos en su misión). Los sacerdotes errantes de templos idólatras llevaban consigo bolsas de mendigo para recaudar dinero para el templo. El Señor les dice a sus discípulos que ellos no deben ganar dinero. Y que tampoco deben *mendigar.* El que los comisionó se ocuparía de todas sus necesidades.

Estos y otros puntos similares destacables de la cultura aportan mucho a nuestra comprensión de la Biblia. En el capítulo 4, se ofrecen más ejemplos.

3. *Interpretamos gramaticalmente.* Debido a ello, es deseable algún tipo de conocimiento de los idiomas en los que fue escrita la Biblia. Las traducciones de la Biblia pueden ser útiles, pero una traducción, independientemente de cuán cuidadosos hayan sido sus traductores, sigue siendo una traducción. Siempre se pierde algo cuando se traduce un mensaje de un idioma a otro. Con la ayuda de un buen diccionario y varios volúmenes reconocidos sobre términos bíblicos, las personas que no saben hebreo y griego pueden vencer su problema hasta cierto punto, por lo menos hasta determinar la etimología y el significado de las palabras. Por supuesto, la sintaxis (la disposición de las palabras) es otro asunto.

Dios ha comunicado su mentalidad al hombre en palabras y las palabras que Él usa son todas vitalmente importantes. No las utiliza de manera arbitraria sino con la precisión más cuidadosa. Tomemos, por ejemplo, la palabra que con frecuencia se traduce como "infierno" en la Biblia Reina-Valera Antigua. Proviene de una palabra griega, *hades,* que literalmente significa "invisible". Denota entonces el lugar que es invisible, la morada de los espíritus que partieron. Pero otras palabras se traducen de manera similar en nuestra Biblia. *Sheól, gehena* y *tártaro,* por ejemplo, todas se refieren al mundo invisible. Los alumnos deben conocer con exactitud con qué palabra están tratando y en qué sentido se usa la palabra en el pasaje que se está estudiando.

Un conocimiento de las palabras originales de la Biblia puede enriquecer la comprensión de las Escrituras. Tomemos por ejemplo la palabra traducidas como "disfrazan" en 2 Corintios 11:13-14. El pasaje dice: "Porque éstos son falsos apóstoles, obreros fraudulentos, que se disfrazan como apóstoles de Cristo. Y no es maravilla, porque el mismo Satanás se disfraza como ángel de luz". La palabra traducida como "disfraza" es *metasjematízo* y significa "cambiar la apariencia exterior, alterar la forma, alterar la presencia, la apariencia o la manera de uno". Conlleva la idea de tomar una expresión externa que no refleja en verdad la naturaleza interna. Kenneth Wuest, que ha hecho mucho por popularizar y explicar el Nuevo Testamento griego para el lector medio, dice que la palabra "mascarada" transmite de manera exacta el sentido de la palabra. Cuando cayó Satanás, se convirtió en un ángel de las tinieblas pero se disfraza de un ángel de luz. Con razón, dice Pablo, esos falsos apóstoles se enmascaran como apóstoles de Cristo.

La sintaxis requiere un conocimiento más profundo de los idiomas originales que de su etimología. La disposición de las palabras en una oración, por lo menos en parte, determina el uso de la palabra. Disponemos palabras en oraciones para transmitir ideas completas. El estudiante diligente debe dominar los idiomas originales o bien buscar una ayuda competente para determinar asuntos relativos a la sintaxis de las oraciones que se están estudiando. (Evidentemente no todos pueden ser expertos en gramática o filólogos —y después de todo, gran parte de la Biblia puede interpretarse de manera adecuada sin recurrir a los idiomas originales— así que nadie debe desalentarse por tener que pedir ayuda.)

Sin embargo, un ejemplo será suficiente para demostrar cuán valiosa puede ser la interpretación de las Escrituras. En Hebreos 1:1-2 leemos: "Dios, habiendo hablado muchas veces y de muchas maneras en otro tiempo a los padres por los profetas, en estos postreros días nos ha hablado por el Hijo". El primer verbo "hablar" está en participio aoristo y debe interpretarse como: "Dios habiendo hablado". El segundo es un indicativo aoristo. El gramático comprendería a partir de esto que Dios comenzó a hablar en el Antiguo Testamento pero no habló todo lo que estaba en su mente. Sin embargo, en Cristo Dios finalmente completó lo que tenía que decir.

Puesto que el significado de las palabras está determinado por el contexto en el que se las encuentra, siempre se debe prestar atención al contexto. Tomemos, por ejemplo, la declaración tan mal utilizada muchas veces: "entendiendo primero esto, que ninguna profecía de la Escritura es de interpretación privada" (2 P. 1:20). En el pasado, la Iglesia católica romana ha usado ese versículo para reforzar su posición de que la interpretación de la Biblia es función de la Iglesia, o de los individuos, y que la Biblia solo puede interpretarse de acuerdo con "el consentimiento unánime de los padres".[1]

---

1. En realidad no existe tal cosa como un "consentimiento unánime", ya que muchos de los padres han denunciado amargamente lo que otros padres han escrito. Jerónimo, por ejemplo, en los seis volúmenes de cartas que todavía se conservan de él, denuncia a Agustín hasta el punto de decir que Jerónimo y Agustín están de acuerdo solo en una cosa: en estar en desacuerdo en todo. Además, los escritos de los padres católicos llenan por lo menos doscientos grandes volúmenes y

¿Qué dice 2 Pedro 1:20? ¿Cómo debemos comprender la frase "interpretación privada"? La palabra "privada" es *ídios*, que aparece aproximadamente ciento catorce veces en la Biblia y casi siempre se traduce como "su propia". En ningún lugar se traduce como "privada" salvo aquí. La palabra *interpretación* es *epílusis* que significa "perder", "resolver", "explicar". El contexto le da el sentido. El siguiente versículo dice: "Porque nunca la profecía fue traída por voluntad humana, sino que los santos hombres de Dios hablaron siendo inspirados por el Espíritu Santo" (v. 21). En otras palabras, los autores de las Escrituras no pusieron su propia construcción sobre las palabras dichas por Dios que ellos escribieron. La referencia en 2 Pedro 1:20 no es tanto hacia la forma en que interpretamos un pasaje de las Escrituras como hacia la forma en que lo manejaron los autores. Se refiere al proceso de *inspiración* y no a los problemas de *interpretación*. El contexto lo hace claro.

La mayoría de nosotros, en la escritura y conversación comunes, no intentamos ocultar lo que queremos comunicar. Decimos, tan llanamente como sabemos hacerlo, justo lo que deseamos transmitir. Dios también hace eso. Deberíamos aplicar las mismas leyes de la Biblia que aplicamos a las palabras de Shakespeare o de Einstein o a las del hombre de la casa de al lado.

Puesto que el principio gramatical de interpretación es tan importante, los dos próximos capítulos de este libro se dedican a explicarlo con mayor detalle y presentan ejemplos adicionales.

---

llevaría años de estudio continuo descubrir sobre qué temas, de haberlos, se pusieron de acuerdo. Algo está evidentemente mal en la posición oficial de Roma sobre el asunto de la interpretación privada.

2

Estudiar las palabras de las Escrituras

Las propias palabras de la Biblia, en los idiomas originales y en los documentos autografiados, son "con el aliento de Dios". Por eso al tratar de averiguar qué es lo que Dios ha dicho con precisión, deberíamos volver al hebreo y al griego originales y al texto más puro disponible.

Este libro está diseñado para ayudar a los hombres y a las mujeres que no pueden hacerlo. Es cierto, los que no saben leer hebreo y griego siempre sufrirán un poco de carencia al exponer las Escrituras. Pero eso en sí mismo no es un problema insuperable. Los estudiantes de la Biblia diligentes cuentan en la actualidad con numerosas ayudas disponibles. Además de las diversas traducciones (de grados que difieren en utilidad y confiabilidad) y de todo tipo de comentarios críticos, podemos recurrir a diccionarios y a obras especializadas que se concentran en las palabras hebreas y griegas originales de la Biblia. (Asegúrese de ver el listado de algunos de ellos al final de este libro.)

Hay tres ayudas que son fundamentales:

1. La *Concordancia* de Strong
2. El *Léxico Griego-Español del Nuevo Testamento* de Alfred E. Tuggy
3. El *Hebrew-Chaldee Lexicon to the Old Testament Scriptures* [Léxico hebreo-caldeo para las Escrituras del Antiguo Testamento] de Gesenius. (En inglés)

Con esos tres libros, complementados por el *Diccionario expositivo de palabras del Antiguo y Nuevo Testamento Exhaustivo* de W. E. Vine y el *Critical Lexicon* [Léxico crítico] de W. E. Bullinger, el estudiante diligente puede adquirir un grado de dominio pasable en cuanto al vocabulario de la Biblia.

Los tres libros principales arriba mencionados proporcionan riqueza de información acerca del original de cada palabra utilizada en la Biblia. Esto es porque en la concordancia de Strong toda palabra de la Biblia está vinculada a un diccionario en la parte de atrás de la concordancia y porque los léxicos de Tuggy y de Gesenius están ligados con el mismo sistema numérico. Media hora con una Biblia y estas tres herramientas convencen a cualquiera del valor y la utilidad de dicho estudio.

Tomemos por ejemplo, la palabra *amor*. Suponga que estamos leyendo en Juan 21 el desafío del Señor a Pedro después de la resurrección: "Cuando hubieron comido, Jesús dijo a Simón Pedro: Simón, hijo de Jonás, ¿me *amas* más que éstos? Le respondió: Sí, Señor; tú sabes que te *amo*..." (v. 15). A partir de la concordancia de Strong, uno descubre que esas dos palabras para expresar *amor* no son la misma palabra en griego. Uno encuentra la palabra *amar* y recorre la columna hasta que se topa con Juan 21:15. Encuentra al final de los renglones los números *25* y *5368*. La diferencia en los números alerta de inmediato respecto al hecho de que se está tratando aquí con dos palabras diferentes para expresar amor, en el mismo versículo bíblico.

Ahora se dirige al diccionario griego al final de la concordancia, a la segunda sección que trata con las palabras griegas. Busca el número *25* y descubre que la palabra *amas* proviene de la palabra griega *agápe*. Busca el número *5368* y halla que la palabra de Pedro era *filéo*. Es más, el diccionario de Strong presenta un breve comentario sobre cada una de estas palabras griegas, indicando la importancia de la palabra en particular. Como veremos en un momento, este comentario a veces puede estar amplificado por el uso de otros diccionarios.

Cuando el Señor usó la palabra *agápe* le estaba preguntando a Pedro si lo amaba con un amor profundo, un amor espiritual, un amor divino (vea Jn. 14:21), el amor que exige la ley (Lc. 10:27), el tipo de amor que llevó a Jesús al Calvario.

Pedro, con mucho mayor conocimiento de sí mismo ahora que el que había demostrado cuando había alardeado de que, si bien todos los otros discípulos podían traicionar al Señor, él nunca lo haría, no se atrevió a usar la palabra del Señor para amor. Usó la palabra *filéo:* "Sí, Señor: Tú sabes que te quiero, que siento afecto por ti".

La tercera vez que el Señor le hizo a Pedro esa pregunta usó la palabra de Pedro para amor: "Le dijo la tercera vez: Simón, hijo de Jonás, ¿me amas *(filéo)*?" (v. 17). Incluso entonces, Pedro no se atrevió a usar la palabra más elevada para amor. De hecho dijo: "Señor, tú sabes que nunca, jamás podré amarte como Tú me amas a mí, pero te amo tanto como es capaz mi pobre corazón humano. Tú lo sabes, Señor".

En muchos casos, se puede hallar un comentario más extendido sobre una palabra griega dada en el léxico de Tuggy. Uno solo toma el número de la palabra de la concordancia de Strong, busca ese número en Tuggy y ve qué luz añadida arroja el léxico sobre la palabra. Lo mismo se aplica a las palabras hebreas del Antiguo Testamento. El léxico de Gesenius proporciona un comentario más amplio.

Además, el sistema de numeración de la concordancia de Strong le permite ver dónde más se usa en la Biblia una palabra griega o hebrea. Tomemos la palabra de Pedro, *filéo.* Al advertir todos los otros lugares donde aparece el número *5368* al final de los renglones bajo "amor" (y sus cognados) se puede comparar el uso de la palabra de Pedro con otros usos de la palabra en el Nuevo Testamento griego. También puede ver con cuánta frecuencia o con cuán poca aparece una palabra dada en el texto original de la Biblia.

Ahora voy a presentar dos estudios extendidos de palabras para demostrar el valor de prestar este tipo de atención a las palabras de las Escrituras.

Para nuestro primer ejemplo, tomemos las palabras para *pecado* en el Antiguo Testamento hebreo.

En español hay varias palabras que son sinónimo de pecado: iniquidad, maldad, mal, etc. Solemos usar esas palabras de forma descuidada.

El hebreo del Antiguo Testamento tiene aproximadamente una docena de palabras para pecado, que el Espíritu Santo utiliza con gran precisión. Cada palabra es elegida para expresar un matiz diferente de significado. Un conocimiento de estas palabras y de cómo se usaron es útil para comprender bien qué piensa Dios y qué dice sobre los errores humanos. En este estudio vamos a observar estas palabras y vamos a ver cómo las emplea el Espíritu de Dios.

1. *Kjatá*

La palabra *kjatá* es la palabra usual en el Antiguo Testamento para pecado. Significa "errar el tiro". La palabra se usa de una forma diferente pero reveladora en relación a determinados guerreros de la tribu de Benjamín. El Espíritu de Dios dice de estas personas que: "tiraban una piedra con la honda a un cabello, y no erraban" (Jue. 20:16). La palabra para "erraban" es *kjatá,* la palabra habitual para pecado. Entonces, el pecado es un asunto de errar el tiro.

Dios ha establecido una meta. Esa meta es su Palabra. Él nos dice: "Esa es mi norma moral. Apunten hacia ella". La idea tras la palabra *kjatá* es la de fracasar al intentar dar en el blanco. No necesariamente implica un pecado voluntario, si bien por supuesto generalmente lo es. Primero encontramos esta palabra en Génesis 4:7 en conexión con Caín. Él había llevado lo que consideraba una ofrenda digna de Dios, la obra de sus propias manos, sobre la cual había trabajado mucho y de forma ardua. Dios la rechazó porque no pudo tomar en cuenta la necesidad de perdón de Caín. Caín estaba furioso. Dios dijo: "Si bien hicieres,

¿no serás enaltecido?Y si no hicieres bien, el pecado *(kjatá)* está a la puerta". La religión de Caín era el pecado. Erraba el tiro.

Tenemos lo mismo en conexión con los reyes del reino norte de Israel. Un refrán se repite más de veinte veces en el libro de Reyes. Les dice que caminaron en los pecados de Jeroboam que "ha hecho pecar a Israel". La primera aparición es en 1 Reyes 14:16. La palabra para el pecado de Jeroboam es *kjatá*. Hizo que Israel errara el tiro. Lo hizo estableciendo un sistema religioso falso. Ese es el problema con la mera religión. Hace que la gente yerre el tiro y eso es sinónimo de pecado en el Antiguo Testamento.

2. *Asbám*

La palabra *asbám* significa "transgredir". Conlleva la idea de pecar a través de la ignorancia o por error. La palabra se usa frecuentemente en relación con la ofrenda de expiación (Lv. 5:5-6 y en otras partes). La idea tras *asbám* es la de romper uno de los mandamientos de Dios por ignorancia. Aunque uno ignorara seguiría siendo culpable. Legalmente, la ignorancia no es excusa. Cuando uno se daba cuenta de su transgresión tenía que enmendarla.

Estamos demasiado preocupados por los números. Cuando David resolvió realizar un censo nacional de su pueblo, lo hizo por orgullo y voluntad propia y sin tener en cuenta lo que decía la ley de Dios sobre numerar al pueblo de Dios. Joab, por lo general un oportunista egoísta, tenía razón por primera vez. Dijo: "Añada Jehová a su pueblo cien veces más, rey señor mío; ¿no son todos estos siervos de mi señor? ¿Para qué procura mi señor esto, que será para pecado (*asbám*) a Israel?" (1 Cr. 21:3). Dios no quería que su pueblo fuera numerado como un asunto de publicidad y orgullo. David siguió adelante y lo hizo de todos modos, con resultados terribles. Al confesar lo que había hecho, David usó la otra palabra, *(kjatá)*. Dijo: "He pecado gravemente" (v. 8). Había errado el tiro. Las enmiendas que tuvo que hacer fueron de hecho costosas, como lo demuestra el resto de la historia.

Tenemos ideas imprecisas respecto al pecado. Pecamos contra Dios y sus normas sin saber siquiera que lo hemos hecho. Pero Dios no nos excusa en ese terreno. Los pecados de ignorancia son tan graves a su vista como cualquier otro tipo de pecado. Así encontramos en Isaías 53:10 que Dios dice del Señor Jesús: "Cuando haya puesto su vida en expiación por el pecado (*asbám)*, verá linaje". Algunos pecados se cometen por ignorancia pero Jesús tuvo que pagar por esos pecados también, a un costo infinito.

3. *Avén*

La palabra *avén* lleva consigo la idea de iniquidad. En el Antiguo Testamento, esta palabra se usa con frecuencia en relación con la idolatría. En 1 Reyes 12:28-33 tenemos un ejemplo clásico. Jeroboam, el primer rey del reino del norte, resolvió mantener a su pueblo alejado de Jerusalén y del templo.

Estableció una religión rival. Construyó dos templos, el principal en Bet-el, un lugar de recuerdos venerados en la historia hebrea. Allí colocó un becerro de oro para que la gente lo adorara. Se convirtió en una artimaña que condujo finalmente a la ruina completa del reino. El nombre Bet-el significa "la casa de Dios". El profeta Oseas cambió el nombre de Bet-el a Bet-*avén* "la casa de la iniquidad" (Os. 4:15).

En su uso general en el Antiguo Testamento, *avén* no significa tanto una violación de la ley de Dios como un derrame general de la naturaleza humana caída por mal comportamiento. No somos pecadores porque pequemos. Pecamos porque somos pecadores. Hago lo que hago porque soy lo que soy. La palabra proviene de una raíz que significa "jadear" o ejercitarse uno en vano. Con frecuencia conlleva la idea de vanidad. Tanto pensamiento y tanta actividad humanos son vanos desde el punto de vista de Dios, sin valor, sin conducir a nada.

4. *Avón*

La palabra *avón* generalmente se traduce como "iniquidad" en el Antiguo Testamento. Significa "ser doblado" o ser torcido. Describe todo el mal, la propensión al mal, de la naturaleza humana. Representa aquello que somos por naturaleza, por nuestra perversidad natural. Esa condición es algo que nunca se erradica por completo de nuestra naturaleza en esta vida.

Después del terrible pecado de David con Betsabé y el subsiguiente asesinato de su marido, seguido por semanas de testaruda hipocresía y la pretensión arrogante de que no había hecho nada malo, cuando finalmente el profeta Natán vino a él con el mensaje de ira de Dios, David se postró de rodillas. De su corazón vertió la confesión terrible del Salmo 32: "Bienaventurado aquel cuya *transgresión* ha sido perdonada, y cubierto su *pecado*. Bienaventurado el hombre a quien Jehová no culpa de *iniquidad"(*vv. 1-2). David usó tres palabras hebreas para describir su culpa. Él la llamó transgresión. La palabra es *pésha*, que significa rebelión. Todavía no hemos estudiado esa palabra. El pecado de David fue un acto de rebelión arbitraria contra Dios. Él también la llamó *pecado (kjatá)*. Su pecado fue errar por mucho el tiro. Había caído lejos, muy lejos de la gloria de Dios. También la llamó iniquidad (*avón*), un acto de perversión. Fue una expresión de la propensión de su naturaleza, una muestra del mal innato de su ser.

La palabra *avón* aparece por primera vez en Génesis 15:16, donde Dios, habiéndole prometido la Tierra Prometida a Abraham, le dijo que, si bien la escritura ahora era suya, la posesión de la propiedad se pospondría por un tiempo: "porque aún no ha llegado a su colmo la maldad del amorreo hasta aquí", dijo Él. La palabra que va allí es *avón*. La propensión al mal, las propensiones de los amorreos aún no estaban derramando la copa de la paciencia de Dios. Sus idolatrías e inmoralidades todavía iban a seguir.

Esta palabra se usa nuevamente para describir la horrible vileza del pueblo de Sodoma con su estilo de vida perverso que requirió la venganza de Dios. "Y al rayar el alba, los ángeles daban prisa a Lot, diciendo: Levántate, toma tu mujer, y tus dos hijas que se hallan aquí, para que no perezcas en el castigo *(avón)* de la ciudad" (Gn. 19:15). La propensión al mal o perversiones de Sodoma requirieron la venganza del fuego eterno. Dios estaba a punto de hacer llover el infierno desde el cielo sobre la ciudad. Él usa esta palabra *avón* para describir a su sociedad homosexual.

La palabra la usa Simei al confesar su pecado a David. Cuando David huyó de Absalón, este hombre malvado dio paso libre a los pensamientos urdidos, propensos al mal y retorcidos de su corazón mediante juramentos viles y maldiciones contra el ungido del Señor. Cuando David regresó, Simei estaba desesperadamente temeroso por haber dado un reinado pleno a su maldad. "No me culpe mi señor de iniquidad *(avón)*", dijo (2 S. 19:19). Las personas que se oponen a Cristo revelan la misma torcedura de carácter.

La palabra es usada en Levítico 16:21 en relación con el día de expiación. En ese día se tomaba una cabra y se confesaba sobre su cabeza toda la culpa de la nación de Israel: "y pondrá Aarón sus dos manos sobre la cabeza del macho cabrío vivo [ambas manos por solemnidad —y solo aquí en esta ocasión], y confesará sobre él todas las iniquidades *(avón)* . . . todas sus rebeliones [la palabra *pésha* usada por David al describir su rebelión] y todos sus pecados *(kjatá)*, poniéndolos así sobre la cabeza del macho cabrío, y lo enviará al desierto por mano de un hombre destinado a esto". Aarón usó las tres palabras que usó David. Sin embargo, la primera y más importante fue *avón*. Fue la propensión al mal incurable de su naturaleza humana la que había que confesar primero.

5. *Amál*

La palabra *amál* conlleva la idea de problema, trabajo y tarea. Describe el peso del pecado: el problema que produce y cuán doloroso es. Esta palabra es poco frecuente en el Antiguo Testamento y se traduce de diversas maneras.

Salomón, al final de su vida derrochada y gastada, recordando sus locuras y fracasos, con la esperanza de poder contar con sus días para volver a vivir, consciente de que había vivido para el mundo equivocado, usó esta palabra. La utilizó en Eclesiastés una docena de veces en rápida sucesión. Dijo: "Aborrecí, por tanto, la vida, porque la obra que se hace debajo del sol me era fastidiosa; por cuanto todo es vanidad y aflicción de espíritu. Asimismo aborrecí todo mi trabajo *(amál)* que había hecho debajo del sol" (Ec. 2:17-18). La palabra para *trabajo* podría ser sinónimo de pecado. Las grandes obras, los trabajos magníficos que realizó en Jerusalén, todos a expensas de la opresión y el trabajo sudoroso, sumaban *amál,* el pecado. Independientemente de cuán magnífico y espectacular pudiera parecerle el resultado final a los demás, en su alma secreta Salomón, ahora que estaba en el final de su vida, lo resumió todo como pecado. ¿Qué tragedia más grande que esa podría uno enfrentar? Darse cuenta de que todo por lo que uno ha trabajado de forma tan ardua se convierte en pecado porque Dios ha sido dejado afuera.

Salomón usa más tarde la misma palabra. Dice: "Este también es un gran mal [aquí emplea un término que analizaremos más tarde, una palabra que significa "maligno" o "injurioso", que conlleva la idea de obscenidad y depravación], que como vino, así ha de volver. ¿Y de qué le aprovechó trabajar *(amál)* en vano? (Ec. 5:16). Salomón ve la vida como algo obsceno cuando las personas invierten todo su tiempo, sus talentos y sus tesoros buscando cosas que son vacías e imposibles de mantener una vez logradas. Esa es su evaluación de su propia vida, tan derrochada de manera miserable en el mundo equivocado.

La palabra *amál* fue arrojada al rostro del pobre Job por Elifaz en su segunda alocución (Job 15:35). Lo dice en tercera persona, pero se refería a Job. Dijo: "Concibieron dolor *(amál)* dieron a luz iniquidad". Estaba comparando a Job con los hipócritas. Estaba diciendo que Job era un opresor, que había ocasionado problemas. Estaba diciendo que los pesos terribles que ahora recaían sobre Job por orden de Dios fueron así porque se lo merecía. Su pecado lo había descubierto. Si bien fingía ser bueno, realmente había sido un hipócrita. Ahora el dolor *(amál)* había llegado a su hogar para quedarse, así que le venía bien.

Era algo terrible decirle eso a un hombre cuya integridad era asunto del cielo. El espíritu servicial de Job para con todos, su generosidad, bondad y preocupación por los necesitados no podían ser cuestionados. Pocas personas habían vivido tan libres de todo lo que implica la palabra *amál* como lo hizo Job.

6. *Ável*

La palabra *ável* significa literalmente "injusto". Compendia la falta de justicia, el engaño, la deshonestidad innata y la injusticia de pecado. Salomón usó la palabra cuando escribió: "Abominación es a los justos un hombre inicuo (*ável*)" (Pr. 29:27). Si engañamos a alguien o lo timamos o decimos una mentira, nuestro comportamiento cae bajo el látigo de esta palabra.

Moisés empleó este término al exigir el cumplimiento estricto de la justicia en Israel: "No harás injusticia *(ável)* en el juicio" (Lv. 19:15, 35). Ejemplificó esto al exigir que ningún juez discriminase contra los pobres o fuera deferente con los poderosos y que ningún hombre de negocios usase pesas y medidas falsas al realizar sus asuntos.

7. *Abár*

La palabra *abár* significa literalmente "ir más allá". Conlleva la idea de transgresión. David usa esta palabra para describir pecados de la lengua. "He resuelto que mi boca no haga transgresión *(abár)*" (Sal. 17:3). En ningún área de la vida somos más propensos a ir más allá de los límites prudentes, a ir más allá de lo que es bueno, verdadero y necesario, que en nuestro discurso. Da miedo pensar que Jesús de manera solemne dijo que: "de toda palabra ociosa que hablen los hombres, de ella darán cuenta en el día del juicio".

El profeta Oseas, en una tierra apóstata y consciente de que el ejército asirio pronto sería utilizado como el instrumento de castigo de Dios, dijo que Israel había: "traspasado el pacto" (Os. 6:7; 8:1). Habían ido demasiado lejos. Habían cruzado esa frontera oculta entre la misericordia de Dios y su ira.

8. *Raá*

La palabra *raá* significa "maligno" o "injurioso". Conlleva la idea de romper con todo lo que es bueno y deseable en la vida. Con frecuencia se emplea para describir corrupción, lujuria y depravación. Aparece con frecuencia en los Salmos. En griego una palabra equivalente es *ponerós* (de esta palabra obtenemos nuestra palabra *pornografía)*. En la versión inglesa King James se traduce a veces como "*naughty*" [travieso], una forma totalmente inadecuada de traducir la palabra.

Encontramos *raá* usado de este modo, por Eliab, el hermano mayor de David. Cuando David llegó al frente, enviado allí por su padre y oyó el alarde de Goliat, expresó su sorpresa de que nadie en Israel se animara a luchar contra el gigante. El hermano mayor de David dijo de manera maliciosa: "Yo conozco tu soberbia y la malicia (*raá*, la lujuria) de tu corazón" (1 S. 17:28).

Eliab estaba celoso de su hermano menor, el cual había sido ungido por Samuel para ser el futuro rey de Israel. Su crítica de David era difamatoria.

Salomón usó la palabra de una manera interesante al describir la forma en que se llevaba a cabo el regateo en un mercado oriental: "El que compra dice: Malo es, malo es [*raá*]; mas cuando se aparta, se alaba" (Pr. 20:14). Podemos fácilmente imaginar la escena. Podemos ver al comprador mirando la mercancía que se le ofrece para la venta. "Mala, muy mala", dice, sacudiendo la cabeza y menospreciando el valor del artículo en cuestión. Él usó la palabra más fuerte en la que pudo pensar para bajar su valor *(raá)*. Pero una vez que la negociación se ha logrado, canta otra canción.

Luego está la famosa frase de Jeremías que tan enérgicamente ilustra cómo ha cambiado el idioma con el paso de los siglos. Describiendo a Israel bajo el simbolismo de los higos que el profeta había visto en una cesta, los llama higos "malos" *(raá)*. En este caso, la palabra *raá* indica que los higos estaban podridos, un símbolo apto para una nación apóstata que estaba podrida hasta su núcleo.

9. *Pésha*

La palabra *pésha* significa "sublevarse" o "rebelión". Habla del pecado como un acto de rebelión contra la autoridad legal. En varios de sus salmos penitentes David usa esta palabra. Por ejemplo en el Salmo 51:1: "Borra mis rebeliones (*pésha*)", implora. Luego promete que él enseñará "a los transgresores (*pésha)* tus caminos" (v. 13). El adulterio de David y su asesinato de Urías infringieron las leyes de Dios de forma arbitraria. Hoy día solemos mirar la inmoralidad como algo excusable, algo que nuestra sociedad tolera y permite. Dios la denomina rebelión contra su autoridad. Él nos advierte que nunca pasa sin ser castigada.

En un poderoso pasaje, el profeta Isaías registra el lamento de Dios por la continua ignorancia respecto a Él. Dice que Israel se cansó de Él. Y... Él se cansó de ellos. Luego, contra un triste catálogo de los pecados de indiferencia de Israel, Dios dice: "Yo, yo soy el que borra tus rebeliones (*pésha)* por amor de mí mismo, y no me acordaré de tus pecados *(kjatá,* errar el tiro)" (Is. 43:25). Vaya revelación la de que eso es motivo de perdón de Dios. Nuestra rebelión, nuestra completa incapacidad de dar en el blanco que Él ha establecido, es dejada de lado por Dios por amor de sí mismo. Lo hace para satisfacer alguna necesidad profunda dentro de su propio carácter como un Dios de compasión y amor.

10. *Rashá*

La palabra *rashá* significa "impiedad". Describe el trabajo incansable, incesante de nuestra naturaleza humana caída. En su primer lamento por sus pérdidas, aflicciones y terribles dolores físicos, Job lamentó no haber muerto en su nacimiento. Entonces viviría en una tierra, dijo él, donde "los impíos (*rashá)* dejan de perturbar" (Job 3:17).

En una de sus grandes profecías (Is. 53), el profeta Isaías usó el término *rashá* de un modo notable. Prediciendo qué haría la gente con el cuerpo del Señor Jesús, dijo: "Y se dispuso con los impíos su sepultura" (Is. 53:9). O, como puede parafrasearse: "Uno [o ellos] hizo [designó, asignó] su sepultura con los impíos". La palabra es *rashá*. Aquí figura en plural. La idea es que le dieron una sepultura con criminales. Fue una falta de dignidad final que las autoridades planificaron para el Hijo de Dios, el Santo de Israel. Iban a arrojar su cuerpo a una fosa común o bien arrojarlo a los fuegos de Gehinom. Sin embargo, tuvieron en cuenta a Dios y a José de Arimatea, que se ocupó de que fuera enterrado de forma honorable con los ricos.

Otro uso bien conocido de esta palabra es también del profeta Isaías. "los impíos (*rashá)* son como el mar en tempestad, que no puede estarse quieto, y sus aguas arrojan cieno y lodo. No hay paz, dijo mi Dios, para los impíos (*rashá)*" (Is. 57:20-21). Así que vemos aquí que el pensamiento subyacente tras este concepto de pecado es la desazón. Cualquier cosa puede tener el impío, pero no tiene descanso ni paz.

11. *Maál*

La palabra *maál* conlleva el pensamiento de traición, de infidelidad. Es la palabra usada para describir una violación de la confianza, o la ruptura de un contrato. Se usa para el pecado de cometer una ofensa contra "las cosas santas de Jehová" (Lv. 5:15). La palabra se refiere a la infidelidad respecto del pacto. Al advertir a Israel sobre los castigos que seguirían si quebraban su pacto, Dios dijo: "Y los que queden de vosotros decaerán en las tierras de vuestros enemigos por su iniquidad (*avón,* su torcedura o retorcimiento)... Y confesarán... la iniquidad (*avón)* de sus padres, por su prevaricación (*maál,* traición) que prevaricaron (*maál)* contra mí... Entonces yo recordaré mi pacto... (Lv. 26:39-42). En otras palabras, el pecado es un acto de alta traición contra el trono de Dios. Trae una anulación de las promesas de Dios.

La palabra se utiliza en conexión con la infidelidad matrimonial. "Si la mujer de alguno se descarriare, y le fuere infiel (*maál)*..." es la forma en la que lo dice la ley (Nm. 5:12). El adulterio es un acto de traición.

Moisés fue mantenido alejado de la Tierra Prometida por algo que él hizo. En Meriba Dios le dijo que le hablara a la roca para que fluyeran las aguas vivientes para Israel. Anteriormente, una vez se le dijo que golpeara la piedra. Esta vez tenía que hablarle. Sin embargo, Moisés perdió los nervios con los hijos de Israel y en lugar de hablarle a la roca, la golpeó. Al narrar el incidente a Israel y el desagrado severo de Dios con él, cuenta cómo Dios le dijo que se preparara para la muerte: "por cuanto pecasteis (*maál)* contra mí en medio de los hijos de Israel en las aguas de Meriba de Cades" (Dt. 32:51).

¿Qué tenía de grave este acto de traición? La roca había sido golpeada una vez. No iba a ser golpeada de nuevo. Él solo tenía que hablarle ahora. La roca simbolizaba a Cristo. El Señor sólo debía ser golpeado una vez. El Calvario no iba a repetirse nunca en la historia del universo. Solo una vez Dios golpearía a su Hijo. Todo lo que tenemos que hacer ahora para asegurar la bendición es hablar con Él. Que Moisés golpeara la roca una segunda vez era una ofensa grave, un acto de alta traición contra la verdad de Dios. Le costó la vida y su exclusión de la Tierra Prometida en ese momento.

La misma palabra se emplea en relación con el pecado de Acán. Dios había declarado que todos los despojos de Jericó serían suyos. Eran las primicias de una vida de victoria. Sin embargo, Acán robó algunos de esos restos. Más tarde, cuando Israel luchó contra Hai fueron derrotados y cuando Josué le preguntó a Dios el motivo, Dios reveló el pecado de Acán. El Espíritu Santo, al registrar el incidente dice: "Pero los hijos de Israel cometieron una prevaricación (*maál)* en cuanto al anatema" (Jos. 7:1). El pecado de Acán fue un acto de alta traición contra la ley de Dios y contra esos principios de confianza y obediencia que hicieron posible que el pueblo de Dios viviera en victoria. Él pagó un precio elevado por su traición. El pecado es algo serio.

12. *Shagág*

La palabra *shagág* se usa para describir el pecado como un acto de imprudencia, de temeridad, el resultado de ser engañado. No se emplea para describir el pecado voluntario. *Shagág* se utiliza para describir los tipos de pecado que la gente comete cuando se dejan llevar por el ardor de la pasión o cuando están ebrios. Tales pecados se distinguen de los pecados de presunción, de los pecados que se cometen deliberada y flagrantemente.

En Números 15:28 se usa esta palabra para describir un pecado cometido por ignorancia. "Y el sacerdote hará expiación por la persona que haya pecado por yerro (*shagág*)". Aunque podemos pecar de manera impetuosa, como resultado de ser víctimas de un engaño, o como resultado de una intensa pasión, sigue siendo un pecado. Seguimos siendo culpables. Aún hay que expiarse.

El autor del Salmo 119 utiliza esta palabra en varias ocasiones. Él ora: "No me dejes desviarme (*shagág*) de tus mandamientos" (Sal. 119:10). Dice: "Reprendiste a los soberbios, los malditos, que se desvían (*shagág*) de tus mandamientos" (Sal. 119:21).

Entonces allí lo tenemos: doce palabras para describir todas las tonalidades y variedades del pecado. Pecado como errarle el tiro y no estar a la altura de la gloria de Dios. El pecado como un yerro, como algo que se realiza de manera ignorante. El pecado expresando la perversidad, la torcedura y el retorcimiento de la naturaleza humana caída. El pecado a la luz de todo el problema que les causa a los demás. El pecado como un acto de injusticia y engaño. El pecado yendo más allá de los límites fijados por todo lo que es bueno. El pecado como pornografía y perversión. El pecado como una rebelión arbitraria contra Dios. El pecado como iniquidad: la obra incansable de nuestra naturaleza caída. El pecado como un acto de traición contra Dios o contra otros seres humanos. El pecado como resultado de la pasión, como resultado de la imprudencia, como resultado de ser víctima de un engaño. El pecado en todo su horror acumulativo. Con razón necesitamos un Salvador.

Estas son las palabras del Antiguo Testamento para expresar el término pecado. El Nuevo Testamento tiene un vocabulario igualmente rico y versátil para las maldades humanas:

—*jarmatáno,* errar el tiro.
—*paráptoma,* descarriarse.
—*ponería,* depravación moral.
—*kakós,* deseo vicioso.
—*ánomos,* desprecio por la ley.
—*ádsesmos,* ataque deliberado a todas las restricciones divinas y humanas para poder satisfacer nuestros malos deseos.
—*asébeia,* impío, describe a los que no temen a Dios y no reverencian las cosas sagradas.
—*apeidseia,* no dispuesto a ser persuadido, o simplemente obstinado.
—*parakoé,* desobediencia, o negarse a escuchar.
—*parérjomai,* ignorar, pasar por alto.
—*parabaíno,* violar, o ir más allá de los límites.
—*adikia,* malos actos, injusticia.
—*paranomía,* desafiar la ley o la costumbre.

—*planáo,* hacer que alguien se descarríe (literalmente, vagar), usado particularmente para describir el error doctrinal y el engaño de naturaleza religiosa.
—*astojéo,* desviarse.
—*jéttema,* dar menos que la medida completa.

Con una buena concordancia y un léxico el estudiante diligente puede recopilar muchos ejemplos del uso de estas palabras. Con una docena de palabras del Antiguo Testamento y dos docenas del Nuevo, el Espíritu Santo nos ha dado una imagen vívida y que genera temor sobre el perjuicio que el pecado hace al alma humana.

Ahora observemos qué dice el Espíritu Santo sobre el mundo invisible.

Un examen cuidadoso de las palabras utilizadas en el texto original, por el Espíritu Santo, es fundamental si vamos a tratar de entender de manera exacta qué es lo que Él nos reveló acerca del *mundo invisible.* Varias palabras hebreas y griegas nos revelan los misterios que yacen más allá del sepulcro. En este estudio vamos a analizarlas con cuidado.

La primera palabra es:

1. *Sheól*

La palabra *sheól* se encuentra sesenta y cinco veces en el Antiguo Testamento. Es traducida en la Versión Reina-Valera como "Seol".

La idea básica tras la palabra *sheól* es "el sepulcro", *el* sepulcro a diferencia de *un* sepulcro o lugar de entierro. En hebreo las palabras que se emplean para describir la tumba son *québer* y *bor*, no *sheól.*

2. *Hades*

La palabra griega correspondiente a *sheól* es *hades.* Nos enteramos de esto en Hechos 2:27, 31, donde el Espíritu Santo empleó la palabra *hades* para traducir la palabra *sheól* al citar del Salmo 16:10. Está compuesta por la raíz griega *id* (que significa ver), con el prefijo *a* delante. Las dos forman la palabra compuesta que literalmente significa "lo invisible". En otras palabras, *hades* hace referencia al mundo invisible. Aparece 11 veces en el Nuevo Testamento y se traduce como "Hades" en todas menos en una ocasión. La excepción está en 1 Corintios 15:55, donde se traduce como "sepulcro".

Sería una buena idea, usando una concordancia adecuada, marcar todos los *hades* de su Biblia. Cuando el contexto dice de forma clara que el *hades* se refiere a la morada de los seres humanos en el mundo invisible, es mejor no intentar traducirlo, sino simplemente transliterarlo y dejarlo como *hades.* Cuando el contexto indique que la palabra se refiere al mundo invisible en su totalidad (no solo al lugar de los seres humanos que partieron), probablemente sería mejor traducirlo como "el mundo invisible". Esto aparece en dos lugares:

1. Mateo 16:18, donde el pasaje se traduciría "las puertas [consejos] del mundo invisible no prevalecerán contra ella [la Iglesia]". La puerta, por supuesto, era el lugar donde se hacían transacciones de negocios en una ciudad de Medio Oriente y el lugar en el que los padres de la ciudad eran los que gobernaban. Jesús nos estaba asegurando que los gobernadores del mundo invisible no pueden prevalecer contra su Iglesia.
2. Apocalipsis 1:18, cuando el Señor anunció: "Y... tengo las llaves de la muerte y del Hades".

¿Dónde está *sheól* o *hades?* En la época del Antiguo Testamento se hace referencia a la morada de los muertos como en una dirección descendente. Así, por ejemplo, cuando el rey Saúl le pide a la bruja de Endor que resucite a Samuel, dijo: "Hazme subir a quien yo te dijere". Cuando, para gran sorpresa de la bruja (que estaba esperando que su espíritu conocido hiciera una de sus imitaciones) en realidad apareció Samuel, el enojado profeta le exigió a Saúl: "¿Por qué me has inquietado haciéndome venir? (1 S. 28:8, 11, 15). Luego, también, Pablo dice sobre el Señor Jesucristo que, al morir, Él *descendió* a "las partes más bajas de la tierra" (Ef. 4:9). En su muerte, el alma del Señor Jesús fue hacia abajo. Podemos comparar el Salmo 16:10 con Hechos 2:27 para una confirmación del hecho de que el alma del Señor fue al *sheól* (*hades*).

La historia que contó Jesús sobre el hombre rico y Lázaro (Lc. 16:19-31) nos dice mucho sobre el *hades* En los días en que Él vivió en la tierra, el *hades* estaba dividido en dos secciones, una separada de la otra por un golfo intransitable. El alma del hombre rico fue a una sección; el alma de Lázaro fue a la otra sección. Entre ellas estaba la Gran División. El ángel llevó el alma de Lázaro a su lugar de descanso. No se nos dice cómo terminó el hombre rico en el lugar del tormento. Todo lo que se menciona es su entierro, sin duda bastante impresionante en la tierra.

En su estado sin existencia corporal, Lázaro estaba en lo que Jesús denominó el "seno de Abraham". Esa es una expresión hebrea. Significa un lugar de descanso, comunión, felicidad, comodidad, amor y seguridad. El pobre mendigo estaba ahora conscientemente feliz y contento. Las cosas que había ansiado y se le habían negado en la tierra ahora eran suyas.

Sin embargo, el hombre rico estaba en lo que Jesús llamó "estando en tormentos". Él clamaba en su agonía: "estoy atormentado en esta llama", según sus palabras (Lc. 16:24, 28). Mucho más puede aprenderse acerca de este lugar al estudiar de forma cuidadosa toda la historia de Lucas 16. El hombre rico estaba muerto pero aún estaba vivo. La muerte lo había separado de su cuerpo pero no de su conciencia. Estaba perdido, atormentado, más allá de la esperanza o de la asistencia, dándose cuenta de que estaba donde merecía estar y no podía hallar alivio.

Cuando el Señor Jesús colgaba de la cruz, uno de los dos ladrones se arrepintió de su vida pecaminosa y apeló a Jesús en una alocución notable y valiente de fe. Jesús le dijo: "hoy estarás conmigo en el paraíso" (Lc. 23:43). Hay un artículo definido en el texto. Jesús dijo: "estarás conmigo en *el* paraíso".

La palabra *paraíso* es particularmente interesante. En el Antiguo Testamento, Salomón dijo: "Me hice huertos y jardines". La palabra traducida como "jardines" es la palabra hebrea *pardésim*. Literalmente significa "paraísos", es decir, parques o terrenos para el placer. Esos paraísos los construían los monarcas orientales para su relajación y disfrute. Cuando Jesús le dijo al ladrón agonizante: "hoy estarás conmigo en el paraíso", se estaba refiriendo al mismo lugar descrito como "seno de Abraham" en Lucas 16. En otras palabras, Él iba a ser el segmento de alegría del mundo invisible, que se convertiría en un paraíso inmediato por la presencia del alma del Salvador.

En Efesios 4:8 (compare con el Sal. 68:18), nos enteramos de que la sección del paraíso del *hades* está ahora en un sitio diferente. El Espíritu Santo dice del Señor Jesús que: "subiendo a lo alto, llevó cautiva la cautividad". O, como lo traducen otras versiones: "Cuando Él ascendió condujo a una multitud de cautivos". Generalmente se infiere de esta frase que el Señor Jesús vació el segmento del "paraíso" del Antiguo Testamento *sheól* (*hades*) y que llevó las almas de los muertos creyentes con Él al cielo. A partir de ahí, cuando el Nuevo Testamento tiene la ocasión de hablar de creyentes en el mundo invisible, la ubicación es *arriba* en lugar de abajo. Así Pablo habla de ser "arrebatado al paraíso" (2 Co. 12:4), donde oyó y vio cosas "que no le es dado al hombre expresar". Era algo de lo que no podía hablar.

La expresión "arrebatado" también es interesante. La palabra griega es *jarpázo*, que literalmente significa "apoderarse" o "arrebatar". En la versión Reina-Valera habitualmente se traduce como "arrebatar". Es la misma palabra que se utiliza para describir el arrebatamiento: "Porque el Señor mismo con voz de mando, con voz de arcángel, y con trompeta de Dios, descenderá del cielo; y los muertos en Cristo resucitarán primero. Luego nosotros los que vivimos, los que hayamos quedado, seremos arrebatados (*jarpázo*) juntamente con ellos en las nubes para recibir al Señor en el aire" (1 Ts. 4:16-17). Aquí, toda la idea, en el sentido del rumbo, es ascendente. La misma palabra se usa en Apocalipsis 12:5, donde se nos presenta un resumen de la carrera de Cristo, el "hijo varón". Leemos que la mujer (Israel) "dio a luz un hijo varón, que regirá con vara de hierro a todas las naciones; y su hijo fue arrebatado (*jarpázo*) para Dios y para su trono".

Así que cuando Pablo "ascendió" hasta "el tercer cielo" el texto de Reina-Valera implica firmemente que fue "arrebatado". El Señor ascendió al cielo. Subió. Reubicó el paraíso. Ahora los creyentes van a estar donde está Él y eso está claramente indicado como que está en dirección ascendente. En un contexto bastante diferente Pablo indica lo mismo cuando dice: "No digas en tu corazón: ¿Quién subirá al cielo? (esto es, para traer abajo a Cristo)" (Ro. 10:6).

Un estudio de los pasajes relacionados con el mundo invisible demuestra que los que han muerto pueden ver, oír, hablar, razonar y recordar. Pueden reconocerse entre sí. En otras palabras, están plenamente vivos y conscientes de su estado, para mejor o para peor. Después de su experiencia en el paraíso, Pablo tuvo lo que él denominó un "deseo de partir y estar con Cristo, lo cual es muchísimo mejor" (Fil. 1:23). También dijo que, para el creyente "el morir es ganancia" (Fil. 1:21). Al referirse a su deseo de partir y estar con Cristo, Pablo usó varias palabras interesantes. La palabra que utilizó para deseo (*epidsumía*) literalmente quiere decir "el deseo". En la versión Reina-Valera se traduce de tres formas diferentes: Como "deseo", 19 veces, como "concupiscencia", 13 veces; como "codicia", cuatro veces y como "pasión", una vez. La palabra fue usada por Jesús al describir el deseo de su corazón de compartir la última Pascua con los discípulos. "¡Cuánto he deseado comer con vosotros esta pascua antes que padezca!" (Lc. 22:15).

Al describir sus ansias de ver a sus amados conversos tesalonicenses, Pablo utiliza la misma palabra. Él escribió: "Pero nosotros, hermanos, separados de vosotros por un poco de tiempo, de vista pero no de corazón, tanto más procuramos con mucho deseo ver vuestro rostro" (1 Ts. 2:17). Cuando dice que él deseaba partir y estar con Cristo, está diciendo de forma literal ¡que sentía lujuria por ir al cielo!

El verbo que usó para "partir" (*analúo*) es otra palabra interesante. Significa "partir y regresar". El único otro sitio en que aparece este verbo en el Nuevo Testamento es cuando el Señor insta a sus seguidores a que sean "semejantes a hombres que aguardan a que su señor regrese [misma palabra] de las bodas" (Lc. 12:36). Pablo usa el sustantivo al escribir su última nota a Timoteo. Esperando una ejecución inminente, él escribió: "el tiempo de mi partida (*análusis*) está cercano" (2 Ti. 4:6). Los eruditos nos dicen que en el griego clásico la palabra se emplea respecto de un barco que leva anclas. Pablo dijo: "... teniendo deseo de partir". Quería levar anclas. No estaba anticipando un naufragio. Estaba ansioso esperando levar anclas y partir para otra orilla desde la que esperaba regresar algún día cargado con las riquezas de otro mundo. En esta enunciación notable él dice no solo que tenía un deseo (una lujuria) por partir (levar anclas) para estar con Cristo. Dice que es "muchísimo mejor". La muerte, para el cristiano, no puede describirse en términos comparativos. La muerte para el cristiano solo puede describirse con superlativos.

Así es la vida después de la muerte según está incorporada en las palabras *sheól* y *hades*. Ahora, veamos la palabra:

3. *Gehena*

La historia tiene otro lado: un lado oscuro, ominoso, espantoso, desagradable. El lado oscuro del *hades* es solamente un preludio de las sombras más negras del *gehena*. La palabra *gehena* es el equivalente griego de la palabra hebrea *tófet*. La palabra en griego es *géenna*. Aparece doce veces en el Nuevo Testamento y siempre se traduce como "infierno". Se refiere a la morada final de los muertos malvados. En el Apocalipsis es "el lago de fuego" (Ap. 20:14, 15). La palabra griega es una transliteración del hebreo *Gai Jinnóm* "el valle de Hinom". El valle de los hijos de Hinom era un lugar existente en Jerusalén. En los oscuros días de la apostasía judía, allí se sacrificaba a los niños. Allí "pasaban a través del fuego" hacia el horrible dios Moloc. La imagen de Moloc era hueca y en su vientre de metal ardían feroces fuegos. Los niños pequeños, colocados vivos sobre su falda caliente y roja, caían a través de una cavidad en esos fuegos. Fue el rey Salomón el que oficialmente introdujo esta adoración diabólica en Jerusalén. "Entonces", leemos, "edificó Salomón un lugar alto a Quemos... y a Moloc, ídolo abominable de los hijos de Amón" (1 R. 11:7).

Siglos más tarde, en la época del devoto rey Josías, se puso fin a esta adoración diabólica. Leemos que el rey "profanó a Tofet, que está en el valle del hijo de Hinom, para que ninguno pasase su hijo o su hija por fuego a Moloc" (2 R. 23:10). El valle al que se refiere era la unión de los tres valles que unen el sur de Jerusalén. Tofet era un lugar de este valle.

En la época de Cristo, las idolatrías terribles de Israel ya hacía tiempo que habían dejado de existir. Los niños pequeños ya no sufrían una muerte horrible en la falda de Moloc pero los fuegos seguían ardiendo en Hinom. Se usaban para quemar los desperdicios de la ciudad. Así, la palabra *géenna* naturalmente pasó al idioma como una forma descriptiva para el lugar donde arde el "fuego que nunca puede ser apagado, donde el gusano de ellos no muere, y el fuego nunca se apaga" (Mr. 9:43, 44, 46, 48).

En relación al juicio del gran trono blanco de los muertos malvados, el Espíritu Santo escribe: "Y la muerte y el Hades fueron lanzados al lago de fuego. Esta es la muerte segunda" (Ap. 20:14). En el momento de este último juicio, las almas de los muertos malvados, actualmente en la sección de tormentos del *sheól* (*hades*) se reunirán con sus cuerpos. Estarán de pie ante el gran trono blanco para el juicio final. Luego pasarán la eternidad en lo que el Espíritu Santo denomina: "el lago de fuego". Así, se vaciará el *hades*. Ya no será necesario como lugar de encarcelamiento para los malos. El lago de fuego, en lo que nosotros pensamos cuando pensamos en el infierno, será su morada final y terrible. Este es un lugar real, sea o no, el lenguaje usado para describirlo, literal o simbólico. Es un lugar terrible, tanto que Jesús estuvo dispuesto a venir y derramar su preciosa sangre para que nunca tengamos que ir allí.

4. *Cielo*

Igualmente, el cielo es un lugar real. En el Antiguo Testamento la palabra que se usa es *shamé* o *shamáyin*. Las palabras provienen de una raíz que significa "elevado". Es la palabra habitual para indicar el cielo, los espacios estelares y, por ende, el cielo espiritual. Lo mismo se aplica a la palabra griega *ouranós*. El nombre para el cielo, por extensión, se convierte en el nombre del hogar de Dios.

Cuando Salomón dedicó su templo, reconoció que, por magnífico que fuera, era de hecho un lugar muy pequeño en el que esperar que morara Dios "desde el lugar de tu morada [que está en el cielo]", dijo (2 Cr. 6:21). Del mismo modo, Daniel, mientras se preparaba para explicarle a Nabucodonosor el significado de su sueño, dijo: "hay un Dios en los cielos, el cual revela los misterios" (Dn. 2:28).

La idea se encuentra repetidas veces en el Nuevo Testamento. Cuando Jesús enseñó a sus discípulos a orar, les enseñó a comenzar diciendo: "Padre nuestro que estás en los cielos" (Mt. 6:9). Al advertir al pueblo contra el abuso o explotación de los niños, Él dijo: "sus ángeles en los cielos ven siempre el rostro de mi Padre que está en los cielos" (Mt. 18:10). En el libro de Apocalipsis, justo antes de comenzar una de las descripciones más maravillosas de la adoración del cielo, Juan dice: "he aquí una puerta abierta en el cielo" (Ap. 4:1).

El cielo es un lugar real para personas reales. Cuando Jesús anunció a sus discípulos que regresaba a casa, suavizó sus palabras diciendo: "En la casa de mi padre muchas moradas hay; si así no fuera, yo os lo hubiera dicho" (Jn. 14:2).

Es a partir de la detallada descripción de la ciudad celestial que obtenemos nuestra impresión más vívida de cómo será el cielo. Es cierto que el lenguaje es muy figurativo y también es cierto que la ciudad santa, la Nueva Jerusalén, se describe en su relación con el reinado milenario. Sin embargo, de todos modos, comprende a todas nuestras ideas del cielo. Es un cubo perfecto, 2.400 kilómetros en todas las direcciones. Sus materiales son translúcidos: la luz atraviesa el lugar. Incluso el oro es como el vidrio. Descansa sobre doce cimientos llenos de piedras preciosas. Sus doce puertas están labradas con perlas enormes, únicas. El arroyo de cristal está allí. El árbol de la vida crece de forma abundante en ese lugar.

El trono de Dios está allí. No requiere ni el sol ni la luna para iluminar sus calles; la gloria de Dios y del Cordero es toda la luz que necesita. Los santos de todas las épocas hacen su hogar allí. No hay más maldiciones, ni pecados, ni sufrimiento, ni lágrimas, ni noche.

Jesús estará allí y nosotros veremos su rostro. Este será nuestro hogar eterno. Viviremos allí en nuestros cuerpos resucitados disfrutando esta "herencia incorruptible, incontaminada e inmarcesible, reservada en los cielos" (1 P. 1:4) con un "gozo inefable y glorioso" (1 P. 1:8).

Finalmente, otras dos palabras relacionadas con el mundo invisible merecen un breve comentario.

5. *Tártaros*

Pedro menciona la palabra *tártaros* como la cárcel de lo peor de los ángeles caídos (2 P. 2:4). Muchos de los ángeles que acompañaron a Lucifer en su rebelión contra el trono de Dios siguen libres. Deambulan por lo que la Biblia llama: "los lugares celestiales". Son descritos por Pablo como: "principados y potestades, contra los gobernadores de las tinieblas de este siglo, contra huestes espirituales de maldad en las regiones celestes". Son miembros poderosos de la jerarquía de Satanás. Algunos de ellos gobiernan en las naciones del mundo bajo su amo al que llaman "el príncipe de este mundo".

Pero no todos los ángeles caídos son libres. Tanto Pedro como Judas cuentan sobre algunos que ahora están encarcelados por Dios. Están encerrados en *Tártaros*. Parece claro a partir de lo que se dice acerca de estos seres angélicos encarcelados que de alguna forma fueron responsables de la temerosa maldad de las personas que vivieron antes del diluvio. El contexto en ambos casos los vincula con pecados sexuales no naturales. Esos seres están ligados en Génesis 6 con la raza de gigantes que habitó el mundo en la época de Noé y que ayudaron a corromper el planeta. Por esta segunda caída y hasta más envilecida, Dios los ha encarcelado. Ellos están ahora en *Tártaros* esperando el día final del juicio.

6. *Ábusos*

La palabra *ábusos* describe otra de las prisiones de Dios. En Apocalipsis 9:1-21 se traduce como "el pozo del abismo". En este lugar misterioso están encarcelados ahora los demonios junto con su líder, cuyo nombre se da tanto en griego como en hebreo. En hebreo es *Abaddón;* en griego es *Apolúon*. Ambos nombres significan "destrucción". En un punto determinado del futuro, después del arrebatamiento de la Iglesia, se liberará a estas horribles criaturas sobre la humanidad. Durante el reinado milenario de Cristo, Satanás mismo será encerrado en el abismo (Ap. 20:1-3, 7-8).

Estas, pues, son las palabras usadas en la Biblia para describir el mundo invisible. Es un mundo real. Simplemente porque no podamos verlo o percibirlo con nuestros sentidos naturales no significa que este mundo no exista. Dios dice que sí existe.

Desde el principio al fin, la Biblia nos dice que hay un cielo que ganarse y un infierno que esquivar. Nos cuenta que hay un camino ancho que conduce a la destrucción y un camino angosto que conduce a la vida. Nos habla de que esos caminos se cruzan en un lugar llamado Calvario. Es allí donde una persona puede salirse del camino ancho que conduce a la destrucción y pasarse al camino angosto que conduce a la vida.

Estos dos estudios de palabras, uno sobre la definición bíblica del pecado y el otro sobre el mundo invisible, demuestran la importancia de prestar atención a las palabras empleadas por el Espíritu Santo en el hebreo y el griego de la Biblia. Estos estudios se realizaron simplemente usando las herramientas mencionadas en este libro y sin ningún conocimiento especial de los idiomas originales.

3

Figuras retóricas en las Escrituras

Las figuras retóricas transmiten una idea con más firmeza. La utilización de una figura retórica siempre es interesante, habitualmente llena de color y por lo general cautivadora.

Imagínese que está en un avión volando a una velocidad de crucero por encima de las nubes. Mientras que el avión vuela a un ritmo estable, usted lee, habla o mira por la ventana, pero en el momento en que cambia el patrón de vuelo, usted se asusta. El avión de repente se ladea, o hay baches de aire, o el piloto acelera. Al instante, usted se pone en alerta y es posible que se alarme. Eso mismo ocurre con el lenguaje. En tanto que las palabras prosigan de manera suave nuestra atención tiende a decaer, pero si se introduce una variación, una repentina desviación de la norma, de inmediato se presta atención.

El Espíritu de Dios usa figuras retóricas con precisión. E. W. Bullinger en su monumental *Diccionario de figuras de dicción usadas en la Biblia* ha enumerado más de 200 de ellas, algunas con ciertas variedades dentro de sí mismas. El intérprete de la Biblia debe determinar cuándo tomar las palabras de forma literal o figurativa. Normalmente tomamos las palabras de forma literal, con su valor nominal, a no ser que al hacerlo nos enfrentemos a una enunciación que es contraria a la experiencia, a un hecho conocido, a la verdad revelada o al tenor general o enseñanza de las Escrituras.

No es mi objetivo aquí explorar todas las figuras retóricas usadas en la Biblia, sino analizar sólo algunas de las más comunes.

Primero, está el *símil,* la más común de todas las figuras usadas en la Biblia. Usamos un símil cuando empleamos una palabra de conexión como *como* o *según* para marcar una equivalencia entre dos cosas. "Será *como* árbol plantado junto a corrientes de aguas" (Sal. 1:3). "vosotros erais *como* ovejas descarriadas" (1 P. 2:25).

La segunda figura retórica más común es la *metáfora.* Cuando empleamos una metáfora no usamos una palabra de conexión; decimos que una cosa *es* otra cosa: "toda carne *es* hierba" (Is. 40:6) es una metáfora. "Toda carne es *como* hierba" (1 P. 1:24) es un símil. "Jehová es mi pastor" (Sal. 23:1); "Vosotros sois la sal de la tierra" (Mt. 5:13); "esto es mi cuerpo" (Mt. 26:26); "Yo soy el pan de vida" (Jn. 6:35). Todas son metáforas.

La importancia de reconocer una metáfora está ilustrada en un episodio histórico bien conocido. Martín Lutero, enfrentado por uno de sus colegas que disentían de él, se introdujo en un acalorado debate por un tema de doctrina bíblica. El tema en discusión era la presencia real del Señor en "la hostia", el pan de la comunión. Los católicos romanos sostienen que el momento en que el sacerdote consagra el pan deja de ser pan y se convierte en el cuerpo, la sangre, el alma y la divinidad del Señor Jesús.

Martín Lutero no se liberó del todo de ese dogma y como los católicos, respaldaba su opinión con el versículo: "esto es mi cuerpo". El oponente de Lutero, Zuinglio, decía: "Él de manera testaruda insistió en tomar esto literalmente y por su valor nominal: 'Si dice: «esto es mi cuerpo», entonces eso es lo que significa: «esto... es... mi... cuerpo»'. El pan se convierte en su cuerpo". Después de discutir con Lutero en vano y señalando que esto era pura y simplemente una metáfora, Zuinglio dijo al final: "Muy bien, Martín, ¿y qué propones hacer con el texto: 'Yo soy la puerta'?".

La Biblia contiene unos pocos ejemplos de *alegoría*. Al igual que el símil y la metáfora, la alegoría toma su fuerza de la comparación. Una parábola es un símil extendido; presenta circunstancias físicas (por ejemplo, un sembrador que va a sembrar) como una verdad espiritual, es decir, avanzar con el evangelio. Del mismo modo, una alegoría es una metáfora extendida. Sin embargo, es más compleja que una metáfora porque de manera continua representa una cosa como otra. El libro *El progreso del peregrino* de John Bunyan es la alegoría más famosa del idioma inglés. Una alegoría puede ser una narrativa ficticia con un significado más profundo que lo que aparece en la superficie, o, como en Gálatas 4, puede basarse en eventos históricos. Salmos 80, Isaías 5 y Mateo 12:43-45 son ejemplos de tal alegoría.

Se debe tener mucha cautela al leer una alegoría en un pasaje de las Escrituras, ya que puede fácilmente llegarse a las interpretaciones más extravagantes. Simplemente porque la Biblia usa esta figura retórica no es justificación para alegorizar segmentos enteros de las Escrituras. En el capítulo 5 se habla más de este tema.

Otra figura retórica hallada en las Escrituras es la *paradoja,* una aparente contradicción. Cuando decimos, por ejemplo, que debemos ser crueles para ser buenos, estamos usando una paradoja. Debido a que la sabiduría de Dios con frecuencia parece carecer de sentido para los seres humanos, hay numerosos usos de paradoja en la Biblia: "todo el que quiera salvar su vida, la perderá; y todo el que pierda su vida por causa de mí, la hallará" (Mt. 16:25). "Pero la que se entrega a los placeres, viviendo está muerta" (1 Ti. 5:6). Ambas descripciones usan la paradoja.

También hay *ironía* en la Biblia. Una expresión irónica expresa un pensamiento de tal manera que transmite de forma natural el significado opuesto. El sarcasmo, una forma de la ironía, se usa con frecuencia no para ocultar el significado verdadero de una frase, sino para añadirle mayor fuerza. Los comentarios de Elías a los falsos profetas de Baal son sarcásticos o irónicos (1 R. 18:27). Job usó sarcasmo sobre sus críticos: "Ciertamente vosotros sois el pueblo, y con vosotros morirá la sabiduría" (Job 12:2). Jesús empleó la ironía en Lucas 13:33: "es necesario que hoy y mañana y pasado mañana siga mi camino; porque no es posible que un profeta muera fuera de Jerusalén".

Una de las figuras retóricas más interesantes y prolíficas en la Biblia es la *personificación*. Se usa cuando a las *cosas* se les dan características de personas. Es fácil de reconocer: "ni tu ojo le compadecerá" (Dt. 13:8); "no sepa tu izquierda lo que hace tu derecha" (Mt. 6:3); "se enlutó la tierra" (Jl. 1:10); "Desde sus órbitas pelearon contra Sísara" (Jue. 5:20); "La misericordia y la verdad se encontraron; la justicia y la paz se besaron" (Sal. 85:10); "Entonces la concupiscencia, después que ha concebido, da a luz el pecado" (Stg. 1:15). La forma en que hablamos y escribimos se vería empobrecida sin dicho lenguaje figurativo.

Luego está el *antropomorfismo*. Esta figura retórica le adscribe características físicas a Dios. Walter Martin, un autor que escribe sobre las sectas, cuenta cómo desafía a los mormones a venir a sus reuniones. Al final de su conferencia sobre el mormonismo, él les da la oportunidad de cuestionarlo. En una ocasión un joven mormón le preguntó al doctor Martin si reconocería a Joseph Smith y a Brigham Young como profetas de Dios si él, el mormón, pudiera demostrar a partir de la Biblia que Dios tiene un cuerpo de carne y hueso (una de las doctrinas heréticas del mormonismo). El doctor Martin estuvo de acuerdo en que desde luego él estaría impresionado si tal idea pudiera demostrarse en la Biblia. A partir de ahí el mormón comenzó a mencionar una cantidad de versículos tales como: Éxodo 33:11, 20, Job 34:21, Santiago 5:4 e Isaías 30:27, versículos que hablan del *rostro, los ojos, los oídos* y *los labios de* Dios. "Allí está", exclamó el mormón. "Dios tiene una nariz, Dios tiene ojos, Dios tiene pies, Dios es un hombre exaltado. Ahora reconozca que tenemos razón. Dios tiene cuerpo".

Walter Martin le dijo al joven: "¿Y ahora, por favor, podría ir a otro versículo y leerlo con tanta rapidez como ha leído todos los demás? Léame Salmos 91:4". El mormón lo buscó en su Biblia y leyó: "Con sus *plumas* te cubrirá, y debajo de sus *alas* estarás seguro". "Aquí tienes", dijo el doctor Martin: "¡Ahora es una gran gallina! El mismo razonamiento que lo convierte en un hombre lo convierte en una gallina". El joven se sentó confundido.

"¿No te das cuenta?" dijo el doctor Martin, sacando provecho del momento, "Los versículos que has estado citando son antropomorfismos. Dios no es un hombre exaltado. Dios es un Espíritu. Jesús lo dijo y Él también dijo: "Un espíritu no tiene carne y huesos". Dios no es un hombre; lo dice Él mismo. Mira Números 23:19: "Dios no es hombre, para que mienta, ni hijo de hombre para que se arrepienta". Cuán cuidadosos debemos ser al reconocer figuras retóricas en la Biblia y al comprenderlas de manera correcta.

Similar al antropomorfismo es la figura conocida como *antropopatía,* que adscribe sentimientos y pasiones humanos a Dios. No es que Dios necesariamente tenga esos sentimientos, sino que Él ha hablado de ellos para permitirnos comprenderlo. La angustia, la congoja, el regocijo, el arrepentimiento, el enojo, el odio, la venganza, el desagrado, el celo y la lástima son todos adscritos a Él bajo esta figura retórica: "Y se arrepintió Jehová de haber hecho hombre en la tierra, y le dolió en su corazón" (Gn. 6:6). "Porque yo soy Jehová tu Dios, fuerte, celoso" (Éx. 20:5). Cuando leemos sobre Dios olvidando o pensando o riendo o engendrando o viendo u oliendo o caminando y todas esas actividades, estamos tratando con estas dos figuras: el antropomorfismo y la antropopatía.

La Biblia también emplea la *hipérbole,* que significa decir más de lo que se quiere decir de forma literal para elevar el sentido. Esta figura retórica es bastante común en las Escrituras: "todo el polvo de la tierra se volvió piojos en todo el país de Egipto" (Éx. 8:17); "las ciudades grandes y amuralladas hasta el cielo" (Dt. 1:28); "Todos los cuales tiraban una piedra con la honda a un cabello, y no erraban" (Jue. 20:16). Estos son todos ejemplos de hipérbole.

Una de las figuras retóricas más comunes de la Biblia es la *metonimia.* En esta figura una cosa relacionada ocupa el lugar de la cosa misma. La metonimia se basa no en la semejanza, sino en alguna relación directa. Por ejemplo, cuando decimos que una persona escribe con buena mano, la palabra *mano* representa la escritura real de la persona.

Hay varios tipos de metonimia. Está la metonimia relacionada a la causa, usada cuando la causa se coloca para lograr efecto. "Y la espada no pasará por vuestro país" Aquí *espada* sustituye a guerra. "Purifícame con hisopo, y seré limpio" (Sal. 51:7). El hisopo era un pequeño arbusto usado para rociar de forma ceremonial. Aquí, el hisopo substituye a la sangre de expiación relacionada con él. La misma forma se usa en Génesis 40:19, Gálatas 3:13 y 1 Pedro 2:24, donde "árbol" se sustituye por horca.

Existe la metonimia relacionada con el efecto, usada cuando el efecto se emplea por la causa. "Dos naciones hay en tu seno" (Gn. 25:23). La palabra *naciones* es sustituida por los dos niños cuyos descendientes se convertirán en esas naciones. "Maestro, traje a ti mi hijo, que tiene un espíritu mudo" (Mr. 9:17, 25). El espíritu mismo no era mudo pero producía mudez en la persona que lo poseía. "Ahora, Señor, despides a tu siervo en paz, conforme a tu palabra; porque han visto mis ojos tu salvación" (Lc. 2:29-30). El viejo

Simeón quiso decir que él había visto a Cristo, al que era el Salvador y que trajo salvación.

Está la metonimia relativa al sujeto, usada cuando, por ejemplo, se utiliza el nombre de un lugar por lo que hay en el lugar, o cuando se utiliza un recipiente por lo que hay dentro de él. "Hoy ha venido la salvación a esta casa" (Lc. 19:9). Se emplea la palabra *casa* por lo que ésta contenía: a Zaqueo y su familia. "De manera que cualquiera que comiere este pan o bebiere esta copa" (1 Co. 11:27). La copa representa lo que contiene. (Cuántas discusiones acerca de si se debe usar jugo de uva o vino en el servicio de la comunión podrían evitarse advirtiendo esta figura retórica.)

Puede parecer complicado pero realmente no lo es. Usamos estas figuras retóricas en la conversación diaria y nunca pensamos en su naturaleza técnica. Sin embargo, al estudiar e interpretar la Biblia, debemos conocer y reconocer estas figuras, porque no hacerlo a veces puede conducirnos a un error.

Otra figura retórica es la *sinécdoque,* usada cuando una parte de una cosa se sustituye por la cosa entera. "haréis descender mis canas con dolor al Seol" (Gn. 42:38). Aquí "canas", representan a Jacob mismo en su ancianidad.

La *elipsis,* si bien técnicamente no es una figura retórica, puede tratarse convenientemente aquí. Sucede cuando se deja a propósito una brecha en una oración omitiendo una o más palabras. Las palabras omitidas son gramáticamente necesarias pero se las puede dejar fuera sin alterar el sentido. Esta técnica se usa cuando un autor no quiere que sus lectores dediquen tiempo a lo que se omitió, sino que mediten en las palabras enfatizadas por el empleo de la elipsis. En Mateo 14:19 leemos que Jesús "dio los panes a los discípulos, y los discípulos a la multitud". La elipsis demuestra que lo importante no es que los discípulos entregaran los panes, ellos fueron solo los instrumentos. El que los dio fue el Señor.

El *polisíndeton* es otra figura retórica. Se usa para enlentecernos y atraer la atención en particular a cada ítem de una secuencia. Esta figura retórica se revela por la repetición constante de la palabra *y.* El primer capítulo de la Biblia contiene esa palabra por lo menos cien veces. Se puede detectar en pasajes tan famosos como Génesis 22 y Lucas 15. Si bien está en toda la Biblia, la mayoría de las traducciones modernas los eliminan y al hacerlo le roban al lector una instructiva figura retórica.

La figura retórica opuesta es el *asíndeton*, donde se encuentra una sucesión de cláusulas, cada una importante, pero que vienen una detrás de la otra para llevar de forma rápida al lector al clímax del final. Por ejemplo, leemos las palabras de Jesús: "Cuando hagas comida o cena, no llames a tus amigos, ni a tus hermanos, ni a tus parientes, ni a vecinos ricos... mas cuando hagas banquete, llama a los pobres, los mancos, los cojos y los ciegos; y serás bienaventurado; porque ellos no te pueden recompensar, pero te será recompensado en la resurrección de los justos" (Lc. 14:12-14). La lista ("los pobres, los mancos, los cojos, los ciegos") es apresurada para centrar la atención en la bienaventuranza prometida al final de la oración.

El Señor contó luego la historia del hombre que hizo una gran cena e invitó a muchos. Todos dieron sus excusas. El hombre, furioso por la forma en que fue tratada su invitación, envió a sus siervos a llenar su salón de banquetes con invitados que respondieran mejor. Advierta lo que dijo Jesús. Tenemos el mismo listado pero *esta vez* con el polisíndeton: "Ve pronto... y trae acá a los pobres, [y] los mancos, [y] los cojos y los ciegos" (Lc. 14:21). [N. del T. El polisíndeton aparece en la versión King James en inglés, pero no aparece en la Reina-Valera revisión de 1960].

Surge la pregunta. ¿Por qué el polisíndeton aquí, en esta lista pero no en la lista anterior, idéntica? Aquí el propósito es atraer la atención a cada tipo de persona separada. El asíndeton nos apura hasta llegar al clímax al final de la oración, siendo importante la lista pero menos que el clímax. El polisíndeton atrae la atención a los ítems de la lista. El Espíritu Santo, al usar esta figura retórica, nos está diciendo: "Vayan más despacio. Piensen en esto, ahora piensen en esto, ahora piensen en esto otro".

Observe la lista que figura aquí de polisíndeton. Analice el contexto. Verá de inmediato por qué se usa esta figura retórica.

"Trae acá a los POBRES [los que no podían presentar una excusa como en los versículos 18-19: "He comprado... te ruego que me excuses], *y* a los MANCOS [los que no pudieron dar la excusa del versículo 19: "He comprado cinco yuntas de bueyes y voy a probarlos; te ruego que me excuses"] *y* los CIEGOS [los incapaces de presentar la excusa del versículo 18: "He comprado una hacienda, y necesito ir a verla; te ruego que me excuses"].

La palabra *y* es muy corta. En nuestro discurso diario no la usamos para vincular muchos ítems o unidades de pensamiento hasta el punto en que lo hace la Biblia. Una regla general en la gramática española es que normalmente solo usamos una conjunción en una oración. Pero analice su Biblia. Observe cuán pródigamente el Espíritu Santo usa esta palabra *y*. Casi no lo advertimos en la lectura común debido a la belleza y majestad del idioma en el que aparece el texto que la rodea. Pero está allí, en todas partes. Con frecuencia un nuevo capítulo comienza con la palabra *y* (como, por ejemplo, Gn. 22). A veces incluso un nuevo libro de la Biblia empieza con esta palabra de conexión significativa (Levítico, por ejemplo). Las traducciones que eliminan esta figura retórica no le hacen buen servicio al público lector de la Biblia al robarles un énfasis diseñado por el Espíritu Santo.

Deberíamos mencionar aquí otra figura retórica, el *eufemismo*. Usamos esta forma cada vez que queremos intercambiar una palabra dura por una más agradable. Las personas usan el eufemismo para cubrir el pecado. De ahí llamar a un borracho "un alcohólico" o hablar de un caso de adulterio como una "aventura" o de hablar de un sodomita como "gay". Son eufemismos que se usan para tapar el pecado. Llamar a un recolector de basura, un "ingeniero sanitario" es un tipo de vanidad; se usa esta figura retórica para elevar el rango de la ocupación.

En la Biblia, el eufemismo generalmente se usa para ayudar cuando se involucran sentimientos delicados. Cuando David preguntó: "¿El joven Absalón está bien?Y el etíope respondió: Como aquel joven sean los enemigos de mi señor el rey, y todos los que se levanten contra ti para mal" (2 S. 18:32). El etíope usó dos eufemismos para recordarle de manera suave a David la traición de Absalón y para anunciar que estaba muerto. "extiende el borde de tu capa sobre tu sierva", dijo Rut a Booz (Rt. 3:9). Era una forma delicada de sugerir que se casara con ella.

Aquí, entonces, tenemos algunas de las figuras retóricas más importantes de la Biblia. Cuando alguien dice: "¡Ah, eso es solo figurativo!", la implicación es que su significado es débil. No es así. Una figura retórica puede ser una figura retórica fuerte. El Espíritu Santo nunca usa tales dispositivos sin agregarle poder y fuerza a lo que se dice.

4

LA IMPORTANCIA DE LA CULTURA

No podemos pasar por alto la importancia de la vida y de las épocas, la cultura y las condiciones, el trasfondo del código y la costumbre, en medio de los cuales fue escrita la Biblia. Tener algún conocimiento de la forma en que vivía la gente es de gran valor a la hora de interpretar todas las partes de la Palabra escrita. Nunca fue esto tan importante como en nuestro mundo occidental moderno, tan extraño y diferente del mundo de Abraham y de los patriarcas y de Cristo y sus apóstoles.

Este capítulo le mostrará el valor de tener cierto entendimiento de los tiempos bíblicos para comprender la verdad de la Biblia.

EL TEMPLO

Jesús dijo: "Destruid este templo, y en tres días lo levantaré". Fue muy mal interpretado; la frase enfureció a sus enemigos y fue usada contra Él en su juicio de burla.

Salomón edificó el templo original en siete años. Se construyó alrededor de un bloque de roca virgen, una zona del Monte Moriá que había sido usada como era por Arauna el jebusita. Pero siglos antes de esto, fue usada por Abraham como el lugar en el que estaba dispuesto a ofrecer a Isaac como sacrificio a Dios.

En su debido momento el templo de Salomón fue destruido y finalmente fue reemplazado por otro a cargo de los judíos repatriados del exilio babilónico. El nuevo templo tenía una estructura mucho más humilde.

Luego vino Herodes el Grande, con su ambiciosa idea de congraciarse con los judíos restaurando el templo a una gloria incluso más grande que la que había tenido antes. Los judíos sospechaban del tirano edomita. Para apaciguar sus temores de que él pudiera de algún modo profanar su lugar de oración, él prometió no quitar ni una piedra del edificio existente hasta que estuviera listo para empezar la obra con el nuevo. Es más, él tenía trabajando a mil sacerdotes entrenados como carpinteros y albañiles para que ninguna mano no consagrada contaminara el lugar santo. La obra comenzó en el invierno del año 20 a.C. Llevó solo un año y medio reconstruir el lugar santísimo, pero la obra en los patios y los claustros siguió hasta mucho después de la muerte de Herodes. Continuó durante el reinado de Herodes Antipas.

Cada vez que el Señor Jesús visitaba el templo veía hombres trabajando en su reconstrucción. Cuando dijo su famosa frase sobre reconstruir el templo destruido (queriendo significar su propio cuerpo) en tres días, los judíos, pensando que se estaba refiriendo al templo de Herodes, protestaron porque la obra ya había consumido no menos de cuarenta y seis años.

Justo antes de que Él fuera al Calvario, el Señor realizó otra predicción sobre la destrucción del templo, esta vez refiriéndose al templo de Herodes. Les dijo a sus discípulos que se destruiría por completo. Nada parecía más improbable. El trabajo continuó en el templo hasta treinta y cuatro años después de su crucifixión. Solo ocho años después de haber sido terminado, fue destruido por completo. Los soldados romanos que sitiaban Jerusalén recibieron estrictas instrucciones de Tito de salvar esta maravilla arquitectónica. Pero la palabra de un general romano, el hijo de un César, sin importar cuán poderoso fuera, no pudo revocar la Palabra del Hijo de Dios. En la feroz lucha, el templo mismo se convirtió en un campo de batalla. Ardió el fuego y, en las llamas que lo consumían, los adornos de oro se derritieron y se volcaron entre las piedras. Para llegar a ese tesoro, los victoriosos romanos apartaron las piedras con ayuda de una palanca hasta que, de hecho, como había dicho Jesús, no quedó ninguna piedra en pie que no fuera derribada.

LOS PUBLICANOS

Tanto Mateo como Zaqueo eran publicanos. En la época de Jesús el nombre *publicano* era un epíteto de aversión y odio entre los judíos. El publicano era un recaudador de impuestos pagado por los romanos y sus reyes clientes. No podía haber ningún apelativo peor para un hombre que ser llamado publicano. Los romanos establecieron el odiado cargo de recolector de impuestos. La suma a ser recaudada se fijaba por un cierto monto y el publicano era responsable de entregar esa cantidad a las autoridades. Cualquier cosa que recaudara en el proceso dependía de él. Esa era su recompensa. Los publicanos se volvieron muy ricos con los ingresos agregados que conseguían de la gente por encima de la suma pactada. Así, los publicanos eran detestados por ser considerados traidores, recaudadores de impuestos y tiranos.

Cuando el Señor llamó a Mateo para que fuera uno de sus discípulos estaba "sentado en el banco de los tributos públicos". La oficina de tributos públicos ocupada por Mateo parece haber estado cerca del lago de Galilea, probablemente en el muelle. Allí Mateo recaudaba impuestos sobre todos los bienes que llegaban, incluyendo los peces atrapados en el lago.

Toda el área de alrededor del lago debió haber estado infestada con los colegas de Mateo, los otros funcionarios de recaudación. Puesto que allí convergían rutas de caravana, se recaudaban pagos y derechos en este punto estratégico. Mateo probablemente fue empleado por Herodes Antipas para recaudar impuestos en ese distrito. Parece que por lo menos había dos tipos de publicanos, el recaudador de impuestos general y el funcionario de la casa de tributos públicos.

Muchos judíos se burlaron de Jesús porque Él era "amigo de publicanos y pecadores". Ningún judío que sintiera respeto por sí mismo sería amigo de un publicano. El doctor Alfred Edersheim, una autoridad sobre la vida y la época de Jesús, describe el llamado a Mateo. Dice:

> Sabemos, mucho antes del memorable día que decidió su vida para siempre, el deseo que tenía Mateo, en su corazón, de convertirse en un discípulo de Jesús. Solo que él no se atrevía, no podía, a tener esperanzas de reconocimiento personal y mucho menos para un llamado al discipulado. Cuando llegó... no necesitó ni un momento para pensarlo o considerarlo. Cuando Él le dijo: "Sígueme", el pasado pareció ser tragado en el cielo de dicha actual. Él no pronunció ni una palabra, puesto que su alma estaba en inmutable sorpresa de amor y gracia inesperados pero se levantó, dejó la casa de tributos y lo siguió.

Probablemente algo muy parecido podría decirse de Zaqueo.

FUNERALES

Uno de los potenciales discípulos del Señor estaba lo suficientemente dispuesto, pero en sus propios términos. Respondió: "Señor, déjame que primero vaya y entierre a mi padre".

Entre los judíos, era un deber que adquiría precedencia por encima de todas las demás cosas. Es más, los funerales de ese momento (como lo son ahora) eran terriblemente caros y se esperaba que los que sobrevivían al fallecido, por la seria ley de la costumbre, reunieran el dinero para pagarlos de alguna manera. Las familias podían verse reducidas a la pobreza debido a los funerales.

Se reunían multitudes de parientes, amigos y conocidos. Había que servir algo de comer. Los invitados y las personas que guardaban luto y venían de lejos debían ser alojados y alimentados. Esas reuniones y celebraciones por los muertos podían extenderse durante un período de cuarenta días. Los sacerdotes y funcionarios religiosos empleados para el funeral debían recibir una buena paga.

En la época de la Biblia, alguien que prestara honores a la memoria de un ser querido que había partido era considerado una persona de integridad. A la inversa, un hombre que ignorara estos deberes, exigidos por la costumbre, sería considerado un hijo no natural y en quien no se debía confiar. Este posible discípulo presentó entonces su caso sobre lo que él consideraba que era el terreno más elevado, más sagrado y al que no podía presentársele desafío.

Sin embargo, Jesús no aceptó la excusa de este hombre que quería retardar el hecho de convertirse en discípulo hasta que muriera su padre. El llamado de la costumbre, independientemente del tiempo que lleve honrándose tal costumbre o lo socialmente sagrada que sea, no se debe permitir que interfiera con el llamado de Cristo.

MOLER EN EL MOLINO

El Señor Jesús habló de que su venida sería repentina y divisiva, incluso dividiendo a "dos mujeres" que "estarán moliendo en un molino" (Mt. 24:41).

El molino era un instrumento manual hecho con dos piedras circulares, una sobre la otra. El grano se colocaba dentro de un orificio en el centro de la piedra superior. Esta piedra tenía también una manija con la cual se le podía hacer girar. El grano molido corría entre las piedras superior e inferior. Al molino lo hacían funcionar dos mujeres que se sentaban una frente a la otra con las piedras del molino entre ellas. Ambas mujeres tomaban la manija, una mujer la sostenía con ambas manos y la otra mantenía una mano libre para arrojar más granos según fuera necesario. Ambas mujeres retenían la manija mientras ésta daba vueltas, hacia ellas o lejos de ellas. Este era un trabajo de mujer. Un hombre nunca lo haría. Era tedioso y cansado y normalmente solo las esclavas o las siervas más bajas lo hacían. Moler en el molino era una tarea con frecuencia impuesta a las cautivas tomadas en la guerra. Los filisteos disfrutaron mucho haciendo que Sansón realizara este trabajo.

La imagen del Señor de dos mujeres moliendo en el molino, y una arrebatada y la otra que queda, es vívida. Las dos mujeres en el molino tenían sus manos juntas en la manija mientras se enfrentaban una a la otra a través de la piedra, trabajando al unísono y al mismo ritmo. Repentinamente una desaparece. La otra se queda sentada sorprendida, sola.

ELÍAS CORRE DELANTE DE ACAB

Después de la gran batalla con los falsos profetas de Baal en el Monte Carmelo, Elías hizo algo extraordinario. "ciñó sus lomos, y corrió delante de Acab hasta llegar a Jezreel" (1 R. 18:46). ¿Por qué haría Elías algo así?

En el Monte Carmelo, el profeta, como agente vengador de Dios contra las idolatrías auspiciadas en Israel por el rey Acab y su maligna consorte Jezabel, abrumó a Acab con vergüenza y lo venció ante la presencia de sus súbditos. El resultado lógico hubiera sido rebajar al rey en la estimación de sus súbditos y le hubiera seguido la rebelión y la insurrección. Esto no formaba parte del plan divino. "No hay autoridad sino de parte de Dios". Lo que Dios quería era que hubiera arrepentimiento, no rebelión.

Por lo tanto, el profeta fue instruido por Dios para restaurarle al rey parte de su respeto propio y autoestima y advertirle a la gente que no dependía de ellos derrocar a la autoridad constituida. Eso llegaría en el momento y la manera que Dios considerara adecuados. Mientras tanto, había que darle espacio al rey para que digiriera la lección del Carmelo.

El profeta eligió una manera típicamente oriental de restaurar un poco el respeto del monarca totalmente humillado. Ciñó sus lomos y corrió delante del carruaje del rey. Este era un método de hacer honor al puesto de Acab manteniendo las costumbres de la época. Los grandes funcionarios siempre empleaban a personas que corrían delante de ellos, corriendo delante de los caballos sin importar cuán furiosamente eran montados. Para correr con mayor facilidad no solo "ceñían sus lomos", sino que también arremangaban sus túnicas debajo de la faja para no tropezar ni enredarse en ellas.

La distancia desde el pie del Carmelo a través de la planicie de Jezreel era de casi veinte kilómetros. El augusto profeta corrió por esa área bajo la cegadora lluvia, probablemente recorriendo la distancia en aproximadamente dos horas. Con razón se dice que la mano del Señor estaba sobre el profeta. De otro modo no hubiera podido hacerlo.

LA SABIDURÍA DEL COMPORTAMIENTO ANIMAL

W. M. Thomson cuenta haber estado una noche en Tiberias cuando rebaños de ganado y asnos eran bajados desde las verdes colinas donde pastaban durante las horas del día. Había muchos de esos animales. Thomson tenía la curiosidad de ver si Isaías 1:3-4 era verdad.

Apenas los rebaños entraron por la puerta de la ciudad, comenzaron a dispersarse. Cada buey, dijo, conocía perfectamente bien a su amo, dónde quedaba su casa y el camino hacia ella. Ningún animal se perdió ni se confundió por el laberinto de carriles y callejones retorcidos, sinuosos y entrecruzados. También, cada asno iba derecho al "establo" de su amo. Él siguió a uno todo el camino hasta la casa de su dueño y vio cómo ocupaba su lugar correcto y comenzaba su cena.

Isaías 1:3-4 era cierto y la lección era impresionante y triste a la vez. Los animales eran más sabios que sus dueños, que no conocían ni consideraban al Señor, sino que lo abandonaban y lo provocaban con sus rebeldes maneras de actuar.

Estudiar la cultura y las costumbres de la Biblia no solo arroja luz sobre enunciados difíciles y a veces oscuras, sino que nos aporta la sensación de que nuestro Señor vivió en un tiempo y un lugar reales entre personas que de muchas formas se parecen a nosotros.

5

La interpretación alegórica

Como se mencionó anteriormente de pasada, hay una escuela de interpretación bíblica que alegoriza gran parte del Antiguo Testamento, especialmente sus profecías relacionadas con Israel. Este enfoque peculiar de la Biblia, que uno sospecha es teología del pacto, se origina en un deseo de justificar la práctica no bíblica del bautismo de los niños pequeños, una práctica común para un importante segmento de la Iglesia profesante.

Cuando Dios celebró su relación de pacto con Abraham y su simiente, la señal del pacto era la circuncisión. Todo varón debía ser circuncidado cuando tuviera ocho días de edad para poder participar de esa relación de pacto. Si no se le circuncidaba se exponía al no circunciso al peligro de ser "apartado" del pueblo de Dios. Un varón gentil que sintiera la atracción de la fe religiosa de Israel y que quisiera convertirse en un converso, del mismo modo tenía que ser circuncidado. Sin embargo, normalmente el rito se realizaba a niños de ocho días de vida.

El teólogo del pacto suele equiparar el bautismo cristiano con la circuncisión judía, pero la amplía para incluir a niñas también. El bautismo de niños pequeños se supone que lleva al niño bautizado al bien del pacto de Dios así como la circuncisión llevó al varón al rebaño abrahámico. Para respaldar ese tipo de pensamiento, a la Iglesia se la ve como la "Israel espiritual".

Se sostiene que las promesas realizadas a Israel bajo el Antiguo Pacto son ratificadas ahora en la Iglesia bajo el Nuevo Pacto. Para reforzar más aún esta teoría, muchas de las profecías del Antiguo Testamento se tratan de forma alegórica. En lugar de tomar de forma literal las profecías gloriosas respecto del reinado milenario de Cristo, se las espiritualiza. Así, se supone que las bendiciones espirituales de la Iglesia serían una concreción actual de las promesas realizadas por los profetas a la nación de Israel. Este método de interpretación bíblica deja de lado todo futuro para la nación de Israel y el reinado milenario de Cristo. El renacimiento del Estado de Israel en nuestros días enfrenta al teólogo del pacto con una refutación de esa posición. Demuestra que los que interpretan las profecías del Antiguo Testamento literalmente tienen razón. Israel no es la Iglesia y la Iglesia no es Israel.

Entonces, eso es lo que decimos en cuanto a ese tipo de alegorización del Antiguo Testamento. Postula dos proposiciones falsas. La primera es que el bautismo de los niños pequeños lleva a los bebés a una relación de pacto con Dios (con la tragedia resultante de que millones de personas perdidas piensan que van a ir al cielo en virtud de su bautismo, en la infancia, dentro de la Iglesia. Un error católico romano del cual gran parte del protestantismo no se ha liberado nunca). La segunda es la proposición de que, puesto que la Iglesia es Israel, no hay futuro para el pueblo judío como pueblo o para Israel como nación (dejando así de lado el reinado de Cristo en la tierra sobre una nación hebrea reconstituida y redimida y robándole a Cristo su exaltación en lo que alguna vez fue la escena de su humillación).

Rechazamos dicha alegorización pero no debemos abandonar toda la interpretación alegórica de las Escrituras simplemente porque se ha abusado del método. *Hay* alegorías en la Biblia. Pasajes de las Escrituras que *sí* tienen significados más profundos, como lo demuestra Pablo, por ejemplo, en su manejo del triángulo Abraham-Sara-Agar (Gá. 4:29-31). Pero esos significados más profundos son secundarios. No son la interpretación primaria de las Escrituras del Antiguo Testamento en las cuales se basan.

Resulta evidente que Pablo usó el episodio de Génesis de una forma alegórica para *ilustrar* a los creyentes justificados, influidos por maestros legalistas, la idea disparatada de desear estar bajo la ley. El uso de la alegoría por parte de Pablo en esa ocasión plantea realmente, por *quinta* vez en esta epístola, la pregunta: ¿El creyente cristiano está bajo la ley mosaica? (Vea Gá. 2:19-21; 3:1-3; 3:25-26; 4:4-6; 4:9-31). La ilustración alegórica era una manera más de tratar ese tema.

El uso de la alegoría que hace Pablo nos ayuda a comprender su función principal. Al tomar la narrativa histórica, de los hechos, de Génesis 16:15 y 21:2 como una alegoría, Pablo de ningún modo estaba socavando la interpretación gramática-literal del pasaje. Estaba encontrando un significado secundario, más profundo, en el pasaje. Por encima de todo, su uso del pasaje como alegoría era puramente ilustrativo.

Este es, pues, el valor de la interpretación alegórica de un pasaje de las Escrituras. Se puede usar para ilustrar una enseñanza clara de las Escrituras, una enseñanza que esté bien respaldada en cualquier otro lugar de la Biblia: enunciaciones doctrinarias simples. Teniendo esto presente, desde luego que podemos ir más allá de la superficie de un pasaje de las Escrituras en busca de significados más profundos, siempre que nos demos cuenta de que lo que estamos haciendo es ilustrar la verdad que se enseña claramente en cualquier lugar de la Biblia.

Aquí tenemos un manejo legítimo de la alegoría, como puede demostrarse en numerosos pasajes del Antiguo Testamento. Génesis 1, por ejemplo, trata de la actividad de Dios en la creación. La interpretación llana, evidente, literal del pasaje mostrará la actividad creativa de Dios. Sin embargo, debajo de la superficie, hay una alegoría incorporada. En el nivel secundario, el pasaje puede tomarse para ilustrar el modo de actuar de Dios en la salvación de un alma humana. Demuestra cómo el Espíritu Santo se mueve en la oscuridad del corazón humano, cómo Él manda que la luz brille en las tinieblas, cómo Él trae luz, vida y amor a un reino donde antes había oscuridad y caos. Pablo mismo se refiere a esta alegoría en 2 Corintios 4:6.

Podemos saber cuando hemos descubierto una alegoría oculta de este tipo, porque las cosas "encajan". La ilustración que surge no es artificial y no necesita ser forzada. Al contrario, es satisfactoriamente completa.

Una buena manera de ilustrar esto es mostrar la alegoría oculta en el libro de Ester.

La interpretación literal del libro de Ester permanece en la superficie. El escenario del libro es Persia, durante los días de Jerjes. Muestra cómo el rey estaba influenciado por Amán, su primer ministro, para ordenar el exterminio de todos los judíos de su reino. A través de las actividades de Mardoqueo, un judío, y de Ester, su hermosa y joven prima, se frustraron los planes de Amán, que odiaba a los judíos. El libro demuestra la actividad providencial de Dios a favor de su pueblo. No hubo milagros poderosos, como en los días de Moisés y Faraón (de hecho, no se hace mención a Dios en este libro, si bien su nombre está oculto de forma acróstica en el texto hebreo). Dios simplemente supervisó los eventos naturales para efectuar una liberación espectacular del pueblo judío. La historia se cuenta en prosa gráfica para demostrar que "detrás de una providencia ceñuda, Él oculta un rostro sonriente".

Pero hay más en el libro que eso. Debajo de la superficie hay una alegoría inspiradora respeto del plan de salvación de Dios para los seres humanos perdidos y arruinados.

La historia gira alrededor de cuatro personas. Primero, está Asuero, con mucho el personaje más importante del libro; es nombrado aproximadamente 180 veces. Él representa al pecador. Luego está Mardoqueo, el judío. En el libro es representado como el que trae la salvación. Ese es su papel. Él representa al Salvador. Está Amán. Él, claramente, es el enemigo y representa a Satanás. Finalmente, está Ester, la que conoce y ama a Mardoqueo, el Salvador.

Con esta llave de la alegoría en la mano, se abre de forma fácil la puerta a la interpretación secundaria del libro.

En el capítulo de apertura se ve a Asuero gobernado por el orgullo, el placer, la pasión y la política mundana. Es una persona que piensa sólo en sí mismo y en qué aumentará sus ambiciones, vanidad y disfrute. Por medio de circunstancias que van más allá de su control, Ester, que ha sido adoptada por la familia de Mardoqueo, se halla casada con el rey. Le habla a su esposo de la salvación que Mardoqueo puede darle, pero él la ignora.

Habiéndose apartado del mensaje de salvación, el rey se pone de manera completa bajo la influencia de Amán y sus actos malignos. Amán tiene dos odios principales: a la persona de Mardoqueo y al pueblo de Mardoqueo, a quienes ataca a través de su dominio personal del rey.

En ese punto, Mardoqueo comienza a tratar con Ester acerca de su comprensible pero inexcusable silencio. Hace mucho que ha dejado de hablarle a su esposo acerca de la salvación que se le podía brindar y sobre la influencia del enemigo en su vida, sintiendo su falta de influencia sobre él. Mardoqueo condena a Ester por su negligencia. Ella promete dar nuevamente testimonio al rey, siempre que todo el pueblo de Dios la respalde con oración y ayuno.

Ahora interviene Dios y de manera personal trata con el rey. Una noche, a causa de su insomnio, el rey convoca al bibliotecario de la corte a su dormitorio y le exige que le lea. El bibliotecario elige un libro, lo abre al azar y comienza a leerle al rey sobre la salvación que Mardoqueo podría darle. La gran obra de Mardoqueo no había sido olvidada. Había sido escrita en un libro. Así tenemos a dos hombres no salvos, sentados juntos en un dormitorio en medio de la noche, uno leyéndole al otro la historia de la salvación.

El rey es consciente de su culpa. Está avergonzado por no haber reconocido a su salvador. ¿Pero quién aparecería en ese momento si no el enemigo Amán? Sin embargo, llega demasiado tarde, porque el rey ya se ha convencido. Ha tomado su decisión a favor del salvador y a la mañana siguiente hace saber que tiene la intención de honrar a Mardoqueo y otorgarle su merecido lugar.

Ahora Ester tiene la deliciosa tarea de instruir a su esposo respecto de lo que realmente ha estado sucediendo. Ella desenmascara al enemigo (el maligno Amán) que es luego colgado en la horca que había preparado para Mardoqueo. Después, el rey le da su anillo a Mardoqueo (el salvador) quien de ahí en adelante se ocupa de manejar todos sus asuntos.

El cambio de dirección en la vida del rey se hace sentir pronto lejos y cerca. Ahora, la salvación se extiende a los judíos a través de Mardoqueo y comienza el renacimiento. Afecta a los gentiles también: "Los judíos tuvieron alegría y gozo, banquete y día de placer. Y muchos de entre los pueblos de la tierra se hacían judíos, porque el temor de los judíos había caído sobre ellos".

El libro de Ester termina con la institución de un banquete de recuerdo para que nunca se pudiera olvidar la gran obra de Mardoqueo.

Tal es la alegoría, una imagen de cómo actúa Dios con los impenitentes. El Cantar de los Cantares se presta a un tratamiento similar.[1]

Ese tipo de interpretación alegórica de un episodio del Antiguo Testamento es bastante diferente a engañar de manera alegórica a la nación judía y mantenerla fuera de la herencia que le garantiza el pacto con Abraham.

1. Vea el libro del autor, *Exploring the Song of Solomon* [Explorando el Cantar de los Cantares] (Neptune, N.J.: Loiseaux Brothers).

6

La regla de aplicación

A veces cantamos este estribillo que es popular por el sentimiento que expresa y porque tiene una melodía pegadiza. Lamentablemente, enseña algo que no es verdad. Nos muestra que no debemos tomar nuestra teología del himnario:

> Cada promesa del Libro es mía.
> Cada capítulo, cada versículo y cada renglón;
> Todas las bendiciones de su amor divino,
> Cada promesa del Libro es mía.

El estribillo dice dos veces que: "Cada promesa del Libro es mía". Suena bien pero no es cierto. Cada promesa del Libro no es mía. Dios estableció compromisos con Abraham y con David, por ejemplo, que nunca estableció con nosotros. Él no nos ha prometido convertirnos en una gran nación ni prometió que encontraríamos dinastías que nunca morirían. Evidentemente debemos distinguir entre el *significado* de un pasaje y su posible *aplicación* en otras conexiones.

La interpretación de un pasaje debe buscarse en la ocasión que hizo que se escribiera y en relación a las personas a quienes fue originariamente dirigido. Solo después de establecida esa interpretación podemos hacer aplicaciones del pasaje de forma legítima a nosotros mismos. Incluso entonces debemos tener cuidado de que la aplicación que hicimos no choque con otros pasajes de las Escrituras. Las aplicaciones de un pasaje pueden ser ricas y variadas y cuando se hacen en armonía con la enseñanza bíblica que se da en otras partes, dichas aplicaciones no solo demuestran ser ciertas, sino que revelan profundidades insospechadas en el pasaje.

Hacer aplicaciones de este modo es bastante diferente de espiritualizar y alegorizar un pasaje sacándolo de contexto e introduciendo en él todo tipo de ideas extravagantes. No se nos ocurriría tratar otros libros de esa forma.

Imagine "espiritualizar" o alegorizar, por ejemplo, un pasaje de *Julio César* de Shakespeare. Tratemos uno como algunas personas tratan la Biblia para ver su irrealidad. La gran conspiración fue exitosa y Julio César ha muerto. Su amigo íntimo, Marco Antonio, a quien le dieron permiso para hablar en el funeral del César, da uno de los discursos más grandes de la literatura inglesa. Comienza diciendo: "Amigos, romanos, compatriotas, préstenme sus oídos; vengo a enterrar a César, no a alabarlo. El mal que cometen los hombres les sobrevive; El bien, con frecuencia, se entierra con sus huesos; Que sea así con César".

"Espiritualizar" ese pasaje como hacen algunos expositores con pasajes de la Biblia, podría generar una interpretación parecida a la siguiente:

> Antonio estaba hablando de la muerte de la república romana y del nacimiento de la nueva forma gloriosa de gobierno, el imperio.
>
> La expresión: "Amigos, romanos, compatriotas" es una referencia a tres formas de gobierno. "Amigos" se refiere a la forma de gobierno paternal que existía cuando se fundó Roma. "Romanos" se refiere a la forma patricia de gobierno que le siguió. Tanto César como Antonio eran patricios. "Compatriotas" se refiere a la forma plebeya de gobierno, a la democracia, el ideal romano. Bruto es democracia en su forma más pura; Casio es la conveniencia política que con tanta frecuencia caracteriza a la democracia; César es el estado y Antonio el círculo que gobierna la nación.

Sería una tontería tratar el discurso de este modo. Shakespeare estaba escribiendo teatro, basado en incidentes históricos tomados en su mayoría de Plutarco y no pensó en ningún momento predicar un sermón político o esconder significados ocultos en su texto. Sería necio leer cosas que no están en la obra. Cualquiera que manejara *Julio César* de ese modo sería motivo de ridículo.

Evidentemente J. R. R. Tolkien temió que las personas leyeran todo tipo de tonterías en su trilogía *El señor de los anillos*. Intentó salvaguardarse contra cualquier intento de ese tipo en su *Prólogo*: "Podrían imaginarse otras disposiciones de acuerdo a los gustos o visiones de quienes gustan de las alegorías o referencias tópicas. Pero a mí no me gusta, cordialmente la alegoría en todas sus manifestaciones y siempre lo he hecho desde que me he vuelto anciano y lo suficientemente cauteloso para detectar su presencia". Él repudia toda sugerencia de que la trilogía es alegórica.

Si no podemos tomarnos libertades con los escritos seculares, mucho menos podemos tomarnos libertades con el texto sagrado. Incuestionablemente hay profundidades ocultas en la Biblia porque Dios es su autor. Muchos pasajes tienen líneas de verdad secundarias y maravillosamente coherentes, inicialmente ocultas e insospechadas. Debido a eso, el expositor con frecuencia se enfrenta a la tentación de explorar esas verdades enterradas. Y mientras los resultados sean coherentes con todo el tenor de la verdad de la Biblia, eso puede ser provechoso. Pero no confundamos esas exploraciones con la interpretación.

Muchos mensajes excelentes de salvación han sido predicados desde la historia de Rahab y su cordón de grana; desde la historia de Naamán y su curación de la lepra; desde la historia de la cabeza perdida del hacha, o desde la historia de David y Jonatán. Grandes mensajes del evangelio han sido predicados de Apocalipsis 3:20 o de Lamentaciones 1:12 o Josué 24:15. Tal manejo del texto es válido pero solo siempre y cuando las lecciones que se desprendan de esos pasajes no violen las reglas básicas, subyacentes, de la interpretación.

Un pasaje de las Escrituras tiene solo *una* interpretación básica. Los que manejaran la Palabra de la verdad con sinceridad deben tratar de hallar *eso* antes de hacer cualquier otro uso del pasaje. La aplicación de un pasaje de las Escrituras debe estar regida por las mismas reglas de interpretación que se aplican al manejar todas las Escrituras.

Al estudiar a un personaje bíblico del Antiguo Testamento, por ejemplo, lo que hay que buscar no es algún "tipo" insospechado, sino los principios inherentes a la historia. Los mandamientos deben interpretarse a la luz del contexto cultural. Las promesas pueden aplicarse a nosotros solamente si se dirigen a nosotros o son de carácter universal. La imploración de David respecto a que el Espíritu de Dios no le fuera quitado (Sal. 51:11) evidentemente no podría ser usada por un creyente de hoy día, como queda claro por Juan 14:16. Enseñar a partir de Hechos 1:4 que debemos "esperar" al Espíritu Santo es no entender lo que se dice en 1 Corintios 12:13. Los principios sólidos de la interpretación evitarán que saquemos conclusiones equivocadas del texto sagrado. Que un texto parezca adecuado para una necesidad actual no nos da derecho a usarlo fuera de contexto como un pretexto conveniente para nuestras propias ideas sin considerar su intención original.

En ocasiones un pasaje sí tiene varias aplicaciones. La parábola del alfarero (Jer. 18) lo ilustra. La parábola ha sido empleada para describir cómo Dios vuelve a crear la tierra después del milenio, para describir nuestros cuerpos de resurrección, para demostrar cómo puede Dios supervisar nuestras vidas y traer algo bello y útil a partir incluso de nuestros fracasos, etc. Esos y otros usos similares del texto son aplicaciones. La interpretación del escenario del alfarero la da Dios mismo y claramente tiene que ver con la nación de Israel. No tenemos derecho a espiritualizar el pasaje sin reconocer primero ese hecho básico de la interpretación.

7

LOS SÍMBOLOS DE LA BIBLIA

El uso del simbolismo es común en cualquier forma de comunicación. Muchos estudiosos de la Palabra creen que la Biblia contiene muchos símbolos. Cosas literales tales como el sol, la luna o las estrellas reciben un significado secundario y representan o simbolizan otra cosa. Los símbolos son impresionantes. Por lo general comunican muy rápidamente. Las estrellas y las barras son un símbolo de los Estados Unidos de Norteamérica; una hoja de arce es un símbolo de Canadá; un bulldog es el símbolo de Gran Bretaña. En el apogeo de su imperio, Gran Bretaña era simbolizada con frecuencia por un león.

A veces un símbolo puede representar más de una cosa. Un águila por ejemplo puede ser un símbolo de los Estados Unidos pero también puede serlo de Alemania. Así que, evidentemente, el contexto en el que se usa un símbolo es de fundamental importancia al decidir exactamente qué representa dicho símbolo.

La regla para interpretar los símbolos de la Biblia es simple: Dios es su propio intérprete. Nosotros no tenemos que salir de las páginas de la Biblia para obtener una explicación de sus símbolos. Del mismo modo, debemos evitar los extremos de ignorar los símbolos o de leer demasiado entre líneas. A veces se explica el símbolo en el contexto inmediato. Por ejemplo, en Apocalipsis 1, a Juan, que había visto al Señor caminando entre los candeleros sosteniendo siete estrellas en la mano, se le dice que los candeleros simbolizaban las siete Iglesias de Asia, y las estrellas, los ángeles de esas Iglesias. A veces los símbolos se explican en otro lado diferente del libro bíblico en el que aparecen. Desde luego se explican en algún lugar de la Biblia.

En Apocalipsis 8:8 leemos: "El segundo ángel tocó la trompeta, y como una gran montaña ardiendo en fuego fue precipitada en el mar". Aquí nuevamente la Biblia explica sus propios símbolos, solo que esta vez no lo hace en el contexto inmediato, sino en otro sitio de la Palabra. Así, en Jeremías 51:25, leemos: "He aquí yo estoy contra ti, oh monte destruidor, dice Jehová". El contexto pone en claro que la referencia es a Babilonia. Por eso, se usa una montaña como símbolo de un gran reino mundial, expansionista. En Isaías 57:20-21 leemos: "Pero los impíos son como el mar en tempestad, que no puede estarse quieto, y sus aguas arrojan cieno y lodo. No hay paz, dijo mi Dios, para los impíos". En Jeremías 50:41-42 leemos: "He aquí viene un pueblo del norte, y una nación grande y muchos reyes... rugirá como el mar". Aquí el mar es el símbolo de las naciones de la humanidad inquietas y guerreras, que se levantan.

Con estas pistas es sencillo interpretar el simbolismo de Apocalipsis 8:8. En un día venidero una gran nación, ardiendo con energía destructiva como un volcán, será arrojada de forma violenta al mar de la humanidad. El consiguiente levantamiento, así como "el mar" intenta dominar al volcán, bien puede imaginarse. El simbolismo presenta una imagen vívida de una guerra particularmente dispersa y violenta.

Por lo tanto, al manejar los símbolos bíblicos debemos interpretarlos siempre a la luz de la Biblia misma, no en términos de la vida moderna. Por ejemplo, estos días se usa con frecuencia un oso para representar a Rusia. En la Biblia es utilizado para describir a Persia. La idea del oso ruso era completamente desconocida para los autores de la Biblia.

No solo los símbolos comunican con rapidez, también comunican con precisión. A veces las palabras quedan obsoletas con el paso del tiempo o, en ocasiones, cambian del todo su significado.

Ahora bien, mientras que las palabras pueden, y a veces lo hacen, cambiar sus significados o volverse totalmente obsoletas, los símbolos suelen permanecer constantes. Una vez que se ha establecido el significado, o los significados, de un símbolo, retiene los significados asociados a él; habitualmente alguna característica inherente en el símbolo preserva su significado. Por ejemplo, el sol es un símbolo de poder, autoridad, gobierno. Esas ideas son inherentes al sol mismo que es la fuente de poder en nuestro sistema solar. Dios mismo usa el sol como un símbolo de gobierno en la primera mención del mismo en la Biblia. En Génesis 1:15-16 leemos que Dios designó al sol y a la luna para que gobiernen ("y sean por lumbreras en la expansión de los cielos para alumbrar sobre la tierra... y la lumbrera menor para que señorease en la noche"). El sol y la luna por ende son símbolos válidos de poderes que gobiernan, representando el sol la autoridad suprema, y la luna la autoridad subordinada. O, como puede requerirse en algunos contextos, el sol puede representar el poder político, y la luna el poder religioso.

Un símbolo dado a veces puede representar más de un concepto. El agua, por ejemplo, es un símbolo del Espíritu Santo pero también se usa para simbolizar el bautismo, la purificación y la Palabra de Dios. Al hablar de la inestabilidad de su hijo mayor, Jacob dijo de Rubén que era tan débil como el agua. En este caso el agua simboliza la debilidad, esa que siempre busca su nivel más bajo. Otro símbolo que tiene diversos conceptos es el león. Representa al imperio babilónico, a Satanás y a Cristo.

A la inversa, toda cosa dada es representada por más de un símbolo. Satanás es un león, una serpiente, un ángel de luz, un dragón. El Espíritu Santo es una paloma, fuego, agua, viento y aceite.

Podemos dejar el trabajo de interpretar los símbolos de la Biblia circunscribiéndonos a la manera en que la Biblia misma los emplea. Esta es la forma segura. Seguir las pistas de la Biblia le ahorrará al expositor realizar enunciaciones tontas y sin respaldo que suelen desprestigiar a la Biblia. En Job 41:1-34, por ejemplo, tenemos una descripción altamente simbólica y poética de un animal acuático feroz (probablemente un cocodrilo). Dios le pregunta a Job si puede pescar a este monstruo (leviatán) de las profundidades con un gancho. Todo el pasaje forma parte de una exposición prolongada de la ignorancia de Job, de sus limitaciones y debilidades. Algunos sensacionalistas han convertido este pasaje en una descripción de un submarino moderno para darle algún tipo de significación profética. Tal manejo de la Biblia no es una exposición sólida.

Del mismo modo, un autor popular ve helicópteros en Apocalipsis 9, donde tenemos una descripción sumamente simbólica de determinados poderes demoníacos y angélicos que serán liberados a la humanidad en un día venidero. Tales "interpretaciones" rebuscadas pueden vender libros pero, desde luego, no son una buena exposición. El contexto deja claro que, sean lo que sean esas cosas, no pueden ser helicópteros. Provienen del abismo, una de las prisiones de Dios para el encarcelamiento de los espíritus del mal.

En la segunda parte de este libro se presenta un resumen de los símbolos más importantes de la Biblia.

Antes de dejar el tema, sigamos una cadena de símbolos a lo largo de las Escrituras, los que describen al Espíritu Santo.

Como hemos advertido, el Espíritu Santo ha usado diversos símbolos para describir su propia persona y su obra. Un estudio de los mismos nos enseñará mucho sobre las diversas operaciones del Espíritu Santo.

La siguiente lista no agota el tema. Por ejemplo, a veces el Espíritu Santo se simboliza con un siervo sin nombre. Lo encontramos en Génesis 24, donde Abraham envió a su siervo para encontrar una novia para su hijo Isaac. Si observamos este pasaje en su significado característico, entonces Abraham representa al Padre, Isaac representa a Cristo y el siervo sin nombre representa al Espíritu Santo. Mirado de esa manera, el pasaje nos enseña lecciones significativas acerca de la misión del Espíritu Santo y de su método en el mundo actual. Él está aquí para buscar una novia para Cristo, enviado por el Padre. La forma en que el siervo sin nombre llevó a cabo su tarea, su falta de obstrucción y su éxito resaltan la manera de obrar del Espíritu Santo con las personas.

1. *El viento: Su poder regenerador*

Encontramos por primera vez al Espíritu Santo en la Biblia en Génesis 1:2: "Y la tierra estaba desordenada y vacía, y las tinieblas estaban sobre la faz del abismo, y el Espíritu de Dios se movía sobre la faz de las aguas". Otra traducción traiciona las palabras de Dios, al traducir que: "La tierra estaba desordenada y vacía con tinieblas sobre la faz del abismo, y un viento poderoso que barría sobre la superficie de las aguas".

La misma palabra hebrea *rúakj* puede traducirse como viento o como espíritu. El contexto siempre determina cuál es la palabra correcta a usar.

No es casual que la palabra hebrea para *espíritu* y para *viento* sea la misma. El *viento* simboliza al Espíritu Santo. Simboliza al Espíritu Santo como el Dios poderoso, invisible, omnipresente que se manifiesta en poder, que va donde Él quiere, hace lo que quiere, no es servil con nadie, que es absolutamente soberano en su libertad de acción. El Espíritu de Dios vino en Pentecostés como un viento impactante e impetuoso para eliminar de un soplo el polvo y las telarañas de años y para inaugurar un movimiento nuevo y poderoso en la historia de la humanidad.

Así que al Espíritu Santo se le compara con el viento; siendo su nombre la misma palabra que viento en hebreo, la primera lengua en la que Él comenzó a hablarle al hombre. Como el viento, el Espíritu Santo establece en forma suprema su poder de regeneración. En ningún lugar se dice esto más significativamente que en la conversación de nuestro Señor con Nicodemo. Nicodemo era un rabino capacitado; un erudito bíblico; un hombre religioso, bueno, moral, decente. Jesús lo sacudió de su complacencia diciéndole que necesitaba ser regenerado, que necesitaba nacer de nuevo. Es más, si no nacía de nuevo, no tenía ninguna esperanza de ver el reino de Dios. Cabe advertir que el hombre no discutió. No dijo "¿Por qué?", dijo: "¿Cómo?" Él sabía que todos los años que había dedicado al estudio de las reglas y los ritos de la religión no habrían traído el aliento de la vida divina a su alma. Al decirle a Nicodemo *cómo*, el Señor Jesús se refirió a la obra de salvación, comparándola primero con el *agua* y luego con el *viento.*

"El viento", dijo Él, "sopla de donde quiere, y oyes su sonido; mas ni sabes de dónde viene ni a dónde va; así es todo aquel que es nacido del Espíritu".

Nicodemo había experimentado un nacimiento físico, debía experimentar un nacimiento espiritual. El nacimiento físico derivó de leyes fijas, el nacimiento espiritual derivó de leyes fijas. No tenía nada que ver con las circunstancias de su nacimiento físico, no tendría nada que ver con las circunstancias de su nacimiento espiritual. Así como tenía algún conocimiento general sobre las leyes del nacimiento físico, del mismo modo podía tener un conocimiento general sobre las leyes del nacimiento espiritual. Pero no había forma en que pudiera controlar esas leyes. Podía aprovecharse del movimiento del viento pero no podía comandar ni controlar el viento.

Por eso es imperativo responder al poder de persuasión y conversión del Espíritu Santo. Él se está moviendo ahora. Así que ya es el momento de responder.

Sabemos muy poco acerca de las leyes a través de las cuales opera el Espíritu Santo en la regeneración, ya sea en la vida de un individuo o en la vida de una nación. Sí sabemos que Él pasa a través de una reunión y esta es salva pero aquella no responde. Sabemos que en ocasiones Él trae renacimiento a una nación pero no podemos comandar un renacimiento.

Ahora volvamos a Génesis 1:2. Allí veremos ilustrado para nosotros el movimiento del Espíritu Santo como el viento. El "Espíritu de Dios", leemos, "se *movía* sobre la faz de las aguas". Se cernía sobre la faz de lo profundo y sobre las tinieblas prevalecientes, así como se cierne sobre la oscuridad de un corazón humano.

Luego Él habló. Se introdujo la Palabra de Dios para tratar con las tinieblas. Y la entrada de la Palabra de Dios trajo luz. La luz brilló sobre la escena. "Dios, que mandó que de las tinieblas resplandeciese la luz, es el que resplandeció en nuestros corazones, para iluminación del conocimiento de la gloria de Dios en la faz de Jesucristo" (2 Co. 4:6).

El Espíritu de Dios trató primero con las *tinieblas* y luego con lo *mortífero* de ese mundo primitivo, así como Él trata ahora con las tinieblas y lo mortífero del alma humana.

2. *El agua: Su poder de revivir*

El agua se emplea simbólicamente de dos formas en la Biblia. El agua para purificar es un símbolo de la Palabra de Dios. El agua para beber es un símbolo del Espíritu de Dios.

El Espíritu de Dios es como el *agua* para un hombre sediento, lo revive. Así, hallamos el agua como un símbolo del Espíritu apareciendo temprano en el viaje de Israel por el desierto. Primero se golpeó la *Roca*. "Y la roca era Cristo", dice Pablo. No podía haber ninguna bendición fuera de esa. La Roca de las Eras, el Señor Jesús, fue golpeada y afligida por Dios. "Mas él herido fue por nuestras rebeliones, molido por nuestros pecados; el castigo de nuestra paz fue sobre él, y por su llaga fuimos nosotros curados" (Is. 53:5). Como dice el autor del himno:

> Jehová elevó su vara;
> Oh Cristo, cayó sobre ti
> Tú fuiste golpeado por tu Dios;
> No hay ningún golpe para mí;

Tu sangre fluyó debajo de esa vara;
Tus llagas me sanaron.

Pero una vez que fue golpeada esa Roca, fluyeron los ríos de agua. El pueblo de Dios fue revivido. Cuando vino Amalec, pudieron golpearlo con el borde de la espada. Amalec representa la carne y la espada, la Palabra de Dios.

El pasaje clásico del Nuevo Testamento sobre el Espíritu Santo como agua lo encontramos en Juan 7:37-39. Fue el último día de la fiesta y Jesús se puso de pie y clamó: "Si alguno tiene sed, venga a mí y beba. El que cree en mí, como dice la Escritura, de su interior correrán ríos de agua viva. (Esto dijo del Espíritu...)". La fiesta a la que se hace referencia era la fiesta de los tabernáculos, que cerraba el calendario religioso del año. Era la última y la más importante de las fiestas y, en su tipología, expresaba las ansias del reino milenario.

En la época de Jesús se había desarrollado un ritual interesante alrededor de la fiesta y siempre se practicaba en Jerusalén. Durante siete días una procesión de los sacerdotes iba al estanque de Siloam o al arroyo de Cedrón. Los sacerdotes llevaban consigo recipientes de oro vacíos. Los llenaban con agua y volvían al templo cantando partes del Gran Hallel. El Gran Hallel (el "Aleluya" de Israel) estaba compuesto por los Salmos 113—118. En realidad los salmos se cantaban en Pentecostés, Pascua y en la Fiesta de los tabernáculos.

Así que los sacerdotes regresaban con sus recipientes de oro llenos de agua. Allí, dentro de los patios del templo, vertían esta agua en un arroyo cristalino. No era algo ordenado por el Antiguo Testamento pero era una tradición de gran interés y significación. El hecho de verter esa agua significaba:

(1) que Dios había provisto las necesidades de Israel de agua durante su deambular por el desierto,

(2) que en un día venidero los desiertos florecerían como la rosa y que los ríos de agua transformarían las tierras yermas en maravillosos jardines de Edén.

El octavo día no se vertía más agua. El último día, el gran día de la fiesta, no había recipientes de oro, no había procesión, no había ríos de agua. La omisión tenía la intención de demostrar:

(1) que Israel estaba ahora en la tierra y que no había necesidad de suministro de agua sobrenatural,

(2) que la promesa de refrescamiento espiritual, también simbolizada por el agua vertida, aún no se había cumplido.

Ese era el trasfondo. En ese mismo día, con el Calvario ante Él, Jesús estuvo de pie y ofreció ríos de agua viviente a los que fueran a Él. Y el Espíritu Santo no nos deja dudas acerca de lo que quería decir Jesús. "Esto dijo del Espíritu", dice Él.

En la Biblia, a Dios el Padre se le asemeja a una fuente de agua viviente, a Dios el Hijo a un pozo de agua viviente, y a Dios el Espíritu Santo a un río de agua viviente. El río habla del poder del Espíritu de Dios para traer una bendición de renacimiento cuando la gente se vuelve hacia Cristo.

3. *El fuego: Su poder de purificación*

Es importante el hecho de que en Pentecostés viniera el Espíritu Santo en forma de lenguas partidas de *fuego*. Esas llamas misteriosas se asentaron sobre cada uno de los apóstoles. A partir de ese momento, fueron hombres cambiados. Fueron purificados. Pedro ya no era un cobarde. Tomás no dudó más. Felipe ya no exigía: "Muéstranos el Padre, y nos basta". Esos hombres salieron a encender con fuego el mundo.

4. *El aceite: Su poder revitalizador*

Uno de los tipos más comunes del Espíritu Santo en la Biblia es el *aceite*. Se utilizó aceite en la unción de profetas, sacerdotes y reyes para simbolizar el poder transformador de la vida del Espíritu Santo que ahora les pertenecía.

Un gran pasaje sobre el aceite como símbolo del Espíritu Santo es la parábola de las vírgenes prudentes e insensatas (Mt. 25). De muchas formas las vírgenes prudentes e insensatas eran parecidas. Todas eran vírgenes, todas tenían lámparas, todas tenían aceite en sus lámparas, para empezar, todas se fueron a dormir. La diferencia es que las vírgenes insensatas no llevaron aceite de más.

No tenemos problemas en identificar las lámparas. Salmos 119:105 dice: "Lámpara es a mis pies tu palabra, y lumbrera a mi camino". Una lámpara es inútil sin aceite. Sin el poder energizante del Espíritu Santo, la Palabra de Dios no brilla. La Palabra de Dios debe estar iluminada por el Espíritu de Dios. Por eso la Biblia es un libro muerto para la mayoría. El "hombre natural no percibe las cosas que son del Espíritu de Dios, porque para él son locura, y no las puede entender, porque se han de discernir espiritualmente" (1 Co. 2:14). Por eso tenemos muchas sectas, todas apelando a la Biblia. Las personas no iluminadas están buscando obtener luz de la Biblia sin el Espíritu Santo.

Las vasijas representan la vida individual. David dijo: "He sido olvidado de su corazón como un muerto; he venido a ser como un vaso quebrado" (Sal. 31:12). Saulo de Tarso es descrito como un recipiente elegido por Dios (Hch. 9:15). Los esposos deben honrar a sus esposas "como a vaso más frágil" (1 P. 3:7). Respecto a la obra de Dios en nuestras vidas se nos dice que "tenemos este tesoro en vasos de barro, para que la excelencia del poder sea de Dios, y no de nosotros" (2 Co. 4:7).

Las vírgenes que tenían aceite extra en sus vasijas pudieron encender de nuevo sus lámparas. Eso es lo que marca la diferencia entre aquellos que profesan ser creyentes y los que realmente son creyentes: los verdaderos creyentes tienen aceite en el vaso, tienen al Espíritu Santo en sus vidas. Y por lo tanto la Palabra de Dios, la lámpara, puede volver a encenderse siempre, aún cuando haya sido ignorada.

5. *La paloma: Su poder de reencauzar*

La *paloma* también es en las Escrituras un símbolo del Espíritu Santo. La paloma sagrada de Dios descendió del cielo y se posó sobre el Hijo de Dios. Ahora bien, la obra del Espíritu Santo en el mundo es atraer a los hombres y a las mujeres a Jesús.

Cuando era niño solía pasar de vez en cuando una hora o dos en el andén de la estación en mi pueblo natal. Era un lugar con mucha gente, estaba en la línea principal desde Londres al Sur de Gales y en un punto de unión importante para los valles. Era fascinante observar los trenes, el ajetreo y el ruido, el flujo constante del tráfico. Los trenes expresos rápidos pasaban como truenos, junto con largos trenes de mercancías de la industria maderera. Trenes pequeños llenos de gente partían para los valles.

Un día vi unas cestas de mimbre en un extremo del andén. El guardián me explicó que contenían palomas con un bien desarrollado instinto de regreso al hogar. Esas aves, me dijo, se colocaban en los trenes que iban a diversos lugares, todos a la misma distancia. En una hora prefijada se abrían las cestas y se liberaba a las palomas. Daban vueltas en círculo durante un tiempo y luego se dirigían directamente a casa.

Eso es lo que el Espíritu Santo hace por nosotros. Nos lleva directamente a casa.

8

La ley del contexto

Hay que tener siempre cuidado con el maestro de Biblia que ignora el contexto de un versículo de las Escrituras. "Un texto sin un contexto es un pretexto". Casi toda la falsa enseñanza se basa en no tener en cuenta el contexto, en el uso de los así llamados "textos de prueba" aislados para respaldar un punto de vista no bíblico.

Si se saca un texto de su contexto podemos hacer que la Biblia diga que no hay Dios (vea Sal. 14:1). Una vez oí a un hombre sostener la teoría falsa de la reencarnación utilizando el texto: "Os es necesario nacer de nuevo". Puesto que ignoran qué dice la Biblia sobre el tema, muchos piensan que el texto: "No matarás", legisla acerca de la pena capital.

Satanás tomó un texto fuera de contexto al tentar al Señor Jesús. Habiendo sido frustrado dos veces por el uso del Señor de la Palabra de Dios, Satanás la utilizó él mismo pero de manera engañosa: "Si eres Hijo de Dios", dijo: "échate abajo, porque escrito está: A sus ángeles mandará acerca de ti, y, en sus manos te sostendrán, para que no tropieces con tu pie en piedra" (Mt. 4:6). Él estaba citando el Salmo 91:11-13. Lo que el salmista dijo en realidad fue esto: "Pues a sus ángeles mandará acerca de ti, que te guarden en todos tus caminos. En las manos te llevarán, para que tu pie no tropiece en piedra. Sobre el león y el áspid pisarás; hollarás al cachorro de león y al dragón". ¡El diablo de manera conveniente ignoró el contexto de la cita, pues hablaba de su propia destrucción!

Hay tres ciclos de contexto que exigen atención.

1. Primero, está el *contexto inmediato.* Los versículos y capítulos que rodean

inmediatamente a un versículo deben analizarse para determinar su importancia. Ese contexto de forma invariable arroja luz sobre el texto.

Debemos recordar que las pausas y los paréntesis de un capítulo en un tema que se está tratando pueden disfrazar el verdadero contexto. Juan 7:53 sostiene: "Cada uno se fue a su casa". Allí termina el capítulo y, con demasiada frecuencia, allí dejamos de leer. El primer versículo del siguiente capítulo dice: "y Jesús se fue al monte de los Olivos". Salvo por esa lamentable pausa entre capítulos, leeríamos: "Cada uno se fue a su casa. Y Jesús se fue al monte de los Olivos". Cuánto más significativo es esto.

Lo mismo sucede en Mateo 16:28, donde el Señor dice: "De cierto os digo que hay algunos de los que están aquí, que no gustarán la muerte, hasta que hayan visto al Hijo del Hombre viniendo en su reino". Allí termina el capítulo. Sin embargo, si seguimos leyendo hasta el primer versículo del capítulo siguiente encontramos una explicación de lo que ha sido, para algunos, un texto muy difícil. El capítulo 17 cuenta la historia de la transfiguración. Allí, Pedro, Santiago y Juan vieron al Señor en su gloria. Moisés y Elías estaban presentes, representando a la Ley y los profetas, los discípulos estaban presentes representando a los santos de la era de la Iglesia y todo el episodio prenunciaba la era del reino venidero cuando todos verán al Señor en su gloria.

En Génesis 17 leemos sobre una nueva revelación de Dios entregada a Abraham. El contexto es significativo y, nuevamente, está borroso por el corte de un capítulo. El último versículo del capítulo anterior dice: "Era Abraham de edad de ochenta y seis años, cuando Agar dio a luz a Ismael". Podemos olvidarlo cuando comenzamos a leer de nuevo en el capítulo 17. El capítulo comienza diciendo: "Era Abraham de edad de noventa y nueve años, cuando le apareció Jehová y le dijo: Yo soy el Dios Todopoderoso; anda delante de mí y sé perfecto". Ese es el primer uso de ese nombre encantador, *El Shaddai*, el Omnipotente que satisface. El contexto demuestra que Dios no le había hablado de manera directa a Abraham durante trece años, el fruto de su impaciencia en el tema de Ismael. Había llegado ahora el momento, sin embargo, de que naciera Isaac. Puesto que la fe de Abraham requería de una revitalización, Dios quebró el silencio con una nueva revelación.

Analice el contexto de las tres parábolas de Lucas 15 y descubra de qué manera el contexto inmediato arroja luz sobre el pasaje. El capítulo comienza con las palabras: "Se acercaban a Jesús todos los publicanos y pecadores para oírle, y los fariseos y los escribas murmuraban, diciendo: Este a los pecadores recibe, y con ellos come". Evidentemente las historias de las ovejas perdidas, la plata perdida y el hijo pródigo se dirigían de manera especial a los publicanos y pecadores. Pero ese apéndice mordaz de la historia del pródigo, ese bosquejo del hermano mayor, desde luego, se dirigía en especial a los fariseos y escribas. Los discípulos del Señor Jesús también estaban presentes. Así, tenemos tres grupos de personas. Para los discípulos estas eran parábolas de fe; para los publicanos y pecadores, eran palabras de esperanza; para los escribas y fariseos eran parábolas de amor.

En algunos de los escritos de Pablo, en la epístola a los hebreos y en el libro de Apocalipsis, encontramos pasajes insertados que interrumpen el flujo de la narrativa o argumento. Debemos detectar y marcar esos paréntesis y tenerlos en cuenta al observar el contexto verdadero. Los paréntesis son importantes y se insertan donde están por razones adecuadas, pero no interrumpen el tratamiento.

Tomemos, por ejemplo, todo el pasaje de Hebreos desde 5:12—6:20. Este es un paréntesis, uno de los grandes pasajes de advertencia del libro. El autor acaba de introducir el tema de Melquisedec (5:5-10). Sus lectores de hebreo van a encontrar que lo que tiene que decir sobre este rey-sacerdote es de hecho un material muy explosivo. Él está obligado a hacer una digresión a causa de su torpeza pero regresa a su tema en el versículo que abre el capítulo 7. Advierta cómo toda la digresión está entre paréntesis con el nombre de Melquisedec. Cada uno de los cinco pasajes de advertencia de Hebreos es una interrupción al argumento principal del libro. Advertir esto ayudará mucho en la lectura, la comprensión y la interpretación del libro.[1]

Por consiguiente, el contexto inmediato siempre debe ser examinado de forma cuidadosa al interpretar un pasaje de las Escrituras.

2. De igual importancia es el *contexto del libro en sí* en el que se halla cualquier pasaje dado. Un gran ejemplo de esto es el libro de Eclesiastés, un terreno de caza favorito para los pertenecientes a sectas en su búsqueda de textos de prueba. Todo texto de Eclesiastés debe ser interpretado a la luz del alcance y propósito del libro mismo. Eclesiastés nos da el punto de vista de un hombre "debajo del sol" y subraya, mediante la frase repetida "aflicción del espíritu", las frustraciones y las extravagancias de la persona cuya vida está dominada por este mundo.

El libro fue escrito por Salomón, probablemente hacia finales de su vida malgastada. Estaba desilusionado con los frutos de su carnalidad y descarrío. Cuando consideró los verdaderos asuntos de la vida a la luz de su propia debilidad y mundanalidad, el resultado fue el libro de Eclesiastés. Registra la perspectiva de un hombre con mentalidad mundana. Por ende, es un libro inspirado por el Espíritu Santo para revelar la futilidad y la miopía de la filosofía mundana y la ambición. Registra la desesperación y el cinismo que resultan cuando la vida está atada por las cosas del tiempo y del sentido. Eso que está "debajo del sol" no puede satisfacer nuestras necesidades más profundas. Debemos fijar nuestra vista en el mundo próximo, no en este, si es que queremos estar verdaderamente satisfechos.

Puesto que este es el alcance y el propósito de Eclesiastés, cualquier texto tomado de este libro debe estar condicionado por el punto de vista de su autor y,

---

1. Ver el libro del autor, *Exploring Hebrews* [Explorando Hebreos] (Chicago, Moody Press).

por lo tanto, debe ser manejado con cuidado. De ningún modo se debe permitir que un texto de Eclesiastés contradiga enunciaciones claras de verdad que se hallan en otras partes de la Biblia. Así, cuando Eclesiastés 9:5 dice: "los muertos nada saben" (un texto de prueba favorito de la secta de los Testigos de Jehová), debemos recordar que esto no es una enunciación verdadera de un hecho. Es cierto que el hombre mundano dice que "los muertos nada saben", pero lo que dice el hombre mundano no es cierto. Lucas 16:19-31 aclara que los muertos saben mucho.

3. También debemos tener en cuenta el *contexto de toda la Biblia*. Puesto que la verdad ha sido revelada de manera progresiva, ni un pasaje de las Escrituras puede considerarse en forma aislada de otros pasajes relacionados con él. Por eso una concordancia resulta una herramienta de estudio bíblico tan valiosa. La deberíamos utilizar para ver qué luz arrojaron las referencias cruzadas sobre un tema. Esto es especialmente cierto al estudiar una doctrina, un tema o un aspecto de una profecía.

Por ejemplo, se mencionan cuatro tipos de bautismo en la Biblia: el bautismo característico, el bautismo preparatorio, el bautismo de agua y el bautismo del Espíritu. Debe analizarse toda referencia en la Biblia al bautismo para ver de qué tipo de bautismo se trata. No diferenciar entre los textos que se refieren al bautismo de agua y los que se refieren al bautismo del Espíritu puede conducir a cualquier clase de confusión.

La levadura se menciona en Mateo 13:33 en un contexto importante. Algunos piensan que la levadura simboliza que el evangelio penetra de manera lenta en la sociedad. Que esto no es así puede verse al reunir otras referencias a la levadura en las Escrituras. Mire, por ejemplo Génesis 19:3, Éxodo 12:8 y 12:19, 1 Corintios 5:6-8, Mateo 16:6, 11-12, Marcos 8:15 (compare con Mt. 22:23, 29). Es evidente que la levadura, en la Biblia, representa de manera uniforme algo malo; especialmente representa a la mala doctrina. No hay motivo para hacer una excepción en Mateo 13:33.

Con cuánta frecuencia en los asuntos cotidianos vemos que las palabras o los actos de una persona se toman fuera de contexto y los medios de comunicación brindan un giro injusto y sesgado. Es posible destruir el carácter y la carrera de una persona de ese modo. Una consideración cautelosa del contexto nos enseñará a pensar en el momento, el lugar y las circunstancias que dieron lugar a una comunicación dada. Eso es importante en las cosas mundanas de la vida y también en las Escrituras. Es muy grave que se interprete mal algo que Dios ha dicho por no tomar el contexto de sus palabras en consideración.

9

El principio de la visión general

Debemos ver el todo antes de sumergirnos demasiado en sus partes. Dicho principio puede aplicarse a muchas áreas de estudio y trabajo y es de vital importancia en el estudio de la Biblia. Antes de enfrascarnos demasiado en versículos y textos debemos tener la idea de la Biblia, en su conjunto, firmemente fijada en nuestra mente. Eso incluye todos los temas y contenidos de los diversos libros, por qué se escribieron, cómo se relacionan con otros libros de la Biblia, cómo se relacionan con la historia, etc. En otras palabras, una de las metas principales del estudioso de la Biblia es comprender el todo antes de interpretar las partes.

La Biblia consta de 1.189 capítulos, 23.214 versículos y 773.692 palabras. Tomados en su totalidad presentan una imagen magnífica de los tratos de Dios con la humanidad y de sus propósitos finales para la raza humana. Pero para los que están comenzando a estudiar la Biblia, el tamaño, el alcance y la variedad de las Escrituras pueden resultar confusos.

Piense por un momento en un rompecabezas con miles de piezas que deben encajar unas con otras, cada una con su lugar adecuado en relación al todo. Lo sensato es observar la imagen general en la caja del rompecabezas antes de intentar unir las piezas. Las piezas verdes pueden pertenecer a esos árboles, o a este césped, o al vestido de esa niñita. Las piezas azules pueden pertenecer a un fragmento del cielo, o a un estanque, o a un automóvil azul. Las piezas rojas evidentemente pertenecen al establo, o a esas flores, o a ese tren en el horizonte.

Lo sensato al abordar la Biblia es similar: obtener sus características principales, libro por libro, bien clasificadas antes de ir demasiado lejos.

El lector informal de la Biblia podría pensar fácilmente que, debido a que el libro de Jeremías va justo después del libro de Isaías, los dos están estrechamente ligados en el tiempo. De hecho están separados por aproximadamente un siglo. Cuando Isaías escribió, la escena internacional estaba dominada por Asiria. Cuando escribió Jeremías, Asiria solo era un mal recuerdo y la amenaza era Babilonia. La nación de las diez tribus de Israel había sido desarraigada, y sus pueblos, dispersos; solo Judá quedaba para enfrentar la amenaza del imperialismo babilonio. La situación había cambiado de manera significativa.

Un cambio aún mayor existe entre Malaquías y Mateo. Cuando Malaquías escribió, la nación judía se había vuelto a reunir después del exilio y el futuro era oscuro. Había pasado alrededor de un siglo desde que Hageo y Zacarías habían predicado al resto que había regresado de Israel y un nuevo conjunto de pecados se habían arraigado en la tierra. Entre Malaquías y Mateo hay una brecha de unos 400 años. Cuando Malaquías escribió, los persas aún controlaban el mundo. Cuando escribió Mateo, Persia ya se había ido, habían sido derribadas las problemáticas Egipto y Siria, y Roma regía el mundo.

En los Evangelios leemos acerca de sectas y partidos desconocidos para Malaquías. Leemos sobre escribas, fariseos y saduceos, herodianos. Leemos sobre ciudades palestinas con nombres griegos. El hebreo se ha vuelto una lengua muerta, el idioma de los eruditos, y las Escrituras se leen en griego. Es más, el idioma común de la gente es ahora el arameo. Descubrimos a un idumeo en el trono de David. Nos enfrentamos con un cuerpo religioso gobernante conocido como el Sanedrín. Incluso el templo no es el mismo conocido por Malaquías. En Mateo, encontramos la adoración pública llevada a cabo mayormente en sinagogas. Está creciendo una vasta e incómoda colección de interpretaciones (tanto orales como escritas, luego conocidas como el Talmud) y hasta está reemplazando a las Escrituras en los círculos populares y escolásticos. Tales cambios deben ser entendidos si queremos que la Biblia sea inteligible. Una visión panorámica de la Biblia evitará que los estudiosos se pierdan al abordar este o aquel pasaje de las Escrituras.

El Señor Jesús utilizó este enfoque del estudio de la Biblia con esos dos discípulos suyos desalentados cuando se unió a ellos (aparentemente un total extraño) en el camino a Emaús (Lc. 24). Vertieron en sus oídos la triste historia de sus esperanzas crucificadas. Estaban muy confundidos. Habían pensado que Jesús realmente era el Mesías pero el Calvario había terminado con todo eso. Es cierto, historias de una resurrección se oían en Jerusalén desde el amanecer, pero desde luego nadie podía tomarlas en serio.

La respuesta del Señor fue darles una visión general de lo que decían en realidad las Escrituras sobre Cristo: "Y comenzando desde Moisés, y siguiendo por todos los profetas, les declaraba en todas las Escrituras lo que de él decían" (Lc. 24:27). De ese modo Él les brindó una perspectiva correcta. Ellos solo habían pensado en un Mesías soberano, Él les mostró un Mesías sufriente. Ellos solo habían pensado en alguien que sería coronado; Él les mostró a alguien que también podía ser crucificado. Él reemplazó su ignorancia por verdad. La imagen más amplia reveló a un Redentor así como a un Gobernador.

El enfoque de la visión general respecto a las Escrituras coloca las cosas en perspectiva. Le ahorra al estudioso un error ridículo y en ocasiones grave. En Zacarías 3, por ejemplo, leemos sobre Josué de pie frente al Señor vistiendo ropas inmundas. Un predicador expresó su asombro de que Josué, después de haber sido un líder tan notable, de haber tenido tan buen entrenamiento de Moisés y de haber conducido a Israel a la Tierra Prometida, se hubiera permitido rebajarse como para aparecer frente a Dios en una condición tan miserable. Si hubiera conocido mejor su Biblia, no hubiera cometido un error tan notorio. Hay dos Josués notables en el Antiguo Testamento: uno era un soldado, el otro un sacerdote; uno fue cautivo en Egipto, el otro, cautivo en Babilonia; uno vivió en la época del éxodo, el otro mil años más tarde al final del exilio.

Equivocaciones similares pueden producirse con las diversas Marías y Herodes del Nuevo Testamento. Había tres Marías en la cruz: la madre del Señor, María Magdalena y María, la esposa de Cleofas. Resulta interesante el hecho de que María de Betania no estuviera allí. Ya había celebrado sus ritos del funeral (Mt. 26:7; Mr. 14:3; Jn. 11, 12:1-9), que habían sido encomendadas por el Señor y estaba anticipándose a la resurrección. María, la madre de Marcos, no es mencionada en los Evangelios ni tampoco la otra María que residía en Roma y que era amiga de Pablo y de sus compañeros.

En cuanto a los Herodes, eran una familia complicada. Estaba Herodes el Grande, que masacró a los niños varones de Belén; Herodes Felipe I, cuya esposa Herodías y cuya hija Salomé lo abandonaron para irse con Herodes Antipas, el Herodes que asesinó a Juan el Bautista y ante quien fue enviado Cristo para su juicio. Está Herodes Agripa I, quien martirizó a Santiago y planificó la ejecución de Pedro, y quien fue comido por los gusanos. Está Herodes Agripa II, el "último rey de los judíos", quien oyó la defensa de Pablo antes de que éste fuera enviado a Roma para comparecer frente a Nerón.

Antes de iniciar un estudio versículo a versículo de cualquier pasaje o libro de las Escrituras, es fundamental tener una visión general. Algunos libros de la Biblia continuarán siendo un misterio a no ser que se dominen primero sus bosquejos. Un ejemplo notable de esto es el libro de Apocalipsis. Muchas cosas necias se han dicho sobre este libro, en boca de personas que nunca han dominado sus patrones principales. En primer lugar, las escenas se alternan entre el cielo y la tierra, así que siempre es importante advertir desde qué posición se están observando los hechos. Luego, también, la cronología real del libro se ve interrumpida de forma constante por secciones parentéticas, algunas breves, pero hay otras que se extienden por toda una serie de capítulos; algunas se refieren a eventos del pasado en la cronología y otras se anticipan y saltan hacia delante. A no ser que estos paréntesis se disciernan con claridad y se comprenda de manera correcta su posición en relación al drama general, el libro de Apocalipsis permanecerá confuso e ininteligible.

Si una persona decidiera conducir desde Chicago a Los Ángeles, primero miraría un mapa de los Estados Unidos para ver qué rutas le convienen más. Luego, miraría mapas estatales para ver qué problemas en especial encontraría en su camino. Finalmente, analizaría varios mapas de la ciudad para decidir qué atajos o carreteras debería tomar o evitar. Pasaría, pués, de la imagen general a la particular. Así debemos proceder con el estudio bíblico: de lo general a lo particular, de una visión general a los detalles, de una imagen generalizada al análisis.

Asegúrese de ver los resúmenes de los libros de la Biblia al final de este libro.

10

La importancia de la estructura

En un tiempo de mi vida trabajé en el departamento de compras de una gran compañía de camiones. Tal vez en el taller uno de los mecánicos podía necesitar una junta para un embrague. Si no teníamos la pieza en el inventario, nosotros, los del departamento de compras, teníamos que pedírsela al fabricante. Ese hubiera sido un trabajo imposible para mí de no haber sido por un libro muy importante que el fabricante proporcionaba a sus clientes. Este libro, conocido como libro de repuestos, era un volumen enorme. Contenía toda la información necesaria para solicitar cualquier pieza de un camión. Su característica principal eran los diagramas que ilustraban cada parte del vehículo.

El libro, por ejemplo, proporcionaba una ilustración del embrague para el cual el mecánico necesitaba la pieza. Cada pieza del ensamblado estaba descrita en el diagrama de una manera tal que mostraba la relación exacta de la pieza, no solo con todo el montaje, sino con cada pieza con la que tenía contacto. Al mirar ese diagrama se podía ver que primero venía una pieza, luego otra y más adelante la otra pieza. Además de esta útil visión del montaje en forma de diagrama, que mostraba cómo encajaba todo, cada pieza estaba numerada.

Si se conocía el número o la posición exacta de la pieza, se podía encontrar en el diagrama y se podía comprender su función.

En la Biblia, todo tiene su lugar correcto. Nada puede ser más útil, en la comprensión de la importancia de cualquier parte de la Biblia, que llegar a su estructura subyacente: entender, por así decirlo, un diagrama.

Todo lo que hace Dios es perfecto. En la naturaleza, por ejemplo, no hay dos copos de nieve que sean iguales, sin embargo cada uno está hecho con un patrón idéntico de seis puntas. No hay dos hojas de roble que sean iguales, sin embargo uno puede fácilmente reconocerlas por su forma. Lo mismo se aplica a la Palabra de Dios. Puesto que cada parte está perfectamente estructurada, la estructura de un pasaje con frecuencia ayudará a resolver los problemas asociados a él. Por ejemplo, cuando analizamos estructuralmente los difíciles pasajes de advertencia de Hebreos, éstos resuelven sus propias dificultades. La importancia de la estructura de la Biblia no se extiende solamente a los versículos y las frases, sino a capítulos enteros de la Biblia. Con frecuencia, la estructura íntimamente mezclada de un pasaje toma la forma de introversión, alternancia o de una combinación de ambos.

Observe el paralelismo que debe verse en la historia del hijo pródigo (Lc. 15:12-32) según lo presenta *The Companion Bible* [La Biblia compañera] de E. W. Bullinger.

A. El hijo menor (12-16)
  1. Su penitencia (17-20a)
    2. La compasión de su padre (20b)
      3. La confesión del hijo menor (21)
        4. Los regalos del padre (22-23)
          5. El motivo: "porque" (24)

B. El hermano mayor (25-27)
  1. Su petulancia (28a)
    2. El ruego de su padre (28b)
      3. La queja del hermano mayor (29-30)
        4 Los regalos del padre (31-32a)
          5. El motivo: "porque" (32b)

La estructura revela la belleza y la simetría de la parábola. Enfatiza la diferencia entre los dos hermanos y muestra la moraleja de dos puntas de la parábola. El público del Señor estaba formado por dos clases de personas, los "publicanos y pecadores" (v. 1) y "los fariseos y los escribas" (v. 2). El primer segmento de la parábola evidentemente está dirigido a los publicanos y pecadores quienes, fácilmente, se identificaban con el hijo pródigo, el segundo segmento de la parábola está igualmente dirigido claramente a los escribas y a los fariseos, que no dejarían de verse identificados con el hermano mayor.

Puede verse un tipo diferente de paralelismo en la estructura de los Diez Mandamientos (Éx. 20:2-17).

A. Mandamientos uno y dos: *Pensamiento* (2-3)
  B. Mandamiento tres: *Palabra* (4-6)
    C. Mandamientos cuatro y cinco: *Hecho* (7-12)
    C. Mandamientos seis, siete y ocho: *Hecho* (13-15)
  B. Mandamiento nueve: *Palabra* (16)

A. Mandamiento diez: *Pensamiento* (17).

La estructura revela la simetría del decálogo. Está dividida en dos segmentos principales. El primer segmento está controlado por la frase: "Jehová tu Dios", el segundo, por la palabra: "No...". Los primeros cinco mandamientos son un resumen de nuestro deber hacia Dios, los últimos cinco, de nuestro deber hacia otros seres humanos. En cada caso, nuestro deber se extiende a través de pensamiento, palabra y hecho.

El Señor Jesús reconoció esta división del decálogo en dos segmentos principales. Cuando un abogado lo desafió, Él respondió: "Amarás al Señor tu Dios con todo tu corazón, y con toda tu alma, y con toda tu mente. Este es el primero y grande mandamiento. Y el segundo es semejante: Amarás a tu prójimo como a ti mismo. De estos dos mandamientos depende toda la ley y los profetas" (Mt. 22:37-40). Nuestra tendencia sería la de dividir los mandamientos en un grupo de cuatro y seis, vinculando la obediencia al Padre con el deber del hombre con el hombre. La estructura demuestra que Dios los vincula de otro modo. La frase "Jehová tu Dios" ata este mandamiento a los primeros cuatro, sobre nuestro deber hacia Dios. El motivo reside en el hecho de que los padres representan el lugar de Dios para un niño siempre que se trate de obediencia.

Hay innumerables ejemplos de la base estructural de las Escrituras. Aquellos interesados en seguirlos en los diversos libros de la Biblia y casi en todos los capítulos y versículos deben examinar *The Companion Bible*. Si bien la eclesiología de Bullinger junto con su ultra-dispensacionalismo son lamentables, su manejo de la estructura de la Biblia es fascinante.

Sin embargo, no es necesario restringirse a la técnica de introversión-alternancia para discernir la estructura de un pasaje de las Escrituras. El examen cuidadoso de cualquier pasaje dará sus resultados. Se debe analizar con cautela el pensamiento principal en un pasaje y sus pensamientos subordinados. Estos deben ser formulados y estudiados. Tal análisis estructural puede entonces convertirse en la base de la enseñanza de lo que dice la Biblia. Una vez expuesta la estructura, con frecuencia todo lo que se necesita para obtener un bosquejo con el que trabajar es poner títulos significativos a las diversas partes de la estructura.

Intentemos esto con el Salmo 90, el famoso salmo atribuido a Moisés.

Lo primero que hay que hacer es leer una y otra vez el salmo hasta que sus temas principales se fijen de manera firme en la mente. La lectura constante del texto es vital.

¿Qué está diciendo el autor aquí?

¿Cuál es el tema principal?

¿Cómo está manejando su tema?

¿Cuáles son sus argumentos?

¿Dónde, por qué y durante cuánto tiempo hace una digresión del tema?

¿Cómo ilustra su tema?

¿Qué frases de respaldo pronuncia?

¿Cómo puedo capturar, en forma encapsulada, las principales divisiones de este pasaje?

Estas y otras preguntas similares pronto darán sus resultados.

Leer Salmo 90 de esta forma demostrará que el salmo tiene tres divisiones principales: *La perspectiva correcta* (1-6); *El verdadero problema* (7-12); *La oración resultante* (13-17). Lo que hay que hacer a estas alturas es marcar estas divisiones en el salmo mismo y escribirlas sobre una hoja con sus títulos correspondientes.

Habiendo determinado las divisiones principales de la estructura y habiéndole dado a cada división un título apropiado, hay que volver y desglosar el primer segmento en sus propias divisiones. Estas divisiones no deben ser impuestas de forma arbitraria en el texto, sino que deben tomarse del texto mismo prestando mucha atención a lo que se está diciendo. La lectura y relectura de los versículos 1-6 demostrarán que la perspectiva correcta sobre la cual habla Moisés es triple. Él está impresionado por la *Soberanía de Dios* (1-2), por la *Compasión de Dios* (3-4) y por la *Severidad de Dios* (5-6). Marque esas divisiones y escríbalas bajo el primer título: La perspectiva correcta.

Cada una de estas tres subdivisiones pueden examinarse ahora en cuanto a su estructura y su mensaje. Descubrimos que, en relación con la soberanía de Dios, Moisés está asombrado porque tenemos *Un Dios tremendo* (1a), *Un Dios tierno* (1b) y *Un Dios sempiterno* (2). A lo largo de esas líneas él analiza la soberanía de Dios y añade elementos a la perspectiva desde la cual escribe el salmo.

Con este inicio, intente desglosar cada versículo del salmo en su estructura subyacente. Luego, si lo desea, compare sus resultados con el siguiente análisis del Salmo 90 (procedente de un examen versículo a versículo, frase a frase y a veces, palabra por palabra).[1]

Tenga presente que el enfoque estructural es el opuesto exacto al enfoque de la visión general. En la visión general de la Biblia uno busca panoramas amplios, grandes movimientos y temas generales. En el análisis estructural se desglosa el pasaje en sus partes para ver cómo está compuesto.

Salmo 90

I. La perspectiva correcta (90:1-6)
   A. La soberanía de Dios (90:1-2)
      1. Él es un Dios tremendo
      2. Él es un Dios tierno
      3. Él es un Dios sempiterno
   B. La compasión de Dios (90:3-4)
      1. Él conoce la tiranía que el sepulcro tiene sobre Él (90:3)

1. Vea John Phillips, *Exploring the Psalms,* volumen tres, (Neptune NJ: Loizeaux Brothers).

2. Él conoce la tiranía que el tiempo tiene sobre Él (90:4)
C. La severidad de Dios (90:5-6)
II. El verdadero problema (90:7-12)
A. Nuestras vidas son muy pecaminosas (90:7-8)
B. Nuestras vidas son muy cortas (90:9-10)
C. Nuestras vidas son muy serias (90:11-12)
III. La oración resultante (90:13-17)
A. Una nueva evidencia de los movimientos de Dios (90:13)
B. Una nueva dotación de la misericordia de Dios (90:14-15)
C. Una nueva expresión del poder de Dios (90:16)
D. Un nuevo esplendor de la majestad de Dios (90:17)

El maestro de Biblia puede usar un análisis estructural de dos maneras. Así como lo hemos representado es demasiado detallado como para exponerlo ante una congregación. Las personas simplemente se cansan y se confunden al tratar de seguir todos los detalles de tal análisis. Por lo tanto, el maestro solo puede presentar los temas principales si la estructura se va a convertir en la base para un único mensaje. O, si se va a estudiar todo el salmo, se pueden tomar tres mensajes del mismo.

11

Las dispensaciones

Al estudiar la Biblia, es de suprema importancia marcar una diferencia donde Dios marca una diferencia. Según Hebreos 1:1 Dios no solo habló de diferentes maneras, sino que Él también habló en diferentes momentos. El momento en el que habló a Abraham fue muy diferente del momento en que habló a David. Los momentos en los que Él habló por mediación de los profetas no son los mismos que cuando habló a través de su Hijo. Debemos aprender algo sobre estos momentos diversos en los que Dios ha hablado. Los llamamos "dispensaciones".

Lamentablemente, la palabra *dispensación* se ha convertido en un término complicado. Algunos han interpretado de manera equivocada la Palabra de la verdad y han hecho que la enseñanza de las dispensaciones perdiera respeto. Para cuando los ultradispensacionalistas terminan con la Biblia les queda poco tiempo para hoy día, salvo un puñado de epístolas paulinas. El otro extremo, por supuesto, consiste en negar que hay alguna enseñanza dispensacional en la Biblia. Intentaré evitar ambos errores.

La palabra griega para dispensación, *oikonomía,* se refiere a un acto de administración. Deriva de dos términos, *oíkos* ("una casa") y *némo* ("dispensar", "sopesar", "distribuir", como lo haría un administrador de una casa). La palabra *oikonomía* se usaba para la administración de un hogar. Esa palabra griega se translitera en nuestra palabra *economía*. Seguimos usando el término en su sentido original cuando hablamos de una economía política o social. Aparece seis veces en el Nuevo Testamento ya sea respecto al acto de administración o al momento en que se realiza un acto de administración.

Dios no siempre ha administrado los asuntos humanos del mismo modo. La forma en que Él se relacionó con Adán antes de la caída no es igual a la forma en que trató con Adán después de la caída, por ejemplo. Podemos detectar varios de estos "tiempos diversos" o "dispensaciones" en la Biblia, períodos durante los cuales Dios ha tratado con la humanidad de una forma en particular. Pablo, por ejemplo, habla de "la administración de la gracia de Dios" (Ef. 3:2). Si bien existe cierta diferencia de opinión sobre exactamente cuántas dispensaciones hay, el hecho de que existen es evidente. Vamos, pues, a describirlas:

LAS DISPENSACIONES					
	DISPENSACIÓN	CARACTERÍSTICA	DURACIÓN	CONCLUSIÓN	SÍMBOLO
1	La era de la inocencia	Libre de pecado	Desde la creación hasta la caída del hombre	Expulsión del huerto	El huerto del Edén
2	La era de la conciencia	Permisividad	Desde la caída hasta el diluvio	El diluvio	La marca de Caín
3	La era del gobierno civil	Ilegalidad	Desde el diluvio hasta la Torre de Babel	La confusión de las lenguas	La espada del magistrado
4	La era patriarcal	Peregrinaje	Desde Abraham hasta la esclavitud en Egipto	Esclavitud	Una tienda y un altar
5	La era de la ley mosaica	Desobediencia	Desde Moisés hasta Cristo	La crucifixión de Cristo	Las tablas de piedra
6	La era de la Iglesia	Gracia	Desde Pentecostés hasta el arrebatamiento	El arrebatamiento de la Iglesia	La cruz de Cristo
7	La era del juicio	Ira	Desde el arrebatamiento hasta el regreso de Cristo	La batalla de Armagedón	La marca de la Bestia
8	La era milenaria	Teocracia	Desde Armagedón hasta el Gran Trono Blanco	El juicio final	Una vara de hierro
9	El estado eterno	Gloria	Por siempre	Sin fin	La Nueva Jerusalén

Con la debida tolerancia respecto de alguna variación podemos decir, entonces, que Dios ha tratado con la humanidad en un estado de inocencia, como regida por la conciencia, como controlada por el gobierno, como motivada por una promesa, como bajo la ley, como bajo la gracia, como expuesta al juicio, como disfrutando del milenio y como en la eternidad.[1]

Cada uno de estos períodos (con la excepción del estado eterno de los que están en el cielo) tiene un inicio y un final y cada uno termina en fracaso y juicio. En la mayoría de los casos el final de una dispensación y el inicio de otra están claramente marcados por una catástrofe. En muy pocos casos las dos eras se superponen durante un cierto período. Ahora resumiremos de forma breve estas divisiones principales de tiempo en la administración de los asuntos humanos por parte de Dios.

Comenzamos con el *estado edénico.* Nada se compara a esto hasta que llegamos al estado eterno al final. Dios originariamente ubicó al hombre como una criatura perfecta e inocente sin conocimiento del pecado en un entorno perfecto. Se le dio un empleo conveniente, una compañera amorosa y plena comunión con Dios. Era un hombre tal como Dios quería que fuera. El espíritu humano estaba imbuido por el Espíritu Santo. El hombre estaba habitado por Dios. Adán desobedeció a Dios al romper la única restricción que Dios le puso. Satanás lo persuadió de que Dios no era indispensable para él. Al actuar en forma desobediente hacia Dios e independientemente de Él, Adán hundió a la raza humana en el pecado. De inmediato el Espíritu Santo abandonó el espíritu humano y Adán murió espiritualmente. Fue expulsado del Edén y obligado a enfrentar la vida bajo condiciones adversas con las consecuencias de su pecado persiguiéndolo a él y a sus descendientes.

Durante el siguiente período prolongado Dios trató con la humanidad en su conjunto. Primero vino *la era de la conciencia,* un período largo que duró unos mil quinientos años de historia humana (cuatro capítulos de Génesis). El único legado que el hombre caído llevó consigo del Edén fue la conciencia, el conocimiento del bien y del mal. Durante la era de la conciencia todo hombre hacía lo que estaba bien según su propio criterio. Como resultado de ello, la tierra se volvió totalmente corrupta y llena de violencia. Este período de permisividad llegó a su clímax en lo que Jesús denominó "los días de Noé" y el juicio del diluvio.

Después del diluvio se produjo un cambio. Dios colocó el arco iris en el cielo como símbolo de que nunca más Él inundaría el mundo con agua. Para refrenar la maldad del hombre, Él colocó la espada del magistrado en manos de Noé e instituyó la pena capital como castigo para el asesinato. Así comenzó el *período de gobierno civil.* Poco después, la espada de la justicia se convirtió en

---

1. Surgen las variaciones porque algunos expositores clasifican una o más de las nueve divisiones adoptadas aquí como subdivisiones de uno u otro de los períodos más prolongados.

la espada del conquistador. Nimrod usó la espada para imponer su voluntad y sus ideas sobre el resto de la humanidad. Se volvió el constructor del primer imperio del mundo y fundó la primera Liga de las Naciones en el mundo. Debía haber una capital (simbolizada por la gran ciudad que él construyó), un credo (simbolizado por la torre religiosa) y una cultura (simbolizada por un idioma en común). El período finalizó con la construcción de la torre de Babel y con un flagrante intento por crear una sociedad mundial de la que se iba a excluir a Dios. El resultado fue el juicio, la confusión del lenguaje humano y la consiguiente dispersión de las naciones.

Ahora Dios eligió a un hombre. Él ya no trató principalmente con naciones como un todo, sino que se concentró en una sola persona, Abraham. En cuanto a él y a sus descendientes, Dios aseguró determinados compromisos de largo alcance que instituyeron *la era de la promesa*. El plan de Dios era construir una gran nación a partir de Abraham y su simiente y continuar sus planes para la humanidad a través del pueblo hebreo.

La promesa hecha a Abraham fue confirmada a su hijo Isaac y luego a su nieto, Jacob. Jacob fue el padre de doce hijos que se convirtieron en patriarcas de las doce tribus, conocidas como los hijos de Israel. Los hijos de Jacob eran, en su mayoría, revoltosos y disolutos. Ellos y sus descendientes necesitaban una disciplina divina continua. Así, mientras esperaba que la iniquidad amorita "llenara el cáliz de la ira", Dios le permitió al pueblo elegido emigrar a Egipto, para convertirse allí en una nación populosa bajo la dura disciplina del exilio y la opresión. Durante ese largo período, ni Dios ni el remanente fiel de su pueblo en Egipto olvidaron las promesas.

La era de la promesa dio paso finalmente a la prolongada *dispensación de la ley*. La nación de Israel, emancipada de Egipto, fue llevada a Sinaí, donde Dios les dio sus mandamientos. Hay 613 preceptos en la ley mosaica (más tarde, los rabinos enseñaron que había 365 leyes negativas, una para cada día del año y 248 leyes positivas, ¡una por cada hueso del cuerpo!). El Señor Jesús redujo toda la ley a dos preceptos principales (Mt. 22:36-40).

En efecto, la ley decía: "Haz esto, y vivirás". El profeta del Antiguo Testamento podía declarar de manera correcta: "Y apartándose el impío de su impiedad que hizo, y haciendo según el derecho y la justicia, hará vivir su alma" (Ez. 18:27). Tal declaración no tiene nada que ver con el creyente de la actualidad. No somos salvos por las obras, sino por la gracia (Tit. 3:5; Ro. 11:6). En realidad el creyente del Antiguo Testamento era salvado del mismo modo por la gracia. Si no se cumplía la ley moral se necesitaba otorgar la ley ceremonial. La ley ceremonial, en su mayor parte, apuntaba al Calvario y a la cruz.

La ley se divide en dos secciones principales, la moral y la ceremonial. La ley moral se repite en las epístolas del Nuevo Testamento. El cristiano guarda la ley moral, no porque fuera impuesta por Moisés, sino porque tal comportamiento es la respuesta natural de un corazón humano renovado hacia el amor del

Señor Jesucristo. La ley ceremonial fue otorgada de manera exclusiva a Israel. Siguió imponiéndose a través de los tiempos hasta que la crucifixión de Cristo satisfizo todo lo que simbolizaba. En ese momento Dios rasgó el velo del templo e interpretó que todo el sistema levítico y mosaico estaba obsoleto. Mientras estuvieron bajo la ley, los israelitas la rompieron repetidas veces.

En Pentecostés, Dios nuevamente irrumpió en el tiempo con una forma nueva de tratar con los seres humanos. Nació la Iglesia y comenzó *la era de la gracia* (la era de la Iglesia, o la era del Espíritu Santo). En esta era Dios no está tratando ni con judíos ni con gentiles como tales. Él está llamando a un pueblo proveniente de todas las razas para su nombre, y el Espíritu Santo está bautizando a todos los que creen en el cuerpo místico de Cristo, la Iglesia.

La era de la Iglesia no fue prevista por los creyentes del Antiguo Testamento. Era un misterio "escondido... en Dios" (Ef. 3:9). Esta era, que comenzó el día de Pentecostés, terminará con el arrebatamiento de la Iglesia. Como con todas las demás dispensaciones, hay mucho fracaso en esta. Junto a la verdadera Iglesia y al cristianismo genuino existe una falsa iglesia y un vasto sistema de religión al que simplemente rotulamos "cristianismo". Esta iglesia falsa, profesante, será dejada atrás para el juicio en el arrebatamiento de la verdadera Iglesia.

Hay una diferencia básica entre la era de la gracia y la era de la ley. En la antigua dispensación, se *requería* justicia, pero nadie podía alcanzar la justicia que la ley exigía (salvo el Señor Jesucristo). Bajo la gracia, la justicia *recibe* la humanidad de Dios. Es impartida al creyente como un don gratuito por la gracia de Dios debido a la obra terminada de Cristo.

Después del arrebatamiento de la Iglesia, comenzará una *era de juicio.* Dios restituirá los acercamientos directos a la nación de Israel. Pondrá en marcha eventos que conducirán al arrepentimiento y a la regeneración nacional de Israel en el momento en que Cristo regrese a la tierra.

La era actual (aparte del propósito de Dios con la Iglesia) se denomina *el día del hombre,* porque durante este período el hombre está juzgando (1 Co. 1:10). A la próxima era se la llama *el día del Señor* (Ap. 1:10) porque ese será el momento en que Dios juzgará. Se cerrará el día de juicio del hombre y comenzará la voluntad de Dios.[2]

Sucederán eventos terribles en la tierra. Dios permitirá que prevalezcan las peores pasiones humanas. Tanto los judíos como los gentiles saludarán a la Bestia como respuesta a los enemigos de este mundo y le adorarán a él y a Satanás. Habrá un período de persecución, conocido como la Gran Tribulación,

2. La expresión "el día del Señor" aparece dieciséis veces en la Biblia hebrea (Is. 13:6, 9); Ez. 13:5, Jl. 1:15; 2:1, 11; 3:14, Am. 5:18, 20, Abd. 15; Sof. 1:7, 14; Mal. 4:5. En el Nuevo Testamento aparece cuatro veces (1 Ts. 5:2; 2 Ts. 2:2; 2 P. 3:10; Ap. 1:10). La idea popular de que "el día del Señor" en Apocalipsis 1:10 se refiere al domingo es errónea. Juan fue arrebatado en el Espíritu en el "día del Señor" para ver esas cosas que forman el grueso del Apocalipsis.

que apuntará de forma específica a los judíos pero que abarcará a todos los creyentes. Queda claro a partir de 1 Tesalonicenses 5:1-5 que la Iglesia no estará en la tierra durante este período venidero.

El período de tribulación terminará con la batalla de Armagedón y con el regreso personal del Señor Jesús para poner fin al mal manejo del planeta por parte de la humanidad. Nuevamente tratará con la humanidad en su totalidad y comenzará el reinado de mil años de Cristo. A este período se lo conoce como *milenio*. Tendrá dos etapas. Primero, Cristo reinará en su carácter de David, arrasando con todos sus enemigos; luego reinará en su carácter de Salomón, instituyendo un período de prosperidad y paz. La maldición será casi eliminada del todo de la tierra. Satanás será apresado y vendrá la era dorada. Sin embargo, al igual que otras dispensaciones, esta terminará en juicio. Satanás, liberado de su prisión, engañará a las naciones por última vez y las conducirá a una rebelión final, fútil contra Dios. Simplemente serán barridos. La tierra arderá en llamas y los malignos serán arrojados a la eternidad.

La última era no es en realidad una dispensación. Es el *estado eterno.* Comienza con el establecimiento del gran trono blanco de Dios y el juicio de todos los malvados muertos. Los malignos serán expulsados para siempre al lago de fuego, los benditos estarán para siempre con Cristo en un cielo y una tierra nuevamente creados. Muy poco se nos dice sobre el estado eterno. Pero se puede confiar en que Dios, que no crea dos briznas de hierba iguales y que nunca crea dos copos de nieve iguales, hará que la eternidad sea tan rica, tan plena y tan maravillosa como es Él mismo.

Estas son, pues, las dispensaciones a grandes rasgos. Cada una tiene sus características especiales. El Señor Jesús reconoció el hecho de la verdad dispensacional y demostró con firmeza su importancia en la sinagoga de Nazaret (Lc. 4:16-20). Cerrando el pergamino de Isaías 61:1-2 en medio de una oración, Él dijo: "Hoy se ha cumplido esta Escritura delante de vosotros". Dejó de lado la última cláusula de Isaías 61:2 porque ("el día de venganza del Dios nuestro") no iba a cumplirse en su primera venida. Al cerrar el libro cuando y donde lo hizo, realizó una distinción dispensacional. No hay pausa o marca en el texto que indique el paso de unos dos mil años entre las primeras cláusulas y la última. Sin embargo, seguramente la pausa está allí y la historia lo demuestra. En nuestro texto en español solo hay una coma entre las dos enunciaciones: "el año de la buena voluntad de Jehová" y "el día de venganza del Dios nuestro". Aún así, toda la dispensación actual está en medio de ellas.

La verdad dispensacional ayuda a explicar por qué los profetas del Antiguo Testamento, que hablaban y escribían movidos por el Espíritu Santo, no comprendían algunas de sus pronunciaciones (1 P. 1:10, 11). ¿Qué se quería decir con "los sufrimientos de Cristo, y las glorias que vendrían tras ellos"? Vieron ambos picos pero no entendieron el concepto del valle que estaba en medio. En el Antiguo Testamento pueden hallarse numerosos ejemplos de la dispensación actual. "La piedra que desecharon los edificadores ha venido a ser cabeza del ángulo" (Sal. 118:22). "Porque un niño nos es nacido, hijo nos es dado, y el principado sobre su hombro" (Is. 9:6). Del mismo modo, el ángel en su anunciación a María pasó silenciosamente sobre los milenios de la era de la Iglesia: "concebirás en tu vientre, y darás a luz un hijo, y llamarás su nombre JESÚS. Este será grande, y será llamado Hijo del Altísimo; y el Señor Dios le dará el trono de David su padre" (Lc. 1:31-32).

Puesto que Dios no siempre se ha relacionado con el hombre de forma idéntica en todos los tiempos, al interpretar las Escrituras se deben tener en mente cinco principios:

1. La verdad que pertenece a una parte del pasado no debe interpretarse igual en otra parte del pasado. Siempre debemos confirmar exactamente dónde estamos cuando leemos una porción de la Biblia. Por ejemplo, todo el período de los Evangelios fue un período especial en el que se le ofreció a Israel el reino y éste lo rechazó. Mateo 10:5-6 dice: "Por camino de gentiles no vayáis, y en ciudad de samaritanos no entréis, sino id antes a las ovejas perdidas de la casa de Israel". De acuerdo con esto, no podría haber trabajo misionero entre los gentiles, solo entre los judíos. Evidentemente debe haber habido un cambio posterior, si no la Biblia se contradice: Marcos 16:15 dice: "Id por todo el mundo y predicad el evangelio a toda criatura". La primera orden fue dada en conexión con la proclamación del Rey y del reino. Cuando ambos habían sido rechazados y el Rey fue crucificado, el mandato ya no era apropiado y se dio otra orden. Ahora es: "Id... toda criatura" en lugar de "no vayáis" a los gentiles.

2. La verdad que pertenece a una dispensación del pasado no debe utilizarse para interpretar la dispensación actual. Si combinamos las dispensaciones, nos colocaremos debajo de la ley. En Deuteronomio 6:25 leemos: "Y tendremos justicia cuando cuidemos de poner por obra todos estos mandamientos delante de Jehová nuestro Dios, como él nos ha mandado". Esa era la ley. Romanos 3:20 declara: "Por las obras de la ley ningún ser humano será justificado delante de él". Eso es gracia. Es lo opuesto a Deuteronomio 6:25. Ambas enunciaciones son ciertas pero una le fue dada a Israel bajo un pacto de obras y la otra es verdadera tanto para los judíos como para los gentiles en esta dispensación actual de gracia.

Algunos de los salmos son denominados "salmos de imprecación" porque contienen maldiciones y oraciones vigorosas para que Dios derrame la venganza y el juicio sobre determinadas personas. Hubo un momento (y otro que está por venir), en que dicho lenguaje fue perfectamente apropiado en la oración y lo volverá a ser. Sin embargo, el lenguaje de estos salmos de imprecación es desde luego extraño para los cristianos en esta era de gracia.

Tanto las eras pasadas como la venidera tienen que ver con el reino; la era actual tiene que ver con la Iglesia. Tanto las eras anterior como la próxima tienen que ver con la ley; la actual tiene que ver con la gracia. El reino fue previsto por los profetas, proclamado por Juan el Bautista como que "se ha acercado" (Mt.

3:2) y fue el primer tema del ministerio del Señor (Mt. 4:17). Pero tanto el Rey como el reino fueron rechazados. Ahora el reino se ha pospuesto. Sin embargo, una vez que la era de la Iglesia haya finalizado, el reino se establecerá en poder y gloria. El Espíritu de Dios utiliza una serie de figuras para describir la Iglesia pero ni una sola vez en las epístolas la asemeja a un reino. Por supuesto, la Iglesia tiene su lugar dentro del reinado soberano, vasto y universal de Dios, pero en su mayor parte no está incluida en la expresión más limitada "el reino de los cielos".

3. La verdad que pertenece a la dispensación actual no debe interpretarse igual en una dispensación del pasado. La era actual era un secreto no revelado en la época del Antiguo Testamento. El "misterio" o secreto de la Iglesia "se dio a conocer a los hijos de los hombres" por parte de los apóstoles y los profetas educados por Dios para ese propósito en la era de la Iglesia. "En otras generaciones no se dio a conocer a los hijos de los hombres" (Ef. 3:5). No era un secreto en el Antiguo Testamento que los gentiles vendrían a ser bendecidos y salvos. Pero la Iglesia era un secreto. Hay ilustraciones de la Iglesia enterradas bajo los tipos del Antiguo Testamento pero no vamos a esos tipos para buscar la verdad de la Iglesia. Podemos reconocerlos solo como tipos porque estamos iluminados por la verdad del Nuevo Testamento. En el Antiguo Testamento judío por cierto no se ve a la Iglesia cristiana.

Del mismo modo, no debemos forzar una ética del Nuevo Testamento en el Antiguo Testamento. Cosas tales como poligamia, esclavitud, divorcio y retribución son manejadas en el Nuevo Testamento de una manera mucho más elevada que en el Antiguo. Todas se permitieron en el Antiguo Testamento bajo la ley mosaica pero son incoherentes con el principio de amor que rige el Nuevo Testamento.

Uno de los errores más comunes es leer sobre la Iglesia en el Antiguo Testamento. En algunas ediciones de la Biblia, se encuentran títulos al inicio de cada capítulo. Con frecuencia, los que escribieron esos títulos no tenían idea alguna de este principio de la interpretación. Por ejemplo, sobre un pasaje tal como Isaías 29 leemos, por ejemplo, un título que proclama: "Las misericordias de Dios con su Iglesia". Sin embargo, la Iglesia no está allí. Al colocar dichos títulos, los autores (por conveniencia y de forma inconstante) reservaron todas las bendiciones del Antiguo Testamento para "la Iglesia" y todos sus juicios, advertencias y maldiciones para "los judíos". Tales comentarios son engañosos.

4. La verdad que pertenece al futuro no debe interpretarse en el presente. Por ejemplo, la gran tribulación es un evento del futuro. Colocar a la Iglesia dentro de la tribulación es colocarla donde no pertenece. La gran tribulación tiene que ver con Israel y su expresamente denominado "tiempo de angustia para Jacob" (Jer. 30:7). Numerosos pasajes relacionan esta época venidera de angustia con Israel: por ejemplo, Daniel 7:8; 8:9-12, 23-26.

5. Finalmente, *la verdad que pertenece a una parte del futuro no debe interpretarse en otra parte.* Hay una segunda venida, resurrecciones y juicios en el futuro y todos ellos se relacionan con períodos diferentes. Se deben distinguir de manera adecuada unos de otros. El juicio que se llevará a cabo en el asiento de juicio de Cristo, el juicio de las naciones vivientes y el juicio del gran trono blanco son diferentes. La venida de Cristo *para* su Iglesia, su "aparición" (2 Ts. 2:1), y la venida *con* su Iglesia, su "segundo advenimiento" (Is. 2;11; 1 Ts. 5:2) son eventos futuros totalmente diferentes. El "segundo advenimiento" de Cristo (respecto a lo que tiene que ver con el "Día del Señor") fue tema de muchas profecías del Antiguo Testamento pero no la "aparición" (1 Ts. 4:13-17).

¿Se acuerda de Rip Van Winkle, que se fue a dormir en el reinado de Jorge III y se despertó unos veinte años más tarde, en el gobierno de George Washington? Había dormido desde un gobierno hasta otro ¡y casi perdió la cabeza al gritar por el Jorge equivocado! Del mismo modo, el hecho de no poder discernir los cambios en los gobiernos de Dios nos traerá dificultades. Si no tenemos cuidado, nos encontraremos en la dudosa compañía de los Testigos de Jehová, los católicos romanos, los adventistas del séptimo día y los mormones, todos los cuales han distorsionado la verdad bíblica al no poder interpretar correctamente la palabra de verdad y discernir su base dispensacional.

12

Los pactos

Vemos ocho pactos diferentes en las Escrituras. Son un conjunto notable de acuerdos contractuales celebrados entre Dios y miembros de la raza humana. Eso es un pacto: un contrato, un acuerdo legal entre dos o más partes. Si vamos a interpretar correctamente la palabra de verdad, debemos aprender a diferenciar entre estos diversos contratos, sus disposiciones, sus partes y sus propósitos.

Suponga que una empresa fuera a celebrar ocho contratos diferentes con ocho clientes. Cada uno de esos contratos contendría acuerdos, condiciones, estipulaciones y compromisos diseñados para cubrir las situaciones especiales acordadas entre la compañía y cada uno de sus clientes. Supongamos que la empresa que celebra esos contratos pertenece a la industria de la construcción. En más de un caso, bien podría haber elementos en común en algunos de los contratos. Tanto el señor Brown como el señor Smith, por ejemplo, podrían solicitar específicamente el mismo tipo de alfombra para la sala y el señor Jones y el señor Wright podrían querer ambos una construcción de ladrillos. También podría haber diferencias considerables. El señor Green podría querer un sótano completo mientras que el señor Black podría desear que su casa estuviera sobre una base de cemento. El señor Brown tal vez quisiera tres baños completos; el señor Green estaría satisfecho con dos.

Así que los contratos, con sus cláusulas en común y sus cláusulas contrastantes, se redactan y se firman. ¿Qué sucedería si el gerente de negocios ignorara las diferencias entre los diversos contratos? Negocia una buena compra de suelos de roble y allí van, a la casa del señor Smith, sin tener en cuenta el acuerdo. Descubre que la propiedad del señor Green, justo debajo de la superficie, es de roca casi sólida, así que decide asentar su casa sobre una base de cemento y darle en cambio el sótano al señor Black. Después de todo, una casa es una casa. El resultado sería una confusión total.

Lo mismo sucede con las Escrituras. En nuestro estudio de la Biblia no podemos permitirnos el lujo de ignorar los pactos, ni podemos darnos el lujo de no diferenciar entre las cláusulas comunes y diferentes de dichos pactos. Han sido redactados por Dios, en su gracia, con pueblos diferentes, en períodos diferentes y para propósitos diferentes. En primer lugar, pongámoslos por orden a fin de poder estudiarlos. Se agrupan en tres categorías:

1. LOS PACTOS PRIMARIOS
   a. El pacto edénico
      Tema subyacente: La bondad
   b. El pacto adámico
      Tema subyacente: La culpa
   c. El pacto noético
      Tema subyacente: El gobierno
2. LOS PACTOS PATRIARCALES
   —Tratan con la familia racial hebrea
   a. El pacto abrahámico
      Tema subyacente: La promesa (el Señor)
   b. El pacto mosaico
      Tema subyacente: El precepto (la ley)
   c. El pacto palestino
      Tema subyacente: La posesión (la tierra)
   —Trata con la familia real hebrea
      El pacto davídico
3. EL PACTO PROFÉTICO
      El nuevo pacto

Incluso una mirada informal a estas divisiones muestra algunas diferencias. Algunas de ellas, por ejemplo, son condicionales ("si haces esto o esto otro, entonces…"). Otras son totalmente incondicionales ("lo haré, lo haré, lo haré"). Tenemos un ejemplo de un pacto condicional en Éxodo 19:5 y de un pacto incondicional en Génesis 17. Asegúrese de que advierte específicamente quién es el beneficiario real, las cláusulas del acuerdo y las circunstancias bajo las cuales se celebró. Advierta también que algunos de los pactos tienen "señales" especiales o sellos adjuntos. El sello del pacto abrahámico, por ejemplo, fue la circuncisión, el sello del pacto noético fue el arco iris, el sello del pacto mosaico fue el Día de reposo.

Aquí he enumerado ocho pactos. Otros podrían enumerar menos considerando al pacto mosaico como la modificación transitoria del pacto abrahámico, el pacto palestino como un apéndice del pacto mosaico y el pacto davídico como un anexo al pacto abrahámico. Es más sencillo estudiar cada uno como un acuerdo por separado.

EL PACTO EDÉNICO
(Gn. 1:28-31; 2:8-17)

Tema subyacente: *La bondad*

El pacto edénico, redactado con el hombre en un estado de inocencia, rigió las condiciones de la vida en el huerto del Edén. Todo lo que la gracia y la bondad de Dios podían imaginar para la felicidad del hombre estaba incluido en este pacto, junto con una simple prohibición. Los términos del contrato pueden establecerse en forma de bosquejo:

1. LAS DISPOSICIONES DEL PACTO
   a. Se explican los deberes del hombre
      (1) Parentales
      (2) Pastorales
   b. Se explica la dieta del hombre
   c. Se explican los dominios del hombre
2. LA PROHIBICIÓN DEL PACTO

La vida en el Edén era idílica. Nuestros primeros padres tenían un entorno perfecto en el que vivir. Tenían un empleo agradable y un compañerismo del que disfrutar. Al finalizar el día, Dios mismo bajaba a estar con ellos y a coronar su felicidad.

Adán debía ser tanto un jardinero como un guardián. Su tarea era "labrar" y "guardar" el huerto. No había pecado ni maldición. En todas partes el mundo desplegaba su belleza y su abundancia en una variedad pródiga.

Adán no descendía de las bestias. Él y Eva habían sido hechos a la imagen y semejanza de Dios y moraba en ellos el Espíritu Santo de Dios. Tenían un señorío otorgado por Dios sobre toda la creación (Gn. 1:28). Adán era un hombre de la más alta capacidad intelectual, evidenciada al nombrar a los animales mientras desfilaban delante de él (Gn. 2:19). Acuñar miles de palabras para un vocabulario no es poca cosa. ¡Inténtelo!

Adán y Eva debían "multiplicarse". La raza humana debía crecer y dispersarse por toda la tierra. Ellos debían "dominar" la tierra, es decir, desarrollar sus vastos recursos hasta su potencial más pleno.

Dios les dio una simple prohibición: Adán no debía comer del árbol del conocimiento del bien y del mal, algo que Dios se había reservado para sí mismo. Aparte de esa única limitación, diseñada como prueba del amor y la lealtad de Adán, todo lo demás era suyo, para disfrutarlo ricamente. Esa única prohibición demostraba la responsabilidad moral del hombre. Él era responsable de sus propios actos y debía responder ante Dios.

Lo que sucedió en el huerto del Edén refuta la idea popular de que, dado un entorno perfecto, los seres humanos se comportarán de una manera moralmente aceptable. El hombre comenzó su historia en un entorno perfecto y fracasó.

EL PACTO ADÁMICO
(Gn. 3:14-19)

Tema subyacente: *La culpa*

El pacto adámico controló la vida del hombre en la tierra después de la Caída. Sus condiciones prevalecerán hasta que, en la era del reino "la creación misma será libertada de la esclavitud de corrupción a la libertad gloriosa de los hijos de Dios" (Ro. 8:21). Estos son los términos esenciales de este pacto:

1. LOS REQUISITOS DEL PACTO
   a. Se pronuncia el juicio final
      (1) La maldición
         (a) Sobre la serpiente
         (b) Sobre el suelo
      (2) La calamidad
         (a) Angustia y subordinación para la mujer
         (b) Angustia y sudor para el hombre
   b. Se proclama la muerte
   c. Se profetiza la liberación
      (1) La primera predicción de un Salvador
      (2) La primera disposición de un Sustituto
2. LA RESTRICCIÓN DEL PACTO

En primer lugar, se maldijo a la serpiente por su papel al introducir el pecado en el mundo, se declaró un estado de guerra entre la "simiente" de la serpiente y la simiente de la mujer. Así, Adán y Eva se enteraron de que iba a venir un Salvador, alguien que descendería de la mujer, antes de oír la sentencia que Dios impuso sobre ellos. Las dos venidas de Cristo se vieron envueltas en esta profecía embriónica: su primera venida, cuando la simiente de la serpiente lo "herirá en el calcañar", y su segunda venida, cuando Él aplastaría para siempre a la serpiente y todas sus obras.

La mujer fue situada por Dios en una posición de subordinación al hombre. Adán fue creado primero e iba a ser la cabeza divinamente ordenada. Después de la caída, el hombre se vio investido de una autoridad más firme debido a la iniciativa de la mujer de responder a la serpiente. Hoy día, en la sociedad en general, en muchos hogares y en muchas iglesias, el orden de Dios a este respecto ha sido dejada de lado.

La tierra también fue maldecida para que el liviano empleo del hombre se volviera un trabajo arduo. Adán y Eva ya habían experimentado la muerte espiritual, ahora estaba la sentencia de la muerte física sobre la raza humana.

El pacto adámico, que resultó necesario por la culpa humana, no dejaba de tener su lado más prometedor. La gracia ya estaba obrando. Las ineficaces hojas de la higuera con las que Adán y Eva intentaron cubrir su desnudez fueron quitadas. En cambio, Dios los vistió con pieles, provistas al costo del sacrificio. Así, Adán y Eva tuvieron su primera visión de la muerte y esta debió haber sido una visión terrible para ellos. Junto con esto había una aguda lección de la naturaleza severa del pecado y de las drásticas medidas que Dios finalmente tomaría para quitarlo de su vista.

Una restricción importante era inherente al pacto adámico. Querubines, con sus flameantes espadas, fueron ubicados en la puerta del huerto del Edén para evitar que el hombre caído se acercase al árbol de la vida. Eso, en sí mismo, fue una mezcla amorosa de gobierno y gracia. Porque si el hombre, en su condición caída, hubiera comido del árbol de la vida, hubiera vivido para siempre en sus pecados y ninguna salvación le hubiera sido posible.

EL PACTO NOÉTICO
(Gn. 9:1-27)

Tema subyacente: *El gobierno*

Cuando Noé y su familia salieron del arca para enfrentar un mundo nuevo y con la oportunidad para la raza humana de empezar de nuevo, Dios de inmediato celebró un nuevo acuerdo contractual con la raza humana. Se estableció el pacto noético con el objeto de abarcar la relación del hombre con el mundo después del diluvio.

Nuevamente, veamos las características más destacadas de este pacto en forma de bosquejo:

1. LAS PROMESAS SOLEMNES DEL PACTO
    a. Respecto de la severidad de Dios
        (1) El compromiso
        (2) La evidencia
    b. Respecto de la soberanía del hombre
    c. Respecto de la estabilidad de la naturaleza
2. LAS SENCILLAS DISPOSICIONES DEL PACTO
    a. Una nueva dieta para el hombre
    b. Una nueva disciplina para el hombre
3. LA SUBSIGUIENTE PROFECÍA DEL PACTO
    a. Una enunciación general
        (1) Para Sem, preeminencia espiritual
        (2) Para Jafet, predominancia secular

b. Un silencio significativo
c. Una oración solemne

La señal o sello de este pacto fue el arco iris, ahora graciosamente investido por Dios con nueva importancia. Para el resto del tiempo sería su recordatorio de que nunca más Él inundaría el mundo con agua. Sin ese compromiso la raza hubiera observado con terror el cielo cada vez que se comenzaran a formar nubes de tormenta. Junto con esto, se restauró la estabilidad de la naturaleza y se prometió que a partir de entonces las estaciones vendrían y se irían sin perturbaciones. Se reafirmó la ascendencia del hombre sobre la creación animal.

A la raza humana se le entregó una nueva dieta. Hasta ese momento, Dios había autorizado de manera única una dieta vegetariana pero desde entonces eso iba a cambiar. El hombre debe comer carne pero debe abstenerse de comer sangre. Si bien no se da ningún motivo para ese cambio, probablemente tuvo que ver con proteger a la humanidad de los poderes demoníacos. La cultura antidiluviana parece haber sido una cultura demoníaca y la abstinencia de comer carne es fundamental para el espiritismo y el demonismo.[1]

Ahora se imponía una disciplina gubernamental sobre la raza para menguar la violencia que había sido una característica tan marcada de la época previa al diluvio. De ahora en adelante, la sociedad debía ejecutar a un asesino. En ningún sitio de la Biblia Dios ha rescindido esta cláusula del pacto noético.

Este pacto tiene un pie de página profético, dado en la forma de una declaración especial realizada por Noé después de la bochornosa conducta de su hijo Cam. Noé declaró que la línea mesiánica vendría a través de Sem, que el poder mundial pasaría a descansar en manos de Jafet, que finalmente los pueblos jaféticos serían los beneficiarios de las bendiciones espirituales llevadas de la familia semita al mundo y que las razas cananeas caerían bajo la maldición especial de Dios. Dios ignoró del todo a Cam, pasando por encima de él en silencio y sin maldecir ni bendecir a los pueblos camíticos.

A su debido tiempo sucedió todo lo que Noé había previsto. Los descendientes de Sem le han dado la Biblia al mundo, el Salvador y las ricas bendiciones espirituales de la Iglesia. Los descendientes de Jafet han sido los exploradores y constructores de imperios activos del mundo. Al principio habría parecido que Noé se equivocó. Las primeras potencias mundiales no eran para nada jaféticas. Durante siglos las naciones que dominaron el mundo fueron Egipto, Asiria y Babilonia, todas de origen camítico o semita. Sin embargo, cuando leemos que "la misma noche fue muerto Belsasar rey de los caldeos. Y Darío de Media tomó el reino" (Dn. 5:30-31), es mucho más que una fecha señalada. Marca el traspaso final del poder mundial a manos jaféticas, donde ha estado desde entonces

1. Vea el libro del autor *Exploring Genesis* (Chicago: Moody Press).

y donde permanecerá hasta que el poder mundial gentil llegue a su aterrador clímax bajo la Bestia.

Ahora llegamos al más grande y más extendido de todos los pactos de las Escrituras. Todos los pactos subsiguientes se originan en este. El llamado de Dios a Abraham marcó un nuevo punto de partida decisivo en sus tratos con la humanidad. Dios se deleitó en Abraham y lo llamó su amigo. Parece que Él no hubiera podido prometerle jamás a Abraham lo suficiente.

EL PACTO ABRAHÁMICO
(Gn. 12:1-4; 13:14-17; 15:1-18; 17:1-8)

Tema subyacente: *La promesa*
Énfasis: El Señor

Como podemos ver a partir de esa cadena de referencias, Dios siguió bajando a la tierra para agregar cada vez más elementos a la promesa inicial. El pacto establecía que el Mesías esperado vendría a través de la simiente de Abraham y ese acuerdo original se enriqueció en las apariciones subsiguientes de Dios a Abraham. El pacto abrahámico fue reconfirmado por Dios a Isaac (Gn. 26:2-5) y también, más tarde, a Jacob (Gn. 28:1-4; 12-15), estrechando así la línea mesiánica. La relación del pacto de Dios no es con los pueblos árabes que descendían también de Abraham (a través de Ismael), sino con el pueblo hebreo que descendía de Jacob.

Las promesas realizadas por Dios a Abraham eran incondicionales. Todas serán cumplidas literalmente; son tan ciertas como el trono de Dios. La señal del pacto, dada a la simiente natural de Abraham, fue la circuncisión. Veamos las características principales del pacto abráhamico en forma de bosquejo:

1. LAS BENÉVOLAS DISPOSICIONES DEL PACTO
   a. Las disposiciones seculares
      (1) Un lugar
      (2) Una posteridad
   b. Las disposiciones espirituales
      (1) Personales
      (2) Posicionales
2. LA PROTECCIÓN GARANTIZADA DEL PACTO
   a. Prosperidad —para los que "bendicen"
   b. Castigo —para los que maldicen
3. LA DISPOSICIÓN GLORIOSA DEL PACTO

El pacto abrahámico comenzó con la promesa de una tierra. Las dimensiones territoriales reales de esa tierra se extienden desde el Nilo al Éufrates y comprenden la mayor parte de Medio Oriente actualmente en manos árabes.

Israel nunca ha poseído más que un diezmo de la tierra que se le prometió... todavía.

La "simiente" de Abraham incluía a los descendientes naturales, el pueblo hebreo, pero también incluía a un pueblo espiritual, todos los que se convierten en herederos de Abraham al ejercer el tipo de fe de Abraham. Abraham es llamado "el padre de todos los que creen". Por encima de todo, la "simiente" de Abraham fue Cristo mismo.

Abraham fue "contado por justicia" personalmente (Gn. 15:6) debido a su fe, y posicionalmente se convirtió en el canal a través del cual las bendiciones espirituales finalmente fluirían a todas las naciones de la tierra. Esta parte de la promesa nos apunta directamente al Señor Jesucristo.

Incorporado en el pacto abrahámico estaba la promesa de la protección divina del pueblo elegido frente a un mundo hostil. La nación de Israel es la única nación de la tierra con la que Dios ha celebrado un tratado. Satanás siempre ha odiado al pueblo hebreo y, desde el inicio mismo de la historia, ha agitado a otras naciones en su contra. El odio hacia los judíos es esa corriente subyacente misteriosa de maldad en la sociedad, que denominamos antisemitismo, es endémico entre las naciones gentiles y a veces se torna epidémico. Históricamente, Dios ha investido sus bendiciones sobre naciones que han protegido al pueblo judío y ha emitido su juicio sobre naciones que los han perseguido.

El aspecto final de este pacto fue la promesa hecha a Abraham de que él sería grande y así ha sido. Él es honrado en todo el mundo por millones en las tres grandes creencias monoteístas: el judaísmo, el islamismo y el cristianismo.

Es importante que tomemos los pactos de las Escrituras literalmente. Dios dice lo que Él quiere decir y quiere decir lo que dice. Así, por ejemplo, cuando Dios le promete a Abraham una porción específica de territorio para que le pertenezca a él y a sus descendientes (los hijos de Israel), eso es lo que Él quiere decir. El hecho de que el pueblo hebreo todavía no haya poseído jamás por completo el territorio no invalida de ninguna manera la promesa. Abraham mismo nunca poseyó mientras vivió más que el sitio de un sepulcro en Canaán ni tampoco Isaac o Jacob. El cumplimiento literal de una promesa como esa realizada en el contexto del pacto abrahámico hace necesaria la llegada de un día en que Dios cumplirá con su palabra de forma completa. Nosotros denominamos a ese día el milenio.

EL PACTO MOSAICO
(Éx. 20)

Tema subyacente: *El precepto*
Énfasis: *La ley*

El pacto mosaico fue entregado a Israel. Esta compuesto por la ley, y fue una modificación temporal del pacto abrahámico. Contiene el código legal más notable jamás guardado por un pueblo de la antigüedad. Siempre debemos distinguir entre la ley como una *norma* y la ley como un *sistema*. Las leyes morales son de aplicación universal. Nunca está bien matar, robar, mentir, cometer adulterio o codiciar. La ley como sistema, como forma de vida, como entidad religiosa, fue dada únicamente a la nación de Israel. Diversos segmentos del cristianismo han intentado obligar a los creyentes de hoy día a cumplir con la ley como sistema y eso es erróneo. Fue entregada a Israel, no a la Iglesia, nunca se tuvo la intención de dárnosla a nosotros. Fue cumplida a entera satisfacción de Dios por Cristo.

1. EL ALCANCE DEL PACTO
    a. La expresión básica de la ley
        (1) Hacia Dios
        (2) Hacia el hombre
    b. La amplia expansión de la ley
        (1) Leyes que tratan de la justicia nacional
            La ley moral
            (a) Comportamiento personal
            (b) Comportamiento público
            (c) Comportamiento político
        (2) Leyes que tratan de la religión nacional
            La ley ceremonial
            (a) El santuario
            (b) El servicio
            (c) Los sacrificios
            (d) Los días de reposo
2. LA SOLEMNIDAD DEL PACTO
    a. Sus advertencias repetidas
    b. Sus salarios justos
3. EL SELLO DEL PACTO
4. LA ESPIRITUALIDAD DEL PACTO

El pacto mosaico fue resumido en el Decálogo, diez grandes mandamientos que comprenden todos los deberes del hombre hacia Dios y hacia sus congéneres. El resto de los mandamientos eran una expansión o exposición de los diez básicos. En total hay 613 mandamientos diferentes en el código. Estos sondean toda área de la vida nacional: asuntos de naturaleza personal (casamiento, sexo, higiene, dieta) y asuntos de naturaleza pública y política (finanzas, bienestar, gobierno, alianzas políticas). Las leyes eran sencillas, detalladas y justas. Comprendían la vida nacional de Israel como un pueblo peregrino en el desierto y como un pueblo pastoral en la tierra. Se agregaron las leyes ceremoniales a fin de enseñar la verdad divina y para hacer provisión para abarcar el pecado como resultado de no cumplir con la ley moral. Jesús cumplió completamente con la ley moral en su vida y con la ley ceremonial en todas sus profundidades ocultas en su muerte.

La ley mosaica fue entregada bajo condiciones de gran solemnidad en Sinaí. Si no se cumplía con sus exigencias se enfrentaban castigos en consonancia con la gravedad de las transgresiones. Si bien eran severos, los castigos nunca eran arbitrarios ni opresivos y tenían la intención de enseñarle a Israel la santidad de Dios y la gravedad del pecado. La pena de muerte estaba relacionada con una cantidad notablemente grande de delitos. Era la pena para el asesinato, el adulterio, por romper el día del reposo, por la rebelión contra los padres de uno, la brujería, la hechicería y el espiritismo, el secuestro y la perversión sexual incluyendo la homosexualidad y el bestialismo (Lv. 20). Israel debía aprender que "la paga del pecado es muerte".

El sello del pacto mosaico era el día de reposo. Este día, santificado por Dios en el momento de la creación, era ahora asociado por Él con la nación de Israel. Cabe advertir que, si bien los otros mandamientos del Decálogo se interpretan como obligatorios para los cristianos, el único mandamiento que *no* se repite de este modo es el de mantener el día de reposo. Este día se relacionaba con la nación de Israel, no con la Iglesia. Desde los días de los apóstoles, los cristianos han apartado el *primer* día de la semana para la adoración colectiva en conmemoración de la resurrección de Cristo (Hch. 20:7; 1 Co. 16:2). Nuestro descanso es espiritual, no físico y es en una Persona, no en un día.

La ley cumplió una gran función espiritual en Israel. Pablo dice que fue: "nuestro ayo, para llevarnos a Cristo" (Gá. 3:24).

EL PACTO PALESTINO
(Dt. 27—30)

Tema subyacente: *La posesión*
Énfasis: *La tierra*

Este pacto señalaba las condiciones bajo las cuales se le permitiría a Israel ocupar la Tierra Prometida. Es un codicilo, por así decirlo, del pacto mosaico y un paso adicional temporal del pacto abrahámico. La prolongada y triste historia de Israel es un largo comentario único sobre este pacto.[2]

Estas son las características fundamentales de este pacto:

1. VIVIR BAJO EL CUIDADO PERPETUO DE DIOS
   a. Riqueza
   b. Adoración
   c. Testimonio
2. VIVIR BAJO LA MALDICIÓN PERENNE DE DIOS

2. Vea el libro del autor, *Exploring the World of the Jew* (Chicago, Moody Press).

a. Sus causas
b. Su continuidad
   (1) Enfermedad
   (2) Sequía
   (3) Derrota
   (4) Deportación
   (5) Terror
3. VIVIR BAJO LA CURA PREDICHA DE DIOS
   a. Israel arrepentido
   b. Israel reunido
   c. Israel regenerado
   d. Israel reinando

El día en que el pueblo de Israel cruzó el Jordán se les ordenó que erigieran dos columnas de piedra en las que se grabarían las palabras de la ley. Luego las tribus debían reunirse en el Monte Ebal y en el Monte Gerisim. La mitad de las tribus debían estar en Gerisim para recitar las bendiciones de la ley y la otra mitad, en Ebal para recitar las maldiciones de la ley. Así, nadie tendría excusa para no conocer los términos del "acuerdo de arrendamiento de tierra" con su pueblo.

El recitado comenzaba con maldiciones que describían las causas de cualquier exilio futuro (Dt. 28:15-26). Luego venían las bendiciones que Dios vertería sobre un pueblo obediente (Dt. 28:1-14). Después de esto, una serie de maldiciones horrendas que culminarían en la deportación y un terror constante (Dt. 28:15-68). Estas maldiciones culminaban en una imagen profética de Israel dispersa entre las naciones y de los judíos viviendo con un temor diario por sus vidas. "Por la mañana dirás: ¡Quién diera que fuese la tarde! y a la tarde dirás: ¡Quién diera que fuese la mañana! por el miedo de tu corazón con que estarás amedrentado" (Dt. 28:67).

La historia judía es un largo comentario sobre esto. Los faraones egipcios, los reyes asirios, los gobernadores babilonios, los sátrapas persas, los helenistas griegos, los césares romanos, los emperadores romanos santos, los pontífices católicos romanos, los monarcas medievales, los cruzados cristianos, los inquisidores españoles, los dictadores nazis, los comisarios comunistas, los sheik árabes y los delegados de las Naciones Unidas se han vuelto en contra de los judíos. Sin embargo, a pesar de todo, Dios ha preservado a este pueblo.

El pacto palestino termina con una profecía brillante del arrepentimiento, la reunificación, la renovación espiritual y la exaltación a un lugar de poder real por encima de las naciones de Israel (Dt. 30:1-10). Una vez más, el cumplimiento literal de estas cosas espera la era del milenio. El hecho de que Israel una vez más haya comenzado a regresar a su tierra es un presagio del próximo cumplimiento de estas cláusulas más brillantes del pacto palestino.

EL PACTO DAVÍDICO
(2 S. 7:8-19)

Tema subyacente: *El Mesías*

Este pacto, celebrado con David, le aseguró que su dinastía nunca terminaría hasta que se agotara en la Persona del largamente prometido Mesías de Israel. Estas son sus principales características:

1. LA SUSTANCIA DEL PACTO
    a. Una simiente prometida
    b. Una soberanía perpetua
        (1) El Rey
            (a) Su trono celestial —El trono de Dios
            (b) Su trono humano —El trono de David
        (2) El Reino
2. LA ESTIPULACIÓN DEL PACTO
    a. El factor constante
    b. El factor condicional

En este pacto vemos, una vez más, cómo Dios siguió estrechando la promesa de "la simiente". Primero fue la simiente de la mujer, luego fue la de Abraham, luego la de Isaac, luego la de Jacob; después de esto se fue estrechando aún más hacia la tribu de Judá y ahora se centra en la familia de David.

El pacto davídico aclaraba que el Mesías sería el Hijo de Dios. Sin embargo, como en tantas otras pronunciaciones de Dios, hay una combinación de lo celestial y lo humano. Dos de los salmos arrojan una luz añadida sobre este pacto: el Salmo 45 deja claro que la semilla prometida será Dios y se sentará en el trono de Dios, el Salmo 110 deja claro que la simiente prometida será real en un sentido que ningún rey de la línea de David lo fue jamás: sería un Rey-Sacerdote "según el orden de Melquisedec".

El pacto davídico era tanto condicional como incondicional. Era un pacto incondicional en cuanto a que Dios mismo garantizó que el Hijo de David sería el Mesías. Era condicional en cuanto que el mal comportamiento por parte de los descendientes reales de David traería como resultado una gran modificación del cumplimiento profético del pacto. Estos factores condicionales son añadidos en la subsiguiente confirmación de Dios del pacto con Salomón (1 R. 9:1-9).

La historia de Israel demuestra cómo eran ciertos ambos aspectos del pacto. El profeta Jeremías pronunció una maldición sobre el rey Conías, impidiendo que cualquiera de sus descendientes directos, lineales se sentara en el trono de David (Jer. 22:30), así se colocó bajo interdicto toda la línea a través de Salomón. Dios tenía otra línea en reserva, sin embargo, una línea con su origen en Natán, otro de los hijos de David. María, de donde descendió físicamente el

Señor Jesús, era descendiente directa de esta línea real colateral, José, el padre adoptivo de Jesús, descendía de la línea original a través de Salomón. La boda de José con María y su posición de padre adoptivo del Señor Jesús otorgada por Dios unió ambas líneas en Cristo.

EL NUEVO PACTO
(Jer. 31:31; He. 8:8; Mt. 26:27-28)

Tema: Profético

Resta un pacto final, en muchas formas el más grande de todos. Se celebró originariamente con la casa de Israel pero el Señor Jesús lo adoptó deliberadamente y se aseguró de que sus cláusulas incluyeran a la Iglesia. Es el pacto que genera más malas interpretaciones.

1. LOS BENEFACTORES DEL PACTO
   a. Comprometido por la Palabra de Dios
   b. Conseguido por la obra de Cristo
2. LOS BENEFICIOS DEL PACTO
3. LOS BENEFICIARIOS DEL PACTO
   a. Los beneficiarios manifestados
   b. Los beneficiarios subsiguientes

El nuevo pacto fue originariamente celebrado con el pueblo hebreo en una época de apostasía nacional, cuando el cautiverio babilónico ya estaba en el horizonte y cuando parecía que las faltas de Israel habían sido tan persistentes y tan terribles que ahora debían volverse permanentes. Anticipa ambas venidas de Cristo. Es un pacto absoluta y gloriosamente incondicional en el que Dios se compromete a lograr determinadas cosas, cosas que luego fueron adquiridas y aseguradas por la sangre de Cristo.

Es fundamental comprender un simple hecho acerca de este pacto. Contiene dos tipos de cláusulas. Contiene cláusulas *escatológicas* (cláusulas de naturaleza profética, que tienen que ver con el futuro nacional de Israel) y cláusulas *soteriológicas* (cláusulas que tienen que ver con la salvación y la redención). Las cláusulas escatológicas son *exclusivas:* pertenecen únicamente a Israel como nación. Las cláusulas soteriológicas son *inclusivas:* comprenden a la Iglesia en esta era así como a Israel en la próxima. Originariamente, estas cláusulas soteriológicas pertenecían a Israel y son la base para el maravilloso renacimiento espiritual de la nación judía justo antes del establecimiento del reino milenario. Sin embargo, el Señor Jesús llevó estas cláusulas soteriológicas al aposento alto y las utilizó de manera deliberada, cuando instituyó la Cena del Señor, como un paraguas bajo el cual incluir a la Iglesia. Si no se diferencia entre estos dos tipos diferentes de cláusulas en el nuevo pacto, esto lleva a la confusión de equiparar a la Iglesia con Israel.

13

COSAS QUE DIFIEREN

Un axioma básico de la interpretación de la Biblia es que siempre debemos trazar una diferencia donde la traza Dios. La similitud no necesariamente significa identidad. Comenzaremos por:

EL JUDÍO, EL GENTIL Y LA IGLESIA DE DIOS

Dios ha dividido a la raza humana en tres categorías: judíos, gentiles y la Iglesia de Dios (1 Co. 10:32). Estas tres categorías son distintas entre sí; no las debemos mezclar. El amilenarista, al tomar profecías de Israel y aplicarlas a la Iglesia, le quita la espiritualidad a gran parte de la verdad divina, robándole a Israel su futuro nacional y negando la era milenaria venidera cuando Cristo reinará sobre la tierra y triunfará sobre todos sus enemigos.

Uno de los pasajes favoritos de las Escrituras para un amilenarista es Romanos 11. Su error reside en interpretar que se habla de la Iglesia en Romanos 11. El tema de este importante capítulo no es la Iglesia, sino el lugar de los judíos y los gentiles en la esfera del privilegio espiritual. Se toma en cuenta a los cristianos en Romanos 8, pero en Romanos 9, 10 y 11 el tema es la relación del pueblo judío con los propósitos de Dios a la luz del hecho de que la nación había crucificado a su Mesías y ahora se resistía al Espíritu Santo. En Romanos 9, Pablo analiza el trato *pasado* de Dios con Israel y encuentra la clave de la historia hebrea en *la soberanía de Dios*. En el capítulo 10, observa el trato *presente* con Israel y ve que es la *salvación de Dios* lo que controla su trato con el pueblo judío en esta era. No hay diferencia entre el judío individual y el gentil. La salvación se ofrece a todos bajo la misma base: la fe en el Señor Jesucristo.

En Romanos 11 Pablo aborda el trato *prometido* por Dios a Israel y halla la clave en la *sinceridad de Dios.* Dios tiene la intención de cumplir con su palabra prometida a la nación de Israel.[1]

Para comprender Romanos 11 debemos ver que el tema son los judíos y los gentiles. Pablo dice: "a vosotros hablo, gentiles" (v. 13). Las amenazas y advertencias que siguen no están dirigidas a la Iglesia, ni conciernen a ésta, si bien son para el aprendizaje de la misma.

De acuerdo a Romanos 11, Israel ha perdido su lugar de privilegio religioso. Éste le ha sido dado ahora a los gentiles, que han llegado al bien que Israel desdeñó. Hoy día los gentiles (descritos como ramas de olivo salvajes), a través de la fe en Cristo, son injertados en el árbol de olivo del privilegio religioso. Las ramas naturales (los judíos) han sido quebradas.

Abraham es la raíz del olivo, puesto que las promesas fueron depositadas en él. El árbol es la raza de Abraham, es decir, Israel. Las ramas naturales son los judíos que primero participaron de la nutrición de la raíz. En esta era, los judíos han sido quebrados y retirados del árbol y los gentiles han sido injertados en él. Después del retiro de la Iglesia, sin embargo, el pueblo judío será nuevamente injertado en el lugar de privilegio religioso. A lo largo de la era milenaria, fluirán bendiciones para otros a través de la nación de Israel.

En nuestra era los gentiles son injertados en la raíz del olivo. Los gentiles no se convierten en judíos a fin de recibir las bendiciones espirituales de Abraham, ese fue un error gálata. Ni tampoco se tornan "de Israel". Continúan siendo gentiles pero gentiles que ocupan la posición de privilegio que una vez ocuparon los judíos.

Dos expresiones utilizadas en el Nuevo Testamento nos ayudan a entender qué ha sucedido. Una es "los tiempos de los gentiles", una frase usada por el Señor Jesús (Lc. 21:24); la otra es "la plenitud de los gentiles", una frase utilizada por Pablo (Ro. 11:25).

La expresión "los tiempos de los gentiles" tiene que ver con la ascendencia *política* de Israel sobre las naciones. Esta le fue quitada a Israel, debido a sus repetidas apostasías y se entregó a Nabucodonosor y a sus herederos subsiguientes el poder mundial gentil. La expresión se refiere a un largo período durante el cual Jerusalén está bajo el poder gentil. Comenzó con Nabucodonosor y terminará con el reinado de la Bestia y la batalla de Armagedón.

La "plenitud de los gentiles" tiene que ver con la ascendencia *religiosa* de Israel sobre las naciones. Durante dos mil años, si Dios tenía algo que decir, lo hacía en hebreo a través de un judío. Le otorgó a la nación de Israel enormes promesas religiosas y privilegios y luego coronó todas sus otras bendiciones enviándoles a su Hijo para que fuera su Mesías. Sin embargo, cuando Israel coronó todas sus otras apostasías rechazando al Señor Jesucristo, Dios les quitó sus privilegios religiosos y se los entregó también a los gentiles.

---

1. Ver el libro del autor, *Exploring Romans* (Chicago, Moody Press).

Sin embargo, en la Iglesia no hay un judío ni un gentil como tal, si bien, de hecho, predominan los gentiles. La ascendencia gentil comenzó a principios del libro de Hechos. El centro de actividad pasó de Jerusalén a Antioquía y luego a Corinto, Éfeso y Roma. La luz y energía de la bendición del evangelio reside en manos gentiles, no judías. Cuando Jesús regrese para establecer su reino milenario, se restaurarán los propósitos originales de Dios. Se restaurarán el poder político y el privilegio religioso a una Israel regenerada. Equiparar a la Iglesia con Israel es perderse el propósito de Romanos 11. Dios separa al judío del gentil y de la Iglesia y nosotros debemos hacer lo mismo.

LA IGLESIA Y EL REINO

También debemos diferenciar entre la Iglesia y el reino. La Iglesia no es una continuación de la nación judía bajo otro nombre y bajo medios espirituales. Es por completo una entidad separada. Cuando Cristo dijo: "sobre esta roca edificaré mi iglesia" (Mt. 16:18) Él estaba hablándoles a sus discípulos, a los judíos, a los ciudadanos de la nación de Israel pero también estaba prediciendo la venida de algo nuevo. La mayoría de la enseñanza profética del Antiguo Testamento y en los Evangelios tiene que ver con el reino. Si leemos "la verdad de la Iglesia" en pasajes que tratan de la "verdad del reino", no interpretaremos correctamente la Palabra de Dios.

El hecho de no distinguir entre el reino y la Iglesia ha derivado en la edificación de magníficas catedrales, la ordenación de sacerdotes rituales y la introducción al cristianismo de ordenaciones semi-judías llamadas "sacramentos". La cabeza visible de la Iglesia católica romana en realidad sostiene el señorío sobre las naciones y rige en pompa y estado como un emperador con todas las trampas y maquinaria de poder mundano. Pero la Iglesia no es un reino. El Señor Jesús es la "cabeza" de la Iglesia (Ef. 1:22), pero Él nunca es nombrado como su rey. La Iglesia es un "misterio" no revelado en el Antiguo Testamento pero el reino no era un misterio. Era el tema de una amplia profecía del Antiguo Testamento. El propósito de Dios en esta era no es el de establecer un reino vasto y visible, sino construir una Iglesia, una *ekklesia,* una compañía de "convocados". Él está convocando al mundo a "un pueblo para su nombre" (Hch. 15:13-18). Dios va a establecer un reino visible sobre esta tierra pero no lo hará hasta que Él haya completado la Iglesia y terminado su obra actual. El reino se establecerá después del arrebatamiento de la Iglesia, no antes.

Se usan tres expresiones en el Nuevo Testamento para colocar delante de nosotros la verdad relacionada con el reino. Está el *reino de Dios*, una expresión que se asocia especialmente con la salvación: "El que no naciere de nuevo, no puede ver el reino de Dios" (Jn. 3:3). En el tiempo actual "la gracia reine por la justicia" (Ro. 5:21). Al final del libro de Hechos vemos a Pablo "predicando el reino de Dios y enseñando acerca del Señor Jesucristo" (Hch. 28:30-31).

Está el *reino de los cielos,* una expresión altamente técnica hallada únicamente en el evangelio de Mateo, un evangelio con un fuerte énfasis judío. La expresión se refiere al gobierno de los cielos sobre la tierra en respuesta a la oración del Señor de Mateo 6:10. Que este reino exista en forma de misterio hoy día resulta claro de Mateo 13:11. No está abierta y visiblemente establecido sobre la tierra, sino que solo existe en la sumisión voluntaria de los creyentes a la voluntad de Dios. Debe trazarse una distinción entre el reino de Dios y el reino de los cielos.

Es cierto, se emplean determinadas parábolas en conexión tanto con el reino de Dios como con el reino de los cielos pero la similitud en algunos puntos no significa identidad en todos los puntos. Las personas no salvas se incluyen en el reino de los cielos y éstos serán finalmente retirados (Mt. 8:12; Lc. 13:28-29). No hay personas no salvas en el reino de Dios (Jn. 3:3, 5). Cuando se emplean parábolas en relación con ambos reinos, el propósito es el de atraer atención, en cuanto a lo que concierne al reino de Dios, a las doctrinas de corrupción que lo atacan.

Las parábolas de misterio de Mateo 13 dejan en claro que el reino de los cielos no será introducido por la conversión gradual del mundo al cristianismo, sino que será establecido por juicios catastróficos. Se impondrá sobre la tierra por poder divino en Armagedón. Durante el milenio todos los pueblos serán súbditos del reinado (1 Co. 15:24-27).

Como resultado de la dominación de toda iniquidad y oposición a Dios, se introducirá el *reino del Padre* (Mt. 13:43; 1 Co. 15:28). La expresión se refiere al estado fijo que prevalecerá en la eternidad cuando sean barridos para siempre el pecado y la congoja. Así, leemos sobre "cielos nuevos y tierra nueva, en los cuales mora la justicia" (2 P. 3:13). En este estado, la justicia no deberá ser impuesta; será el fruto natural de la redención a través del poder regenerativo del Espíritu Santo.

La Iglesia, única en el plan de Dios, comprende a todos los que reciben a Cristo como Salvador entre Pentecostés y el arrebatamiento. Todos esos creyentes son bautizados por el Espíritu Santo en el cuerpo místico de Cristo. En este cuerpo desaparecen las diferencias raciales del cuerpo (tales como judío y gentil) (Ef. 2:11-18). Hoy día, la prédica del evangelio no tiene la intención de traer a hombres y mujeres al reino en sus aspectos físicos y temporales; tiene la intención de traer hombres y mujeres al reino en sus aspectos morales y espirituales. Debemos dejar la introducción del reino físico al Señor que, en su propio y oportuno momento, tratará con todos sus enemigos e impondrá su imperio sobre la tierra.

Hoy día, en los lugares donde se oye y se sigue el evangelio, éste lleva a la gente a una relación cuádruple con Dios. Están en la *Iglesia* de Cristo por medio del bautismo del Espíritu (1 Co. 12:13). Se vuelven súbditos del *reino de los cielos,* responsables de obedecer los preceptos de Cristo. Están en el *reino sempiterno de*

Dios como los que ya poseen su vida y naturaleza (2 P. 1:2) y como tales tienen la esperanza bendita de ser arrebatados para estar por siempre con el Señor (1 Ts. 4:13-18). Además, tienen la seguridad de que el Señor finalmente establecerá su gobierno sobre la tierra. Y más allá de toda dispensación temporal, pueden esperar con ansias el *estado eterno* donde el pecado nunca podrá entrar y donde Dios siempre estará entronado entre su pueblo.

POSICIÓN Y ESTADO

La *posición* del creyente es "en Cristo" (una expresión paulina favorita) y por ende, es perfecta. Sin embargo, su *estado,* su condición real espiritual en cualquier momento dado, puede estar lejos de la perfección. Antes de su conversión, el creyente era un hombre natural que no comprendía las cosas espirituales. Después de aceptar a Cristo puede que sea un hombre espiritual o un hombre carnal, según sea la medida de su respuesta al Espíritu Santo que mora en él.

La posición de un creyente deriva de la obra terminada de Cristo. Es perfecta y entera desde el momento en que confiamos en Cristo. Nada puede alterar eso. Tenemos nuestra posición únicamente a través de la fe. La posición del creyente más débil es tan segura como la del apóstol más ilustre. "a todos los que le recibieron, a los que creen en su nombre, les dio potestad de ser hechos hijos de Dios" (Jn. 1:12). "Amados, ahora somos hijos de Dios, y aún no se ha manifestado lo que hemos de ser; pero sabemos que cuando él se manifieste, seremos semejantes a él" (1 Jn. 3:2). "Justificados, pues, por la fe, tenemos paz para con Dios por medio de nuestro Señor Jesucristo; por quien también tenemos entrada por la fe a esta gracia en la cual estamos firmes, y nos gloriamos en la esperanza de la gloria de Dios" (Ro. 5:1-2).

El estado de un creyente, por otra parte, puede fluctuar de día en día y de momento a momento. "De manera que yo, hermanos, no puede hablaros como a espirituales, sino como a carnales…, porque aún sois carnales; pues habiendo entre vosotros celos, contiendas y disensiones, ¿no sois carnales, y andáis como hombres?" (1 Co. 3:1-3).

LAS DOS RESURRECCIONES

Resucitarán todos los muertos pero no todos al mismo tiempo. Hay dos resurrecciones. Jesús declaró: "No os maravilléis de esto; porque vendrá hora cuando todos los que están en los sepulcros oirán su voz; y los que hicieron lo bueno, saldrán a resurrección de vida; mas los que hicieron lo malo, a resurrección de condenación" (Jn. 5:28-29).

La primera resurrección se produce en tres etapas. Primero están las *primicias.* Las primicias de la resurrección ya han pasado. En el momento de la muerte de Cristo leemos que "y se abrieron los sepulcros, y muchos cuerpos de santos que habían dormido se levantaron; y saliendo de los sepulcros después de la resurrección de él, vinieron a la santa ciudad, y aparecieron a muchos" (Mt. 27:52-53).

La segunda fase de esta resurrección puede asemejarse a la *cosecha*. Ante la aparición del Señor Jesús en el aire en busca de sus santos, los creyentes resucitarán para reunirse con el Señor en el aire en lo que generalmente es denominado "el arrebatamiento". Luego aparecerán ante el asiento de juicio de Cristo e irán a la cena de bodas del Cordero (1 Ts. 4:13-17; Ap. 19:7-9).

La fase final de esta resurrección puede asemejarse a la *recolección*. Durante el período de tribulación muchos se volverán creyentes y muchos serán martirizados por su fe en Cristo (Ap. 7). Esto incluirá a los dos testigos (Ap. 11:1-12) y a la gran hueste de los asesinados por las dos bestias (Ap. 20:4). Todos estos serán resucitados cuando les llegue su turno.

Luego está la resurrección final. Después del milenio los muertos malvados de todas las épocas serán resucitados para su juicio. "Los otros muertos no volvieron a vivir hasta que se cumplieron mil años" (Ap. 20:5). Los que fueron resucitados en este juicio se presentarán ante el gran trono blanco para ser juzgados y maldecidos (Ap. 20:11-15). Esto incluye a todos cuyos nombres no están escritos en el libro de la vida del Cordero.

LOS CUATRO JUICIOS

En la Biblia se mencionan cuatro juicios futuros y deben distinguirse uno del otro. Advierta siempre los sujetos, el lugar, el tiempo y los resultados de un juicio.

1. La Biblia habla del *juicio del pecado*. El pecado del creyente ya ha sido juzgado en la cruz. Leemos que el Señor Jesús "llevó él mismo nuestros pecados en su cuerpo sobre el madero" (1 P. 2:24). No hay "ninguna condenación para los que están en Cristo Jesús" (Ro. 8:1). El juicio del creyente es cosa del pasado para siempre, en lo que se refiere a los pecados.

2. Sin embargo, la Biblia habla del *juicio de los santos*. Hay una diferencia, como hemos visto, entre la posición y el estado del creyente. El juicio de los creyentes tiene que ver con su estado. Para los santos, el juicio prosigue en dos líneas.

En primer lugar, hay un juicio *como hijos* de Dios, un juicio que debe tener lugar en esta vida. Todas las personas nacidas en este mundo tienen una naturaleza que no puede hacer nada correctamente a los ojos de Dios, por lo menos nada que Dios pueda llamar "bueno" porque los mejores esfuerzos de los seres humanos están manchados por su naturaleza caída. "En mí, esto es, en mi carne, no mora el bien", escribió Pablo. Nacemos con una naturaleza pecaminosa, una tendencia innata a hacer lo que está mal.

Cuando una persona nace de nuevo y se convierte en un hijo de Dios, él o ella recibe una naturaleza nueva. La naturaleza vieja no es erradicada, sino que una naturaleza nueva se sitúa al lado de ella, una naturaleza divina, la naturaleza de Dios mismo, una naturaleza que no puede hacer el mal. "Todo aquel que es nacido de Dios, no practica el pecado, porque la simiente de Dios permanece en él; y no puede pecar, porque es nacido de Dios" (1 Jn. 3:9). "Siendo renacidos, no de simiente corruptible, sino de incorruptible, por la palabra de Dios" (1 P. 1:23). Estas dos naturalezas, en el creyente, están en guerra, según nos enteramos no solo por Romanos 7, sino por la amarga experiencia personal. El pecado es el principio enraizado dentro de nosotros mismos; los pecados son los frutos externos del pecado en la vida. Debemos juzgar constantemente estos pecados mientras el Espíritu Santo nos condena por ellos. "Si, pues, nos examinásemos a nosotros mismos, no seríamos juzgados; mas siendo juzgados, somos castigados por el Señor, para que no seamos condenados con el mundo" (1 Co. 11:31-32). "Si confesamos nuestros pecados, él es fiel y justo para perdonar nuestros pecados, y limpiarnos de toda maldad" (1 Jn. 1:9).

Alan Redpath cuenta de su visita a un hogar donde había dos niños varones. Una noche los padres fueron a unos servicios especiales en la Iglesia y dejaron solos a los dos niños. Cuando regresaron a casa, ésta estaba extrañamente en silencio. Al investigar, descubrieron que un jarrón valioso se había roto y que los trozos y pedazos estaban reunidos y apilados sobre la mesa. Junto con los restos del jarrón había una nota. Decía: "Queridos mamá y papá, lo sentimos muchísimo. Nosotros rompimos el jarrón. Nos hemos ido a la cama sin cenar. Firmado: Jimmy y Joe". "¿Piensa acaso", pregunta Redpath: "que el padre de los niños subió al cuarto, los sacudió fuera de la cama y los castigó por lo que habían hecho? ¡Por supuesto que no! Ellos se habían juzgado a sí mismos y no había lugar para la venganza". Es nuestro deber juzgarnos a nosotros mismos para no tener que enfrentar el castigo de nuestro Padre.

En segundo lugar, junto con este juicio de los creyentes como hijos de Dios aquí y ahora en esta vida, hay un juicio venidero de los creyentes *como siervos* de Dios. Que Cristo murió por nuestros pecados es verdad, pero nuestras obras como creyentes serán juzgadas. La vida y las obras de cada hijo de Dios se revisarán en el asiento del juicio de Cristo después del arrebatamiento de la Iglesia: "Por tanto procuramos también, o ausentes o presentes, serle agradables. Porque es necesario que todos nosotros comparezcamos ante el tribunal de Cristo, para que cada uno reciba según lo que haya hecho mientras estaba en el cuerpo, sea bueno o sea malo" (2 Co. 5:9-10). "Porque todos compareceremos ante el tribunal de Cristo" (Ro. 14:10). "Así que, no juzguéis nada antes de tiempo, hasta que venga el Señor, el cual aclarará también lo oculto de las tinieblas, y manifestará las intenciones de los corazones; y entonces cada uno recibirá su alabanza de Dios" (1 Co. 4:5). "He aquí yo vengo pronto, y mi galardón conmigo, para recompensar a cada uno según sea su obra" (Ap. 22:12. Vea también Mt. 16:27; Lc. 14:14; 1 Co. 15:22-23).

El gran pasaje sobre el tema, por supuesto, es 1 Corintios 3:11-15. Allí se nos dice que el fuego probará la obra de toda persona. Algunos verán sus obras quemadas como "madera, heno, hojarasca". Estos serán "salvos, aunque así como por fuego" (v. 15). Otros verán sus obras soportando la prueba de las llamas, revelada como "oro, plata, piedras preciosas" y serán recompensados por Cristo. Pablo ansiaba recibir una corona como parte de su recompensa.

3. Otro tipo de juicio mencionado en la Biblia es el *juicio de las naciones*, cuando todas las naciones serán llevadas a juicio. Israel será juzgada como una nación por su persistente rechazo a Cristo. Este juicio vendrá a su clímax durante la gran tribulación. El punto focal del juicio será Jerusalén y la tierra de Israel. A medida que "los tiempos de los gentiles" lleguen a su fin, los judíos se reunirán nuevamente en su tierra. Regresarán con incredulidad y Dios los hará pasar "bajo la vara" (Ez. 20:34-38). El regreso parcial de los judíos al estado renacido de Israel actualmente es un presagio de lo que vendrá. El instrumento que Dios usará para castigar al pueblo judío será la Bestia, cuyas terribles persecuciones (Ap. 12:13, 15, 17) estarán complementadas por el derramamiento de la "ira de Dios" sobre la tierra (Ap. 16:1). En su postrimería, los judíos finalmente se volverán hacia el Señor (Zac. 12:10) y de acuerdo con la frase descriptiva de Isaías, la nación será concebida en un día (Is. 66:8).

También se juzgará a las naciones gentiles. Este juicio tendrá lugar después de la batalla de Armagedón, cuando el Señor finalmente regresará a la tierra para establecer su reino.[2] El lugar será el valle de Josafat justo fuera de Jerusalén (Jl. 3:1-2, 12-14). El criterio será cómo han tratado los pueblos gentiles a los judíos (a quienes Cristo llama: "Mis hermanos") durante la gran tribulación. La descripción de este juicio aparece en Mateo 25:31-46. Los santos resucitados estarán relacionados con el Señor en este juicio (1 Co. 6:2; Dn. 7:22; Jud. 14-15). Las naciones se dividirán en dos clases: las "ovejas" (pueblos que ministraron a los hermanos del Señor durante la gran tribulación) y los "machos cabríos" (los pueblos que les negaron bondad durante la gran tribulación). A las "ovejas" se les dará un lugar en el reino milenario y los "machos cabríos" serán desterrados a una eternidad perdida. El juicio de las naciones solo dejará a un pueblo redimido para poblar la tierra milenaria cuando comience la era de oro.

4. El juicio final es el *juicio de los pecadores*. Este juicio tiene lugar al final del milenio como el primer acto en la eternidad. El lugar será el gran trono blanco. Pedro denomina a este juicio "el día del juicio y de la perdición de los hombres impíos" (2 P. 3:7). Se describe en Apocalipsis 20:11-15. Su base serán las obras de los no regenerados. Se tomarán evidencias de "los libros" que lleva Dios. No habrá esperanza para los convocados a este juicio porque ninguno de sus nombres se hallará en el libro de la vida del Cordero. Todos aquellos juzgados en el gran trono blanco serán arrojados al lago de fuego. Dios denomina a este destino eterno "la segunda muerte". Los ángeles caídos "guardados bajo oscuridad" en la actualidad, serán también juzgados en ese momento. Judas llama a esto el juicio "del gran día" (Jud. 6).

---

2. Vea el libro del autor, *Exploring the Future* (Nashville: Thomas Nelson Publishers).

14

La regla de la oscuridad

Los pasajes oscuros siempre deben dar paso a pasajes claros. Es más, nunca debemos construir una doctrina sobre pasajes oscuros o difíciles. Todo lo que es fundamental para la salvación o para la vida cristiana está claramente revelado en la Biblia. No tenemos necesidad de recurrir a pasajes oscuros para respaldar una creencia bíblica.

Uno de esos pasajes oscuros de la Biblia se halla en 1 Corintios 15:29, donde leemos: "De otro modo, ¿qué harán los que se bautizan por los muertos, si en ninguna manera los muertos resucitan? ¿Por qué, pues, se bautizan por los muertos?". El significado de este pasaje es un tema de gran controversia.

Los mormones han formulado una doctrina de bautismo por los muertos basándose en este pasaje. De acuerdo a ellos, no hay salvación excepto por el bautismo de agua administrado por un sacerdote mormón cualificado. Extienden esta enseñanza para incluir a todos los millones que han vivido en la tierra y que han muerto sin conocer el así llamado "evangelio restaurado" de Joseph Smith. En consecuencia, los mormones están haciendo constantemente lo que denominan "obras por los muertos", recopilando genealogías de sus ancestros y otras personas y siendo bautizados por ellos. Joseph Smith sostenía que "los libros" a los que se hace referencia en Apocalipsis 20:12, que se abrirán en el juicio del gran trono blanco, son los registros de bautismos y otros ritos mantenidos por los secretarios oficiales de la religión mormona (*Doctrines and Covenants,* [Doctrinas y pactos], Sec. 128:6-9). Un mormón le contó a Gordon H. Fraser (cuyo libro *Is Mormonism Christian?* [¿El mormonismio es cristiano?] es una excelente exposición de la secta) que él mismo había sido bautizado más de cinco mil veces por los muertos. Los mormones han suspendido esta doctrina enormemente pesada sobre un hilo de telaraña: su interpretación de un texto oscuro.

Una mirada al contexto demuestra, por supuesto, que el bautismo ni siquiera era remotamente el tema en discusión. El tema era la resurrección. De hecho, el bautismo por los muertos fue practicado históricamente solo por sectas herejes tales como los marcionitas y los montanistas. La referencia de Pablo claramente es hacia algo anormal. De ninguna manera Pablo implica que él aprobaba la práctica. Simplemente él la cita como implicando una creencia en la resurrección.

La actitud de Pablo hacia la práctica se indica por su uso de pronombres. Él no se incluyó a sí mismo como uno de los que sostenían la práctica. "¿Qué harán *los* que se bautizan por los muertos... ¿Por qué, pues, *se* bautizan por los muertos? ¿Y por qué *nosotros* peligramos a toda hora?" (cursivas añadidas). Él se desasocia a sí mismo y a los creyentes corintios de *los* que practicaban este extraño rito.

La doctrina del bautismo por los muertos se derrumba pronto cuando se analizan las amplias referencias del Nuevo Testamento. Podemos aceptar una doctrina como bíblica solo cuando concuerda adecuadamente con otras referencias relacionadas de la Biblia. Una mera referencia de pasada, en especial cuando choca con el cuerpo de la verdad revelada, no es ningún lugar para comenzar a construir una doctrina.

15

Interpretación de tipos

En la Biblia, un tipo es una especie de profecía. Algunos intérpretes creen que solo los pasajes del Antiguo Testamento citados específicamente en el Nuevo Testamento como tipos pueden ser considerados legítimamente como tales. Pienso que esa es una regla demasiado estrecha. Una regla como esa no nos permitiría considerar a José como a un tipo de Cristo, claramente una posición indefendible. Puede demostrarse que de innumerables maneras, José es un tipo deliberado y estudiado de Cristo, incluso hasta el legado de su cuerpo como un recordatorio permanente a Israel a lo largo de sus viajes por el desierto. Los pasajes que se citan en el Nuevo Testamento como tipos no agotan todas las especies: son meros especímenes.

Los tipos del Antiguo Testamento ilustran verdades bíblicas específicas. Demuestran el hecho de que "el Antiguo está revelado en el Nuevo y el Nuevo está oculto en el Antiguo". Gran parte de la verdad del Nuevo Testamento se halla oculta en el Antiguo Testamento en los tipos. En su mayoría, los tipos prefiguran verdades relacionadas con Cristo, la Iglesia o el cristiano. Si bien la Iglesia en sí no es tema de profecías directas en el Antiguo Testamento, la verdad respecto de la Iglesia está oculta en los tipos del Antiguo Testamento y si bien no fue tema de discernimiento en la época del Antiguo Testamento, nosotros actualmente, con la revelación del Nuevo Testamento que nos ilumina, podemos verla allí.

Los tipos pueden relacionarse con personas, eventos, cosas, instituciones, cargos, acciones o rituales. En la Biblia se hallan dos clases de tipos: el tipo innato, específicamente declarado como tal en el Nuevo Testamento y el tipo inferido, reconocible como tal debido a que coincide con el patrón visto en los tipos innatos. La importancia de cualquier tipo dado depende de los fundamentos reales respecto de la similitud entre el tipo y cualquier cosa que ilustre: el antitipo. Cabe advertir los elementos de diferencia entre el tipo y el antitipo.

Hay dos reglas principales para interpretar los tipos. Nunca debemos intentar demostrar una postura doctrinaria desde la tipología. Debemos interpretar los tipos solo basándonos en alguna verdad claramente revelada en el Nuevo Testamento.

Las historias de muchas personas en el Antiguo Testamento claramente anuncian aspectos de la vida de Cristo o de la vida del cristiano. Tomemos a José como ejemplo. Como primera medida, él fue el hijo amado por el padre. Él fue separado de sus hermanos, de sus parientes de acuerdo a la carne, por su túnica de diversos colores, la vestidura de un jefe de una tribu o de un sacerdote. Sus hermanos lo envidiaban y no podían hablar bien de él. Sentían resentimiento por la relación preferencial que tenía con su padre. Sus sueños, que hablaban de su gloria y su poder venideros, los condujeron a una furia asesina. Cuando su padre lo envió hacia sus hermanos, ellos conspiraron en su contra por el precio de un esclavo. Entregado así a los gentiles, fue falsamente acusado y debió sufrir por pecados que no eran suyos.

En la prisión del faraón, él "predicó" a otras personas que estaban allí esperando su sentencia final. Para el copero tenía un mensaje de vida; para el panedero tenía un mensaje de una segunda y peor muerte. Liberado de la prisión, José ocupó un cargo en segundo lugar después del faraón, fue exaltado a la diestra de la majestad y así se convirtió en un gobernador en la tierra de Egipto ante quien todos hacían reverencias.

Exaltado —tomado de la oscuridad y elevado para compartir su lugar en lo alto— a José se le entregó una esposa gentil y a partir de allí comenzó a tratar fielmente con sus hermanos naturales, los hijos de Israel. Los condujo al lugar donde, en profunda contrición, confesaron su prolongado rechazo hacia él. Finalmente "todas las naciones" se acercaron a él.

Casi no hay ningún elemento en la historia de José que no sea un paralelismo de la historia de Jesús. José es uno de los grandes tipos de vida del Señor Jesucristo en el Antiguo Testamento. Moisés es otro al igual que David. En un grado mayor o menor hombres tales como Adán, Noé, Melquisedec, Isaac, Sansón, Booz, Josué, Aarón, Jeremías y Jonás prefiguran al Señor Jesús. También lo hacen otros más.

No solo personas, sino eventos del Antiguo Testamento son frecuentemente típicos. La redención de Israel en relación a Egipto tipifica la redención a gran escala. Egipto representa al mundo, el faraón es su rey poderoso y malvado. Los hebreos, nacidos en esclavitud y bajo sentencia de muerte, tipifican a los pecadores y su destino. No hubo ayuda para Israel fuera de Dios. Luego llegó el redentor de sus hermanos, Moisés, cuya propia historia es típica de Cristo. El proceso de redención y emancipación de Israel se centró en Moisés. Él sacudió a Egipto con poderosas señales y maravillas y expuso el poder ufanado del faraón como vanidad. Israel fue redimida por la sangre del cordero de Pascua "en Moisés fueron bautizados" y separados de la antigua forma de vida de Egipto, para caminar por la fe y no por la vista.

Casi todos los incidentes de la experiencia del desierto de Israel son simbólicos de experiencias que les llegan a los creyentes hoy día. Israel se deleitó con el pan del cielo porque el desierto (en nuestro caso, el mundo) no tenía nada para mantenerlos en el camino. Bebían agua de la roca partida (típico del vertimiento y el llenado del Espíritu Santo como resultado de la muerte de Cristo). Libraron una guerra con Amalec y triunfaron debido a la presencia de Josué —cuyo nombre significa Jesús— en medio de ellos y debido a la obra de intercesión de Moisés en lo alto (todo típico de nuestra guerra con la carne y nuestros medios de victoria). Ellos llegaron a Sinaí para aprender cómo los creyentes deben ordenar sus vidas de forma que complazca a Dios. Entraron en Canaán y aprendieron cómo vivir victoriosamente en la tierra (Canaán tipifica "los celestiales", un sitio de batallas y bendiciones). Punto tras punto, la historia es típica.

De manera similar, muchos eventos en la vida de David están llenos de significación típica. De hecho, una de las claves para estudiar la vida de los muchos amigos y enemigos de David consiste en ver qué hicieron con David y qué hizo David con ellos, para ver así cómo ilustran qué hacen las personas con Jesús, el descendiente de David, y qué hará Él algún día con ellos.

El libro de Ester contiene una enseñanza típica al igual que los libros de Josué y Rut.

En el Antiguo Testamento, muchas cosas son típicas, el tabernáculo por ejemplo. Cada parte tiene su importancia típica. El libro de 1850 de Henry W. Soltau acerca del tabernáculo es excelente (vea "Libros útiles para estudio"). Uno de los mejores libros recientes sobre el tabernáculo es *Camping with God* [Acampar con Dios] (Loizeaux Brothers) de Stephen Olford. Una guía confiable es fundamental para estudiar la tipología del tabernáculo, porque algunos expositores se han ido a los extremos y han hecho afirmaciones sin respaldo alguno en su entusiasmo por la tipología del tabernáculo. Dichas interpretaciones hacen que la tipología sea objeto de descrédito.

Muchas otras cosas en el Antiguo Testamento también tienen un significado típico. La vara de Aarón, el arca de Noé, las diversas cosas que Jonatán dio a David, el río Jordán, la lepra, el hacha perdida en la historia de Eliseo, la miel en el cadáver del león en la historia de Sansón, la lámpara y el cántaro de Gedeón, incluso la Torre de Babel, todas tienen importancia en y debajo de la superficie.

Los rituales del Antiguo Testamento eran típicos. Todo ritual relacionado con las ofrendas, el Día de la expiación, la limpieza de los leprosos, la Pascua, la consagración de los sacerdotes y las distintas celebraciones anuales tenían una significación típica.

Tomemos el ritual del Día de la expiación, por ejemplo. En ese día únicamente, se le permitía al sumo sacerdote entrar más allá del velo y ministrar en el lugar santísimo. Cada faceta del elaborado ritual en dicha ocasión era de significación típica. En el corazón del ritual estaban los dos machos cabríos. A uno se lo conocía como el chivo expiatorio porque, simbólica y típicamente, todos los pecados del pueblo se depositaban ritualmente sobre él. El animal era sacado del campamento a manos de un hombre destinado para ello y enviado al desierto, "a tierra inhabitada". Allí iba, cargando con los pecados de las personas. El otro macho cabrío era sacrificado y su sangre la llevaba el sumo sacerdote al lugar santísimo para rociarla en el propiciatorio donde estaba entronado Dios mismo. Se requería de los dos machos cabríos para tipificar la obra de Cristo en la cruz. Él no solo derramó su sangre por nuestros pecados, sino que se los llevó fuera. Luego ascendió al lugar santísimo en el cielo mismo, como nuestro Gran Sumo Sacerdote, para presentar ante el trono la virtud salvadora de su sangre.

Un peligro que se presenta al manejar los tipos bíblicos es el de extremar su importancia o bien usar métodos de interpretación artificiales, demasiado imaginativos y sin respaldo bíblico. Si evitamos hacer eso, podemos observar los tipos de la Biblia y encontrar una enseñanza rica y gratificante.

16

INTERPRETACIÓN DE PARÁBOLAS

Una parábola se ha definido como una historia terrenal con un significado celestial. Más allá de la historia humana hay una verdad teológica y una lección espiritual.

No todas las parábolas estaban destinadas a hacer que la verdad fuera evidente para el oyente. Algunas, especialmente las parábolas del reino de los cielos en Mateo 13, tenían la intención de ocultar la verdad. El Señor deseó que sus discípulos comprendieran las historias y llegó a interpretar dos de ellas para que pudieran tener la llave que abriese el cerrojo de las demás. Al mismo tiempo, Él cerró la verdad para los que le habían rechazado a Él, a su mensaje y a su ministerio.

Una parábola está compuesta de tres partes: la ocasión que dio lugar a que ocurriera; la historia en sí, habitualmente creada a partir de alguna cosa o evento común y la lección moral, espiritual, que se intentaba enseñar.

Por lo tanto, al interpretar parábolas, debemos prestar atención a cada una de sus partes. Comenzamos por determinar cuándo, dónde y por qué se contó la historia. La historia misma por lo general es muy obvia como para requerir algún comentario o ninguno, salvo cuando deben tenerse en consideración costumbres o prácticas de la Biblia. Finalmente, debemos descubrir de qué manera la parábola se relaciona con Cristo y su reino.

Una parábola contiene una verdad central. Con frecuencia se ha dicho que una parábola no puede hacerse para que abarque todos los sentidos. Es decir, ningún elemento individual de la parábola puede forzarse respecto de un significado subyacente. El objetivo debe ser descubrir su punto principal y no insistir en darle a cada frase un doble sentido.

Hay que tener un cuidado especial al usar una parábola para sostener una doctrina. Resulta fácil interpretar en una parábola una posición que deseamos defender. Pero debemos apuntalar nuestras posiciones doctrinarias a partir de la lisa y llana enseñanza de las Escrituras, no de una parábola.

Cuando una parábola aparece en más de un Evangelio, deben compararse los diversos relatos. La similitud no siempre significa identidad.

Los rasgos que contradecirían otros pasajes claros de las Escrituras deben considerarse meramente como detalles de trasfondo para la historia y no deben interpretarse con rigidez. Por ejemplo, sostener que, porque había cinco vírgenes prudentes y cinco insensatas (Mt. 25:1-2), la cantidad de personas salvas y perdidas debe ser equivalente sería sostener una tontería. La parábola no intenta enseñar tal cosa.

Hay que evitar las afirmaciones sin base ni fundamento. San Agustín solía ser extravagante en sus interpretaciones de las parábolas. Su manejo de la parábola del buen samaritano es un ejemplo. Para Agustín, el hombre que bajó desde Jerusalén a Jericó era Adán; Jerusalén era la ciudad de la paz desde la cual cayó Adán; Jericó era la luna, los ladrones eran el diablo y sus ángeles; el aceite vertido sobre las heridas de la víctima era el consuelo de la esperanza; el vino era una exhortación a trabajar con un espíritu ferviente; la cabalgadura del buen samaritano era la carne de Cristo; la posada era la Iglesia y el posadero, el apóstol Pablo. Con tal uso de la imaginación sin restricciones, se puede interpretar que la Biblia puede enseñar cualquier cosa.

Apliquemos métodos adecuados de interpretación a esta parábola (Lc. 10:25-37). Primero advertimos la ocasión en la que se produjo. El Señor Jesús acababa de ser desafiado por un intérprete de la ley que quería cuestionar el conocimiento y la autoridad del Señor. Como levita, o intérprete de la ley, se suponía que este hombre era un experto en la ley mosaica y que su tarea era la de explicarle la ley al pueblo para que éste pudiera ordenar su vida de una forma que complaciera a Dios. Le pidió a Jesús que le dijera qué debía hacer para heredar la vida eterna. El Señor le devolvió la pregunta al intérprete. Él dijo: "¿Qué está escrito en la ley? ¿Cómo lees?". El hombre respondió con un resumen de la ley: Amor por Dios y amor por el prójimo. Luego, deseando salvar las apariencias, preguntó: "¿Y quién es mi prójimo?". Él pertenecía a una clase social que rechazaba la idea de que un judío podía ser el "prójimo" de un gentil o de un samaritano mestizo. El texto dice que él quería "justificarse". Es posible que tuviera una sospecha furtiva de que su exclusivismo judío no era correcto. Esto presenta el escenario y la ocasión de la parábola.

La historia real del buen samaritano casi no necesita relatarse de nuevo. Jerusalén, la ciudad en la que Dios había establecido su nombre durante más de mil años, era el lugar de la bendición y el privilegio religiosos, mientras que Jericó era la ciudad de la maldición (Jos. 6:26). El camino de Jerusalén a Jericó estaba infestado de ladrones. Josefo dice que Herodes acababa de despedir a miles de trabajadores de los proyectos de construcción del templo. Estos hombres desempleados incrementaban ahora los grupos de bandidos que infestaban el área no poblada entre las dos ciudades.

En la historia, el viajero fue incomodado, molestado, robado, golpeado severamente y abandonado para que muriera. Allí llegó un sacerdote, un representante de la religión judía, una religión que requería que se mostrara misericordia a todos, incluyendo a los animales (Éx. 23:4-5). Como hombre supuestamente consagrado a Dios y ocupado a diario en la obra sagrada del templo, este sacerdote seguramente debería haber sentido compasión por el pobre hombre que vio a un lado del camino. Pero no fue así. Pasó caminando rápido hacia el otro lado.

Luego vino un levita. (Recuerde que era un levita el que desafiaba la autoridad del Señor). El levita era de la misma tribu que el sacerdote pero de una orden menor. Él también era un siervo del templo y, además, un expositor de la ley mosaica. Su llamado consistía en interpretar la ley mosaica para que la gente pudiera poner en práctica sus principios. Sin duda, él ayudaría a este pobre hombre tirado allí en el camino a Jericó. Pero no fue así. Él también pasó de largo por el otro lado.

Jesús introdujo tanto al sacerdote como al levita en la parábola con el objeto de enseñar el vacío de las religiones organizadas, la falta de corazón de la legalidad y el fracaso de los que profesan conocer a Dios y hacer buenas obras pero que están vacíos de amor.

Luego el Señor trajo al samaritano a la historia. Los judíos detestaban a los samaritanos, considerándolos mestizos. Ellos se alejaban kilómetros de su camino para no atravesar Samaria. El samaritano, en la parábola, representaba al Señor Jesús mismo, odiado y rechazado por los líderes de Israel pero dispuesto a ayudar al perdido, al arruinado y al caído. El samaritano vertió aceite y vino en las heridas del pobre hombre, aceite para calmar y vino para limpiar. Luego cargó a la víctima en su propio burro, lo llevó a una posada, pagó sus gastos y prometió regresar y arreglar toda cuenta pendiente.

Tras contar la historia, el Señor preguntó: "¿Quién, pues, de estos tres te parece que fue el prójimo del que cayó en manos de los ladrones?". El intérprete de la ley debió encogerse humillado, había una sola respuesta que podía dar: el samaritano. Pero no iba a utilizar la palabra detestada. "El que usó de misericordia con él", dijo, aferrándose a sus prejuicios. "Ve, y haz tú lo mismo", dijo Jesús.

¿Cuál era el objeto de la parábola? La intención era la de enseñarnos nuestra obligación de ayudar al necesitado sin importar quién es o qué relación tiene con nosotros. Al ir por la vida constantemente nos encontramos con personas que tienen necesidades espirituales y físicas. Ellos son nuestros prójimos. ¿Acaso Dios no nos ha mostrado el camino? ¿No se ha convertido en el prójimo de toda la humanidad al descender a donde estamos nosotros en nuestro pecado y necesidad? Esta parábola puede emplearse también como una historia del evangelio, una vez que se ha visto una interpretación legítima de la misma.

17

Interpretación de profecías

Existen más controversias acerca de la interpretación de las profecías que sobre cualquier otra área de la verdad divina. En el centro de todo enfoque a la profecía reside la necesidad imperativa de contar con un sistema viable y uniforme. No es posible seguir la regla de oro de la interpretación bíblica —es decir, buscar una comprensión literal, histórica, cultural y gramática de los pasajes proféticos— y al mismo tiempo ceder a las fantasías de la interpretación alegórica.

Si interpretamos las profecías de las Escrituras de acuerdo con la regla de oro, inevitablemente llegaremos a una visión dispensacional de la Biblia. No podemos tener una mezcla vaga de visiones premilenarias, postmilenarias y amilenarias. Debemos determinar nuestro punto de vista. O, mejor dicho, debemos dejar que nuestro punto de vista sea determinado por los resultados de nuestra interpretación. Por encima de todo, nuestra interpretación debe ser lo suficientemente exhaustiva como para abarcar toda la verdad profética, y además debe ser coherente.

El enfoque gramático-literal respecto de las profecías conducirá a un dispensacionalismo equilibrado. El dispensacionalismo adecuadamente desarrollado desemboca en una visión premilenaria de la profecía. Los profetas del Antiguo Testamento predijeron en lenguaje liso y llano y en términos brillantes la llegada de una era de oro para la tierra, durante la cual reinará Cristo, Israel será la cabeza de las naciones, Jerusalén será la capital del mundo y la norma universal serán la paz, el progreso y la prosperidad. Abordar la interpretación de las profecías de forma literal conduce directamente a esta posición.

Al abordar una profecía bíblica lo mejor es obtener la respuesta a una cantidad de preguntas antes de aventurar una opinión sobre su significado. ¿Esta profecía se expresa en un lenguaje literal, figurativo, poético o simbólico? ¿Cuál es la interpretación literal de este pasaje? ¿Cuándo vivió el profeta y cuál era su trasfondo cultural e histórico? ¿Se ha cumplido por completo la profecía, ha tenido un cumplimiento parcial o todavía no se cumplió? ¿La profecía tuvo un cumplimiento inmediato en relación a la época propia del profeta pero con características residuales que exigen otro cumplimiento más completo en el futuro? ¿La profecía se relaciona con los judíos, los gentiles o la Iglesia? ¿Hay alguna condición adjunta a la profecía como, por ejemplo, la que se añade a la profecía de Jonás respecto del juicio final de Nínive? ¿Qué otros pasajes de las Escrituras arrojan luz sobre esta profecía? ¿Hay algún elemento místico en la profecía, como por ejemplo en la profecía de Oseas: "yo… de Egipto llamé a mi hijo" (Os. 11:1), una profecía que tomaron los judíos para referirse a Israel pero que Mateo 2:14-15 demuestra que en realidad se refería a Cristo? ¿En qué contexto se expresó la profecía? ¿En qué tipo de lenguaje se expresa la profecía: directo, simbólico, apocalíptico? (Daniel, Zacarías y Apocalipsis son ejemplos de profecía apocalíptica.)

Casi todas las profecías se relacionan con una de las cuatro cimas del cumplimiento. Muchas profecías del Antiguo Testamento se centran en *el primer advenimiento de Cristo.* Su nacimiento, vida y ministerio, sufrimientos y muerte, resurrección, ascensión y la llegada del Espíritu Santo en Pentecostés han sido todas anunciadas. Una cantidad de profecías bíblicas se relacionan con los *eventos del fin de los tiempos en la cristiandad,* culminando con el arrebatamiento de la Iglesia y la apostasía general de la misma cristiandad. Otras profecías tienen que ver con el *regreso final de Cristo a la tierra.* Hablan de la venida de la Bestia, del Mesías del diablo y del poder universal que tendrá. Hablan de la gran tribulación, de la batalla de Armagedón y del juicio de las naciones. Otras profecías se ocupan del *milenio,* con el establecimiento final del reino literal de Cristo sobre la tierra y con el clímax último en el establecimiento de un reino eterno en cielos nuevos y una tierra nueva. La interpretación de la profecía bíblica se simplificará si se tienen presentes estas cuatro áreas principales de cumplimiento.

La Biblia se destaca de todos los demás libros por su capacidad de predecir eventos futuros con precisión e infalibilidad. Hay determinados requisitos básicos para una profecía genuina y la Biblia los cumple todos. Evidentemente, la profecía debe haber sido escrita antes del cumplimiento. Debe haber estado más allá de la posibilidad de predicción humana únicamente. Por ejemplo, predecir la visita de un cometa en un momento específico sobre un punto dado del planeta no es una profecía, sino matemáticas. La profecía debe dar detalles. La famosa pronunciación del oráculo de Delfos de que si Creso, el rico y victorioso rey de Lidia, libraba una guerra con Persia, destruiría una gran nación no fue una profecía. Fue una expresión críptica que podía tomarse de dos maneras. Creso la tomó como que debía destruir Persia y actuó al respecto. Pero el reino que destruyó fue el suyo propio. En la verdadera profecía debe transcurrir el tiempo suficiente entre la pronunciación de la profecía y su cumplimiento para que resulte imposible al profeta o a alguna otra parte interesada intentar un cumplimiento falso. Además, debe haber un cumplimiento claro y evidente de la profecía en su tiempo y forma. Estudie, por ejemplo, la profecía del Señor Jesucristo respecto de su muerte inmediata. Él dijo: "subimos a Jerusalén, y el Hijo del Hombre será entregado a los principales sacerdotes y a los escribas, y le condenarán a muerte; y le entregarán a los gentiles para que le escarnezcan, le azoten, y le crucifiquen; mas al tercer día resucitará" (Mt. 20:18-19). En realidad hay doce detalles específicos en esa profecía y cada una de ellos se cumplió.

Algunos principios para interpretar las Escrituras son de carácter general. Otros tienen una aplicación especial a las profecías. Con el riesgo de cometer alguna repetición, vamos a hablar ligeramente de una docena de reglas básicas.

1. El principio de la *perspectiva profética*. Muchas profecías de la Biblia se centran en dos eventos culminantes, la primera y la segunda venida de Cristo. Podemos asemejar estos dos puntos focales a dos cimas de montaña, una tras otra con un gran valle en el medio. Los profetas vieron claramente las cimas pero no pudieron ver el valle que las dividía, ni tampoco cuán profundo o cuán largo era. Así, con frecuencia encontramos las dos venidas de Cristo condensadas en la profecía del Antiguo Testamento. Hoy día estamos viviendo en ese valle oculto de modo que tenemos una perspectiva sobre ambas venidas de Cristo. Casi no podemos repetir con demasiada frecuencia que los santos del Antiguo Testamento no sabían nada de la era de la Iglesia, como nos recuerda Pablo en Efesios 3:1-6 y en otras partes. Leemos que los profetas mismos sentían curiosidad acerca de diversos aspectos de sus profecías (1 P. 1:10-12).

Salmo 22 es un ejemplo de la condensación de ambas venidas de Cristo. David detalla dos cosas sobre el Calvario en ese gran salmo mesiánico. Primero habla de su terrible realidad (1-21) y describe la muerte por crucifixión con tal claridad que es casi como si hubiera estado de pie junto a la cruz. Luego habla de tremendos resultados (22-31), primero hablando del Mesías como Sacerdote (22-26), luego como Príncipe (27-31). Posteriormente da un salto sobre los años y ve a las naciones gentiles adorando al Señor en el establecimiento del reino venidero. La transición de una escena a la otra es repentina, como si no existiera brecha alguna entre los sufrimientos de Cristo y la gloria que iba a seguir. En cuanto a lo que podía ver David, no existía tal brecha.

La comprensión de este principio de interpretación es de gran ayuda al interpretar las profecías de Daniel, en especial la larga e intrincada profecía de Daniel 11. El profeta ve la marcha futura de los eventos desde el apogeo del imperio persa hasta la muerte del opresor sirio Antíoco Epífanes (Dn. 11:1-35). Luego la profecía da un paso de gigante hacia delante y describe la llegada del

Anticristo (vv. 36-45). Si no se observa esta pausa dispensacional en las profecías se generará confusión.

2. El principio de la *referencia panorámica*. La profecía bíblica se relaciona con las tres clases de humanidad a la que ya hemos hecho referencia: "judíos... gentiles... la Iglesia de Dios" (1 Co. 10:32). Durante los primeros dos mil años de historia humana (según la cronología bíblica), Dios trató con las naciones, los gentiles; desde Abraham hasta Pentecostés, Dios trató con la humanidad a través de los judíos, el pueblo hebreo; a partir de Pentecostés, se ha añadido una tercera clase, la Iglesia. Todas las profecías bíblicas se refieren a una u otra de estas clases. Muchas profecías tienen que ver con las naciones gentiles y su lugar en los planes globales de Dios para la humanidad. Cientos de profecías tienen que ver con el pueblo hebreo, sus exilios, su desgracia y su triunfo. Algunas profecías se relacionan únicamente con la Iglesia. Debemos tener presentes estas tres grandes distinciones panorámicas.

3. El principio de la *expresión poética*. Algunas profecías se expresan en lenguaje poético, figurativo y simbólico. A veces la profecía se presenta de manera tal que su significado está oculto o velado deliberadamente. Las parábolas de misterio de Mateo 13 son un ejemplo de esto. Fueron presentadas en una forma que ocultaba la verdad a los no creyentes mientras que, al mismo tiempo, la revelaba a los creyentes (Mt. 13:10-17).

La primera profecía bíblica es de naturaleza poética y críptica: "Y pondré enemistad entre ti [la serpiente] y la mujer, y entre tu simiente y la simiente suya; ésta te herirá en la cabeza, y tú le herirás en el calcañar" (Gn. 3:15). Esta es una profecía sobre la venida de Cristo. Habla de ambas venidas: la primera venida de Cristo, cuando la serpiente le "herirá la cabeza" (una referencia velada a la cruz) y su segunda venida, cuando la simiente de la mujer (Cristo) finalmente aplastará la cabeza de la serpiente.

La interpretación de la profecía bíblica requiere un buen conocimiento de las leyes que rigen los símbolos, las figuras retóricas, los tipos, las parábolas y las alegorías.

Gran parte de la profecía bíblica está escrita en forma poética, de modo que se debe tener cuidado para poder llegar a la verdad literal que hay tras la forma. Esto es aplicable especialmente a la profecía apocalíptica que hace un extensivo uso de símbolos. Para interpretar adecuadamente los símbolos, debemos ver cómo los maneja el Espíritu Santo. No siempre es sencillo decidir si un pasaje dado debe tomarse literal o simbólicamente, ya que muchas cosas usadas como símbolos en las Escrituras también son realidades literales. Cuando leemos sobre una gran montaña ardiendo con fuego y arrojada en medio del mar (Ap. 8:8-9), la referencia podría ser literal. Evidentemente un Dios de poder omnipotente podría desenterrar el Monte Vesubio y arrojarlo al Mediterráneo. Sin embargo, la referencia podría ser una descripción simbólica de una guerra futura. El contexto, el sentido general del pasaje y la adecuación o la falta de adecuación de la interpretación literal son todos elementos que deben tenerse en cuenta.

4. El principio de la *iluminación progresiva*. La verdad profética (como otra verdad de la Biblia) con frecuencia no fue revelada de inmediato, sino en etapas, un poco aquí, un poco allí, ahora un fragmento de Isaías, ahora un poco de discernimiento de Jeremías. El ejemplo clásico de este principio se ve en la profecía de la simiente por venir. La verdad de la primera y segunda venidas de Cristo se revela poco a poco y está dispersa en toda la Biblia. Del mismo modo, la verdad respecto de la venida del Anticristo no se presenta toda de golpe ni en un lugar único en las Escrituras. Se ofrece gradualmente y en diversos momentos y maneras.

El hecho de que la inspiración divina de verdad profética haya sido progresiva debe advertirnos de que la iluminación divina de tal verdad podría ser igualmente progresiva. A Daniel se le dijo, por ejemplo: "cierra las palabras y sella el libro hasta el tiempo del fin" (Dn. 12:4). Algunas de las enunciaciones proféticas de su libro no se comprenderían plenamente hasta cerca del tiempo de su cumplimiento. Hoy día estamos viviendo al borde de las profecías del arrebatamiento y del cumplimiento del fin de los tiempos. En consecuencia, tenemos mucha más luz sobre las Escrituras proféticas que la que tenían devotos estudiosos de la Biblia hace setenta u ochenta años. Las profecías sobre Israel se están haciendo muy definidas, mientras que doscientos o trescientos años atrás el significado de estas profecías solo podía discernirse levemente. Aún así, es sorprendente ver cuán precisos fueron algunos expositores de la Biblia en su época cuando escribieron sobre el renacimiento de Israel.

Nuestro propio entendimiento personal de la verdad profética es también con frecuencia progresivo. A veces nos hemos visto obligados a cambiar nuestra posición sobre opiniones que antes sosteníamos. Al obtener más luz, mejora nuestra comprensión de la imagen profética total.

5. El principio de los *detalles desconcertantes*. La profecía de las Escrituras en Oseas 11:1 ilustra la verdad de que en ocasiones un pasaje tiene un significado más profundo que el que aparece en la superficie. Israel, nacionalmente, era un "hijo" (Éx. 4:22) y los judíos solían tratar las profecías mesiánicas acerca del hijo y el siervo (Is. 53) en un sentido nacional y no en uno personal, mesiánico. Pero mientras que Israel, como nación, es llamado el "hijo" de Dios, la palabra aquí particularmente se refiere a Cristo. Este detalle respecto del Hijo de Dios que es llamado fuera de Egipto fue cumplido literalmente en los primeros años de la vida de Cristo. José y María fueron forzados a huir a Egipto para proteger al niño Cristo de la ira de Herodes. Mateo demuestra que entonces, en una forma real, histórica y literal, esta profecía enigmática fue cumplida (Mt 2:13-15).

Interpretar profecías es como armar un rompecabezas gigante. Con frecuencia tomamos un fragmento profético y nos preguntamos dónde encaja. Una cosa es fatal para cualquier ensamblado de la imagen en su conjunto: nunca debemos hacer encajar una pieza por la fuerza donde no entra naturalmente. Ni tampoco debemos ignorar una pieza solo porque es rara, porque amenaza nuestro propio esquema o porque no podemos ver cómo o dónde colocarla en el rompecabezas terminado. Tarde o temprano, si somos pacientes y sinceros en nuestro manejo de la verdad profética, el Espíritu Santo nos mostrará cuán fácilmente encaja la pieza.

Hay muchos detalles desconcertantes en las Escrituras proféticas del Antiguo Testamento que tratan sobre Babilonia, Asiria, Egipto y otras naciones; detalles que parecen estar apuntando a eventos del futuro. Con frecuencia, queda poco claro cómo y dónde encajarán todos ellos. Sin embargo, podemos estar seguros de que cuando llegue el momento de su cumplimiento la solución que nos confunde se verá como algo sencillo y natural después de todo.

6. El principio de la *asociación primaria.* Antes que nada, los profetas predicaban a sus propias generaciones. Los profetas no surgieron en Israel salvo en casos de apostasía. Los profetas estaban básicamente preocupados por llevar a la nación de regreso a Dios. Por ende, cuando sus mensajes son claramente de carácter predictivo, debemos observar los momentos inmediatos en los que el profeta vivió para ver si esos años arrojan alguna luz sobre la profecía. Por ejemplo, el profeta Isaías dedica los primeros cinco capítulos de su libro a denunciar a Israel por su maldad moral y espiritual. Gran parte de lo que dijo se relaciona con su propia época, ya que en el horizonte se encontraba el creciente y aterrador poder de Asiria. Isaías podía ver con claridad que las diez tribus del reino del norte estaban destinadas a desarraigarse y dispersarse a causa de los asirios, y que Judá también sentiría el peso del brazo asirio. Muchas de sus advertencias tienen en mente esas cosas.

En el capítulo 7 el trasfondo es la alianza sirio-efraimítica contra Judá. Israel y Siria habían unido sus fuerzas contra el pequeño reino de Judá, cuyo rey Acaz estaba desesperado. Al profeta se le dijo que le ofreciera una señal, que el rey apóstata y testarudo rechazó. De todos modos, se le dio otra: "He aquí que la virgen concebirá, y dará a luz un hijo, y llamará su nombre Emanuel" (Is. 7:14). Mateo 1:23 deja claro que, en su alcance más amplio, esta profecía era mesiánica y anunciaba el nacimiento virginal de Cristo. Sin embargo, la profecía tiene una asociación primaria con la propia época del profeta y con la situación internacional inmediata, el profeta continuó diciendo que antes de que creciera este niño: "la tierra de los dos reyes que tú temes será abandonada" (Is. 7:16). La profecía le prometía a Acaz que, dentro de un lapso muy corto, Peka, rey de Israel, y Rezín, rey de Siria, serían derrotados. Un objetivo de la profecía era alentar al débil y maligno Acaz a que confiara en Dios, sin apelar a la ayuda de Asiria como tontamente estaba planificando hacer.

En el capítulo 8 se dio otra elaboración de la profecía. La propia esposa del profeta dio a luz a un niño. El profeta le dio un nombre simbólico, Maher-salalhasbaz, que significa "date prisa, date prisa hasta el botín". El profeta explicó: "Porque antes que el niño sepa decir: Padre mío, y Madre mía, será quitada la riqueza de Damasco y los despojos de Samaria delante del rey de Asiria" (Is. 8:4). En el tercer año de Acaz, Damasco fue saqueada, Rezín fue asesinado y los asirios estaban llegando a Samaria.

La asociación primaria de una profecía con frecuencia arroja luz sobre la profecía misma. Muchas profecías del Antiguo Testamento, por ejemplo, se relacionan con las inmediatas invasiones asirias y babilonias a Israel y Judá. Es cierto, a veces tienen alusiones al fin de los tiempos pero con frecuencia gran parte de lo que se predijo se agotó en la propia época del profeta.

7. El principio del *cumplimiento parcial.* Una gran cantidad de profecías de la Biblia tienen un cumplimiento cercano y uno lejano. Primero debía haber un cumplimiento inicial, local, parcial y típico pero con frecuencia algunos de los detalles no se cumplían o solo lo hacían en parte. Esto se debe a que debía haber un cumplimiento posterior, más amplio y completo de la profecía. Algunas profecías relacionadas con la caída de Babilonia se han cumplido solo en parte en la historia; por eso parece que Babilonia será reconstruida en el fin de los tiempos para que esas profecías sobre Babilonia que todavía duermen en el vientre del tiempo puedan despertar para su cumplimiento. Apocalipsis 18 (una profecía adicional y subsiguiente concerniente a Babilonia) da casi por seguro que Babilonia será reconstruida y que se convertirá en el centro financiero del imperio universal de la Bestia.

La profecía de Joel respecto a la venida del Espíritu Santo solo tuvo un cumplimiento parcial en el día de Pentecostés (Jl. 2:28-32; Hch. 2:16-21). Pedro citó lo que ocurrió como un cumplimiento de la profecía de Joel pero evidentemente las señales del juicio relacionadas con la profecía no formaron parte de la escena pentecostal. Además, Joel vinculó su profecía definitivamente con el "día grande y espantoso de Jehová". Obviamente, pues, un segundo cumplimiento más completo aún debe llegar en los últimos días.

Después del arrebatamiento de la Iglesia, las cosas se revertirán a las condiciones que prevalecían antes de Pentecostés. Luego Dios verterá su espíritu nuevamente sobre los judíos. Apocalipsis 7 demuestra que habrá un derramamiento poderoso del Espíritu Santo sobre las tribus de Israel y que innumerables millones de gentiles serán salvos. En ese momento estarán presentes las señales mencionadas por Joel, como lo aclara el Apocalipsis.

8. El principio del *cumplimiento simple.* Debemos buscar un cumplimiento literal de la profecía, no tomar enunciaciones simples de las Escrituras y alegorizarlas. Cuando Dios habla sobre Israel, quiere decir Israel; cuando Él habla de la Iglesia, se refiere a la Iglesia. Las profecías que tienen que ver con la primera venida de Cristo fueron cumplidas literalmente en la historia. Del mismo modo, las profecías que tienen que ver con su segunda venida serán cumplidas literalmente cuando llegue el momento. El renacimiento literal del

Estado de Israel en nuestros días presagia la proximidad de la segunda venida de Cristo.

Puede que no siempre veamos de qué manera pueden cumplirse determinadas promesas específicas, pero podemos estar bastante seguros de que Dios cumplirá con su palabra. La hambruna en Samaria ilustra la forma simple, directa y natural en que obra Dios (2 R. 6:24—7:20).

Los sirios estaban sitiando Samaria y la hambruna en la ciudad era tan grande que la gente se estaba comiendo a sus propios hijos. El rey se enteró de este horror y culpó específicamente al profeta Eliseo. La respuesta de Eliseo fue una profecía: "Oíd palabra de Jehová: Así dijo Jehová: Mañana a estas horas valdrá el seah de flor de harina un siclo, y dos seahs de cebada un siclo, a la puerta de Samaria". Uno de los príncipes del rey se burló de Eliseo: "Si Jehová hiciese ahora ventanas en el cielo, ¿sería esto así?". Eliseo respondió: "He aquí tú lo verás con tus ojos, mas no comerás de ello" (2 R. 7:1-2).

La profecía era misteriosa, el cumplimiento, simple. Durante la noche los sirios oyeron lo que creyeron que era el ruido de los carruajes. Llegando a la conclusión de que los israelitas habían contratado tropas hititas y egipcias, huyeron aterrorizados, dejando tras de sí sus tiendas, provisiones, medios de transporte, todo. A la mañana siguiente, cuatro leprosos descubrieron el campamento sirio abandonado e informaron la noticia al pueblo hambriento de Samaria. El rey designó al príncipe que se había burlado de Eliseo para que supervisara los arreglos en la puerta de la ciudad. Cuando las personas, desesperadas por llegar a las abundantes provisiones sirias, atropellaron la puerta, asesinaron al príncipe. Así, sencilla, literal y completamente se cumplió la profecía. Así sucede con todas las profecías.

Numerosas profecías del Antiguo Testamento tienen que ver con Egipto. De hecho, Ezequiel tiene una serie de siete profecías contra Egipto (capítulos 29—32) y hace docenas de enunciaciones acerca del futuro de ese país. Algunas de esas profecías se cumplieron literalmente en la época de la invasión babilónica pero otras nunca se llegaron a cumplir. Isaías, Jeremías y Joel también tenían mucho que decir sobre el futuro de Egipto y de la hostilidad de esa nación contra Israel. Allí, también, hallamos detalles que no se han cumplido todavía. Isaías, por ejemplo, dice: "Y secará Jehová la lengua del mar de Egipto" (Is. 11:15). El contexto muestra a las claras que el cumplimiento de esta predicción en particular ocurrirá en los últimos días. En alguna fecha del futuro el Señor va a secar las aguas del Nilo y eso generará un desastre para Egipto que de hecho es "el regalo del Nilo". Los detalles de cuándo y dónde encaja esto en los eventos del fin de los tiempos no quedan claros.

9. El principio de los *tipos pictóricos.* Gran parte de la biografía, la historia y la religión del Antiguo Testamento son de carácter típico. Es decir, las cosas registradas sobre determinadas personas, eventos y ceremonias son realmente una especie de profecía diseñada por el Espíritu Santo para ilustrar cosas que Dios tiene en mente para el futuro.

Las vidas de hombres como David y Salomón, por ejemplo, comprenden lecciones proféticas. El Señor Jesús, a su regreso, reinará primero como David, para derrotar a todos sus enemigos y luego como Salomón, en prosperidad, esplendor y paz. Las "fiestas de Jehová" detalladas en Levítico 23 son típicas y proféticas. Se celebraban anualmente según se requería pero cada una de ellas tenía una importancia más profunda de la que aparecía en la superficie. Las fiestas se dividían en dos grupos. Cuatro de ellas (Pascua, Pan sin levadura, Primeros frutos y Pentecostés), celebradas al inicio del año, presagiaban eventos literalmente cumplidos en la muerte y resurrección de Cristo, y en la venida del Espíritu Santo en el día de Pentecostés. Luego siguió una brecha en el calendario religioso hebreo hasta el mes séptimo, cuando se celebraban otras tres fiestas (Trompetas, Expiación y Tabernáculos). La pausa en el calendario entre los dos conjuntos de fiestas presagiaba la era actual. Las tres fiestas restantes apuntan a la reunificación final de Israel en su tierra, a la purificación de la nación y a su conversión a Cristo, y al reino milenario glorioso y gozoso. De igual modo que el simbolismo de las primeras tres fiestas se cumplió al pie de la letra, así el simbolismo de las tres fiestas restantes también se cumplirá literalmente.

La profecía oculta en tipos está en todas partes del Antiguo Testamento. La historia de José, desde el inicio hasta el fin, contiene un anuncio asombroso de la persona y la obra de Cristo. Antíoco Epífanes (Dn. 11:21-35) es un tipo del Anticristo. Algunas cosas en la vida de David presagiaban cosas en la vida de Cristo. Las experiencias de Israel desde Egipto hasta Canaán contienen una enseñanza oculta llevada a la luz en el Nuevo Testamento. Y la lista sigue y sigue.

Los tipos, entonces, son una forma de profecía. No son una buena base sobre la cual construir posiciones doctrinarias. Sin embargo, ilustran claramente la verdad del Nuevo Testamento y con la misma claridad iluminan la profecía bíblica.

10. El principio de los *problemas de traducción*. Puesto que la Biblia no fue escrita en español, la mayoría de nosotros debemos confiar en traducciones cuando queremos leerla. Ninguna traducción es precisa en todos los detalles. Algunas palabras griegas y hebreas simplemente no tienen equivalente en otros idiomas. A veces el traductor debe presentar una palabra o incluso una frase para dar el sentido. Las traducciones rígidas son ampulosas y difíciles de leer, mientras que las traducciones más sueltas incluyen un grado de interpretación y a veces el sesgo personal del traductor.

En 2 Tesalonicenses 2:2 leemos: "que no os dejéis mover fácilmente de vuestro modo de pensar, ni os conturbéis, ni por espíritu, ni por palabras, ni por carta como si fuera nuestra, en el sentido de que el día del Señor está cerca". La expresión "el día del Señor" a veces se traduce como "el día de Cristo" y no es correcto, cambia todo el sentido del pasaje.

11. El principio de la *interpretación privada*. Nadie tiene el monopolio de la verdad. Todos tenemos áreas de desconocimiento, sin embargo a todos nosotros

nos gusta pensar que nuestra opinión es la correcta. Debemos ser muy cautos al manejar la profecía. Si nos encontramos manejando una visión que es peculiar, forzada o que no está en consonancia con lo que sostienen la mayoría de los eruditos conservadores que creen en la Biblia, especialmente aquellos que son expertos en el campo de la escatología, bien podría ser que estuviéramos errados. Por supuesto, no quiero decir que la opinión mayoritaria nunca refleje un sesgo doctrinario o denominacional del cual tenemos que estar alertas. Pero aún así, es una buena regla proceder con cautela si nos encontramos montando algún tipo de caballo escatológico o defendiendo alguna rareza profética. *Es posible* que hayamos descubierto una verdad importante, pero lo más probable es que estemos equivocados. Hacer una cruzada a favor de una posición extraña conlleva estar solo. Debemos estar bastante seguros de que nuestra posición es sólida y que armoniza con el resto de las Escrituras antes de presentar ideas nuevas.

12. El principio del *alineamiento perfecto.* Debemos tener lo que los teólogos denominan "una hermenéutica coherente". Es decir, debemos interpretar la Biblia de forma pareja y uniforme, siendo intelectualmente sinceros con el texto y con nosotros mismos. Cuando encontramos algo que no encaja en nuestro esquema de interpretación, debemos estar dispuestos a esperar más luz sobre el tema y, de ser necesario, cambiar de posición. Uno no puede, por ejemplo, tomar la posición de que el Anticristo es la primera bestia en Apocalipsis 13 en un lugar y luego identificarlo con la segunda bestia en otro sitio. Tales visiones serían incoherentes. Un buen entendimiento de toda la imagen profética nos ayudará a mantener las cosas organizadas.

18

Las leyes de la mención

Incluso una ojeada a una concordancia demostrará que hay temas que se mencionan con frecuencia en la Biblia. Evidentemente el Espíritu de Dios ha revelado la verdad sobre un tema dado en una variedad de formas y a lo largo de períodos. Hay tres principios básicos para evaluar la mención de cualquier gran tema bíblico.

1. *La ley de la primera mención.* La primera vez que se introduce cualquier tema en la Biblia es de gran importancia. El Espíritu Santo da la pista allí sobre el lugar e importancia de ese tema en relación con toda la Biblia. Podemos ver en el momento de su primera mención cómo ve Dios mismo un asunto. La mejor manera de demostrar esto es mediante el ejemplo.

Tomemos, por ejemplo, la primera mención de reyes en Génesis 14. El primer rey nombrado es Amrafel de Sinar, que se pensaba que era el famoso Hammurabi de Sumeria. Su código legal, si bien mucho más inferior que la posterior ley de Moisés, fue, de todos modos, una legislación iluminada para su tiempo. Se mencionan diez reyes en Génesis 14 y, como podríamos esperar, están en guerra. (La guerra también se menciona por primera vez en este capítulo, así que podemos reunir importantes pistas respecto de cómo los creyentes deben relacionarse con este terrible flagelo de la humanidad). De los diez reyes, solo uno es un rey de justicia y no llega hasta el final. Ese rey es Melquisedec, que es a la vez rey y sacerdote, un rey de justicia y un príncipe de paz. Melquisedec es uno de los grandes tipos de Cristo en el Antiguo Testamento. Igual que Melquisedec aparece al final del capítulo, así Cristo, el verdadero Rey-Sacerdote, vendrá cuando todos los otros reyes con sus guerras y maldades hayan pasado por la escena. Allí tenemos toda la historia humana en forma embriónica.

En ese mismo capítulo de Génesis también aparece la primera mención de un sacerdote, la primera mención del pan y el vino y la primera mención de los diezmos. A partir de Génesis 14 nos enteramos de que el sacerdote ideal de Dios no era un sacerdote ritual bajo la orden de Aarón, aunque el sacerdocio aarónico domina todo el Antiguo Testamento. El sacerdote ideal de Dios es un sacerdote real, un sacerdote de la orden de Melquisedec. El Señor Jesús no podía ser sacerdote bajo la ley de Moisés, porque esa ley limitaba todo el sacerdocio a la tribu de Leví y a la familia de Aarón, mientras que Jesús nació de la tribu de Judá y de la familia de David. Por ende, el sacerdocio del Señor es un sacerdocio superior porque deriva su autoridad de un sacerdocio mucho más antiguo que el de Aarón.[1]

La primera mención del amor se halla en Génesis 22:2: "Toma ahora a tu hijo, tu único, Isaac, a quien amas". Es el amor del padre por el hijo. La segunda mención del amor está en Génesis 24:67: "Y la trajo Isaac a la tienda de su madre Sara, y tomó a Rebeca por mujer, y la amó". La segunda mención al amor es el amor del hijo por su esposa. Tomadas juntas, estas dos menciones del amor conectan el tiempo y la eternidad abarcando el amor del Padre por su Hijo y el amor del Señor Jesús por su Iglesia.

Egipto es mencionado unas 600 veces en la Biblia y su primera mención es importante. Primero se menciona en Génesis 12:10 cuando leemos que Abraham, haciendo frente a una hambruna en la Tierra Prometida "descendió Abraham a Egipto para morar allá". Egipto, cuando se emplea simbólicamente en la Biblia, simboliza al mundo: este sistema del mundo, de la vida humana y de la sociedad dejando de lado a Dios. En su riqueza y sabiduría, su política y religión, su cultura y magnificencia, este mundo es una trampa para el creyente, justo lo que Abraham encontró que era Egipto para él. A costa de su vida espiritual, perdió su testimonio y escapó cubierto de vergüenza y desgracia llevando a Agar con él para que fuera una trampa mayor en los años venideros. La primera mención de Egipto entonces coloca delante de nosotros la trampa y el peligro del mundo para el creyente. Abraham en Egipto por voluntad de Dios fue una maldición en lugar de una bendición.

Del mismo modo, la primera mención de Babilonia es importante (Gn. 10:10). Babilonia era una ciudad construida por Nimrod, el gran rebelde. Sus primeros años de historia, presentados en el siguiente capítulo, demuestran cómo se convirtió en el centro de la primera federación de naciones del mundo, una sociedad planificada que excluía a Dios y era esencialmente de carácter humanista. Dios juzgó todo. En miniatura esa primera Babilonia reflejó a la Babilonia tal como figura en la Biblia: el centro de un sistema político y religioso que desafiaba a Dios y que surgirá al final de la era para consumar la rebelión humana contra Dios.

---

1. Ver el libro del autor, *Exploring Hebrews* (Chicago: Moody Press).

2. *La ley de la mención posterior.* Dios evidentemente ha revelado la verdad progresivamente en la Biblia, educando a los hombres a través de la niñez espiritual hasta las revelaciones avanzadas de verdad que se hallan en el Nuevo Testamento. La velocidad del progreso de la revelación variaba. En el Antiguo Testamento, el proceso solía ser lento, finalizando con una suspensión de la revelación que duró unos 400 años. En el Nuevo Testamento, el proceso de revelación fue rápido, medido en años y no en siglos. El método de revelación es enunciado por Isaías: "Porque mandamiento tras mandamiento, mandato sobre mandato, renglón tras renglón, línea sobre línea, un poquito allí, otro poquito allá" (Is. 28:10).

Dios comenzó el proceso de revelación con una raza tan dispersa, ciega y caída que el proceso debía ser dolorosamente lento. En su mayor parte, la era del Antiguo Testamento fue la etapa del libro de imágenes de la revelación divina. Dios le enseñó a su pueblo, en gran medida, por medio de ilustraciones, modelos y tipos. Los sacrificios, el tabernáculo y el templo, el sacerdocio ritual, los mandamientos detallados de la ley, las lecciones de la historia, las innumerables biografías, todas estas fueron lecciones de verdad divina.

Hay numerosos ejemplos de la naturaleza progresiva de la revelación divina. Volvamos a la verdad revelada respecto de la simiente por venir, el Mesías, que hemos abordado en otras partes. Para comenzar, se reveló sencillamente que Él sería: "simiente de mujer" (Gn. 3:15). Incorporado en ese notable pronunciamiento estaba la asombrosa verdad del nacimiento virginal de Cristo.

Luego se reveló que el Mesías iba a ser de la simiente de Abraham. Más tarde se reveló que "en Isaac te será llamada descendencia" (Gn. 21:12), y se estrechó el foco. Cuando los mellizos luchaban dentro del vientre de Rebeca, a ella se le dijo que: "el mayor servirá al menor" (Gn. 25:22-23). Y se enteró de que la línea prometida pasaría por Jacob y no por Esaú. Jacob vio que, de todos sus hijos, era a través de Judá que vendría la simiente. "No será quitado el cetro de Judá, ni el legislador de entre sus pies, hasta que venga Siloh" (Gn. 49:10).

En una revelación posterior el punto focal se fijó en David: "yo levantaré después de ti a uno de tu linaje… y afirmaré su reino… y yo afirmaré para siempre el trono de su reino" (2 S. 7:12-13). Junto con todas estas revelaciones progresivas respecto de la simiente llegaron otras revelaciones concernientes a la carrera del Mesías, profecías que se centraban en sus sufrimientos y en la gloria por venir. Así, mientras transcurrió el tiempo, el Antiguo Testamento contuvo una gran cantidad de información acerca del Cristo que vendría.

El hecho de que la revelación haya sido progresiva presenta a los intérpretes de la Biblia un serio reto. Cada vez que se aborda un pasaje de las Escrituras, se debe tener lo que se ha dado en llamar un sentido de propiedad histórica. Es decir, deben tener alguna idea de lo que podría, o no podría, haberse creído en una época determinada. Por ejemplo, las personas de los tiempos de Moisés sabían que iba a venir el Mesías pero desde luego no sabían que Él nacería en

Belén. La verdad no se reveló hasta mucho después. David no sabía nada sobre los cautiverios y el regreso. Ninguno de los santos del Antiguo Testamento sabía nada sobre la Iglesia. Así, cuando uno aborda un pasaje del Antiguo Testamento en particular, se requiere un sentido de propiedad histórica.

Lo mismo se aplica a partes del Nuevo Testamento. Tomemos por ejemplo las palabras clásicas del Señor Jesús a Nicodemo: "El que no naciere de agua y del Espíritu, no puede entrar en el reino de Dios" (Jn. 3:5). Las personas han llegado muy lejos para demostrar a partir de ese versículo la doctrina de la regeneración bautismal. Pero la verdad del bautismo cristiano ni siquiera estaba a la vista en el momento en que el Señor habló a Nicodemo. De hecho no ha sido revelada del todo. Así que cualquiera que pueda o no pueda ser el significado del versículo, no enseña el bautismo cristiano.

Se han hecho varias sugerencias: que el "agua" es la Palabra de Dios, que el Señor se estaba refiriendo a Ezequiel 36:25, que era una referencia indirecta al nacimiento físico. Ninguna de estas posturas es realmente satisfactoria. Volvemos a la ley de la propiedad histórica. ¿Qué hubieran querido decir las palabras para Nicodemo en el contexto en el que se pronunciaron?

En ese momento, lo primordial en la mente de Nicodemo por cierto habría sido el ministerio de Juan el Bautista y su bautismo de agua en el Jordán. La prédica de Juan había generado una expectativa mesiánica en toda la nación. Su bautismo era de arrepentimiento, tenía la intención de preparar los corazones de las personas para la venida del Cristo. El Sanedrín había investigado el bautismo de Juan y había rechazado tanto a él como a su bautismo. Juan había respondido con una denuncia severísima sobre los fariseos y su hipocresía.

Ahora venía este nuevo maestro trayendo el mismo mensaje de arrepentimiento que Juan había llevado a la nación. Nicodemo lo buscó y de inmediato se enfrentó con las asombrosas palabras: "el que no naciere de agua y del Espíritu, no puede entrar en el reino de Dios". Juan había bautizado con agua y había hablado de uno que bautizaría con el Espíritu. Las resonantes palabras del Señor deben haber hecho que Nicodemo recordase a Juan el Bautista. Después de todo, él era un miembro de ese mismo Sanedrín que había rechazado a Juan. Seguramente el Señor Jesús le estaba diciendo a Nicodemo: "A no ser que nazcas de todo lo que significaba el bautismo de Juan [es decir, el arrepentimiento] y de todo el Espíritu que implica el bautismo [es decir, la regeneración], no podrás entrar en el reino de Dios". La ley de propiedad histórica arroja luz sobre lo que hubieran significado para Nicodemo las palabras del Señor y también evita que interpretemos que el bautismo cristiano está en las Escrituras, donde ni siquiera está implícito.

3. *La ley de la mención plena.* En asuntos vitales para la fe y la vida espiritual, Dios invariablemente, en algún lugar de su Palabra, reúne los diversos hilos de enseñanza y pronuncia una enunciación abarcadora sobre el tema. Esto es así, por ejemplo, respecto de la enseñanza relativa a la lengua (Stg. 3), los eventos

futuros (Mt. 24—25), el amor (1 Co. 13), la resurrección (1 Co. 15), la Iglesia (Ef. 2—3), la restauración de Israel (Ro. 11), la naturaleza de Cristo (He. 1—2), la justicia por la fe (Ro. 3—4), la ley (Éx. 20) y la fe en acción (He. 11).

Observe, por ejemplo, el resumen del Señor de la profecía (Mt. 24—25). Estudie el pasaje a la luz del siguiente esquema.[2]

- A. El curso de la era: Mateo 24
  - 1. Eventos relacionados con las naciones 24:4-14
    - a. Los problemas difíciles de los últimos días 24:4-8
      - (1) Desastres nacionales 24:4-5
      - (2) Desastres naturales 24:6-8
    - b. Las terribles persecuciones de los últimos días 24:9-10
    - c. Las persuasiones diferentes de los últimos días 24:11-13
      - (1) Los falsos profetas 24:11-13
      - (2) Los predicadores fieles 24:14
  - 2. Eventos relativos a los judíos 24:15-39
    - a. El tenor de las cosas presagiadas 24:15-22
      - (1) Los peligros anunciados 24:15-22
      - (2) Los engaños anunciados 24:23-26
      - (3) La liberación anunciada 24:27-31
    - b. Los tiempos de las cosas anunciadas 24:32-39
      - (1) La higuera, una parábola 24:32-36
      - (2) La inundación, un tipo 24:37-39
  - 3. Eventos relacionados con la Iglesia 24:40-51
    - a. La descripción del arrebatamiento de los cristianos 24:40-42
    - b. La descripción de la ruptura del cristianismo 24:43-51
- B. La consumación de la era: Mateo 25
  - 1. Para los judíos 25:1-13
  - 2. Para la Iglesia 25:14-30
  - 3. Para las naciones 25:31-46

Resulta evidente incluso a partir de este breve análisis que esta enunciación de eventos futuros no solo es abarcadora sino que también está dispuesta en forma de sermón, de manera que cada una de sus tres partes mira al futuro desde el punto de vista de una de las tres divisiones de la humanidad: “Judíos, gentiles y la Iglesia de Dios”. Resume todo el alcance de los eventos futuros desde el momento de la primera venida de Cristo hasta su regreso. El estudioso diligente podría desear comparar los primeros catorce versículos de Mateo 24 con los eventos descritos bajo la ruptura de los sellos en Apocalipsis 6. El

---

2. Vea el libro del autor, *Exploring the Future* (Nashville: Thomas Nelson Publishers), donde se analiza en detalle esta profecía.

paralelismo es asombroso. Además, es obvio que el Señor está basándose libremente en revelaciones proféticas anteriores, especialmente las presentadas en el libro de Daniel.

El hecho de que los eventos relativos a la Iglesia aparezcan al final de Mateo 24 debe comprenderse como una homilía y no cronológicamente. Otros pasajes de las Escrituras dejan claro que la Iglesia no atravesará la gran tribulación. El Señor está aquí tratando eventos del fin de los tiempos en forma de sermón. Su primer punto analiza los últimos días desde el punto de vista de las naciones gentiles. Luego abandona ese tema y observa los eventos del fin de los tiempos desde el punto de vista de la nación de Israel. Finalmente observa la profecía del fin de los tiempos desde el punto de vista de la Iglesia. Cada tema se trata por separado como en un sermón de tópicos. No hay necesidad de ir a la visión extrema de dejar fuera a la Iglesia en esta escatología del fin de los tiempos de Cristo, como lo hacen algunos. Es difícil imaginar al Señor pronunciando su única enunciación abarcadora respecto del fin de los tiempos y sin tener nada que decir sobre lo que estaba más cerca de su corazón: la Iglesia. De hecho, Él guarda "el mejor vino para el final" siguiendo el orden de la historia —los gentiles, Israel, la Iglesia— como la base para su sermón.

19

La regla devocional

La Biblia recompensa ricamente la lectura devocional y la meditación. Sin embargo, es en esto donde muchas personas bajan la guardia y vagan aleatoriamente por las Escrituras, buscando consuelo y seguridad, guía y bendición. Con frecuencia, tal lectura devota se realiza de una forma no sistemática, con la vaga esperanza de que un versículo repentinamente salte de la página con un énfasis valiente, brillante y proporcione el consuelo y la dirección necesaria para ese momento.

Por supuesto, Dios conoce nuestras necesidades y se deleita al encontrarnos en su Palabra. Con frecuencia Él encontrará al creyente sincero con una "promesa" para el día. Él está lleno de gracia. Pero saltar de un capítulo a otro y de versículo en versículo nunca puede producir resultados devotos satisfactorios y duraderos. En algún momento, también, la "guía" que deriva de tal uso azaroso de la Biblia puede ser engañosa.

Una primera regla para la lectura devocional de las Escrituras es que leamos la Biblia *metódicamente*. Tomamos un libro, comenzamos por el principio y avanzamos párrafo a párrafo, hasta el final. O tomamos un tema y lo rastreamos de una manera sistemática, nunca tomando más que porciones digeribles cada vez.

Una segunda regla de la lectura devocional de las Escrituras es leer *meditadamente*. Algunas personas parecen estar corriendo carreras con el tiempo en sus devociones. Quieren leer toda la Biblia en un año, así que se lanzan, día tras día, a gran velocidad, verificando los capítulos como si fueran kilómetros en un viaje y frustrándose si se llegan a retrasar. Leer la Biblia en un año o leer un libro con rapidez es indudablemente una meta valiosa, pero no lo es si nuestro propósito es obtener una palabra de Dios en nuestra lectura.

La meditación es un arte perdido. La meditación conecta de manera activa la mente con la Palabra de Dios (Sal. 1:1-3). Cuando meditamos, tomamos un pasaje, preferiblemente un párrafo o un segmento, ni muy corto ni muy largo y hacemos que dé vueltas y vueltas en nuestra mente para ver qué contiene dicha porción, buscando algo práctico y personal para nuestra alma. Pensamos en un pasaje de las Escrituras, pidiéndole al Espíritu Santo que lo abra para nuestro bien duradero. No hay nada apresurado en este proceso. Por su misma naturaleza lleva tiempo, paciencia y pensamiento.

Una tercera regla para la lectura devocional de la Biblia es leer *con sentido.* A algunos les ha resultado útil formular preguntas, deliberadamente dirigidas al pasaje y preferentemente realizadas en primera persona del singular:

"La lectura de este pasaje, ¿me lleva ante un pecado que debo evitar, una promesa que puedo reclamar, una bendición de la que puedo disfrutar, una orden que debo obedecer, una victoria que debo ganar, una lección que necesito aprender? ¿Hay aquí un nuevo pensamiento sobre Dios, sobre el Señor Jesús, o sobre el Espíritu Santo? ¿Hay un nuevo pensamiento sobre el hombre o sobre Satanás?"

A medida que el pasaje presenta su mensaje personal y práctico, buscamos el pensamiento principal que el Espíritu de Dios quiere llevar a nuestros corazones. Es una buena política mantener abierto un cuaderno de notas y escribir los pensamientos y las lecciones que el Espíritu Santo está trayendo a primer plano.

Tal lectura devocional de las Escrituras no ignora las reglas de hermenéutica tratadas en capítulos anteriores. Sin embargo, sí personaliza las Escrituras.

Veamos cómo podría funcionar dicha lectura y meditación en la práctica. Tomaremos como porción Juan 12:1-11.

Podemos comparar el versículo 3 con el 5 y observar qué tenía que decir Judas sobre María. Luego, en el versículo 7 tenemos una ORDEN clara que obedecer. "Entonces, Jesús dijo: Déjala…". Aplicada en forma personal, esto haría que el lector tuviera la obligación de no criticar a otras personas.

Podemos centrarnos en los versículos 9-11 y observar que, a causa de Lázaro, muchas personas no solo llegaron a ver el milagro de esta vida, sino que se fueron creyendo por sí mismas. Aquí, entonces hay una VICTORIA que ganar. Vivir en el "terreno de la resurrección" derivará en un testimonio para Cristo que convencerá a los incrédulos. La vida nueva debe ser evidente para todos.

Podemos volver al versículo 3 y advertir que la unción de María fue "de mucho precio". Cuando su presente le fue presentado a Jesús "la casa se llenó del olor". Aquí hay una LECCIÓN que aprender. La adoración es costosa pero deriva en una fragancia que no solo le da gozo al Señor Jesús, sino que afecta a todos los que lo rodean.

Podemos centrarnos en los versículos 7-8 y advertir especialmente lo que dijo Jesús a Judas. Aquí bien podría surgir un NUEVO PENSAMIENTO SOBRE DIOS EL HIJO. El Señor conocía los motivos de María.

El Señor defiende y reivindica a los suyos. Él conocía el motivo de Judas también pero, en gracia, se refrenó de atraer atención hacia él.

Podemos analizar los versículos 10-11 y advertir la reacción de los sumos sacerdotes. Aquí bien podría surgir un NUEVO PENSAMIENTO SOBRE EL HOMBRE. El odio del incrédulo a la verdad es muy profundo. No es un caso de "*no puedo* creer". La evidencia de Lázaro estaba más allá de todo reto. Es una cuestión de "*no voy a* creer". La incredulidad no es un asunto de la mente, sino de la voluntad.

Al unir los hilos de la meditación devocional bien podría decirse que EL PENSAMIENTO DE HOY DÍA es que este pasaje establece la *obra* del creyente (Marta), la *adoración* del creyente (María) y el *testimonio* del creyente (Lázaro). ¿Estoy obrando, adorando, dando testimonio?

20

Los números en la Biblia

Desde el primer momento en que los hombres empezaron a contar, las personas han estado fascinadas con los números. Incluso los números comunes, cotidianos del mundo del trabajo diario ocultan curiosidades y tesoros dentro de sus profundidades. Se han escrito volúmenes enteros para demostrar la importancia oculta y misteriosa de diversos números en nuestro sistema matemático. Sir James Jeans, el famoso astrónomo británico, declaró una vez que el Creador del universo debía ser "un matemático puro".

Antes de abordar la importancia de los números en la Biblia, observemos algunas de las propiedades de los números comunes, propiedades que rara vez son objeto de sospecha por parte de la persona que está contenta solo con tomarlos por su valor nominal.

El número 4, por ejemplo, tiene algunas propiedades interesantes. Para comenzar, es posible expresar todos los números enteros (de 1 a 10) en términos del número cuatro usando los signos matemáticos comunes de suma, resta, multiplicación y división:

$$1 = {}^{44}/_{44}$$

$$2 = {}^{4}/_{4} + {}^{4}/_{4}$$

$$3 = {}^{(4+4+4)}/_{4}$$

$$4 = 4(4\text{-}4) + 4$$

Usando, además de los signos matemáticos antes citados, el signo de raíz cuadrada, podemos expresar del mismo modo todos los números enteros del 11 al 20. Por ejemplo:

$$11 = {}^{44}/_{(\sqrt{4} + \sqrt{4})}$$

$$12 = {}^{(44 + 4)}/_{4}$$

$$13 = {}^{44}/_{4} + \sqrt{4}$$

Si además incluimos el signo factorial y el punto (usados como un punto decimal y como un decimal periódico), todos los números hasta el 112 pueden expresarse en términos del número cuatro.

Se han descubierto ocultos todo tipo de estructuras interesantes dentro de números y grupos de números. Es bien sabido, por ejemplo, que si escribimos todos los números del 1 al 9 en forma ascendente y después descendente, obtenemos lo siguiente:

12.345.678.987.654.321

y este número es el cuadrado de 111.111.111. Esto es interesante, por decir lo mínimo al respecto.

Hay 365 días en el año. Este número puede expresarse en una cadena:

$$10^2 + 11^2 + 12^2 = 365$$

O se puede expresar en otra cadena:

$$13^2 + 14^2 = 365$$

O expresarlo como una ecuación:

$$10^2 + 11^2 + 12^2 = 13^2 + 14^2 = 365$$

Se pueden discernir muchas cadenas como estas en el maravilloso mundo de las matemáticas. Las más simples, por supuesto, son:

$$1 + 2 = 3$$
$$4 + 5 + 6 = 7 + 8$$
$$9 + 10 + 11 + 12 = 13 + 14 + 15$$

Los matemáticos han explorado algunas cadenas muy complejas. Este es un ejemplo:

$$21^2 + 22^2 + 23^2 + 24^2 = 25^2 + 26^2 + 27^2$$

Este es otro:

$$36^2 + 37^2 + 38^2 + 39^2 + 40^2 = 41^2 + 42^2 + 43^2 + 44^2$$

El número 13, desde hace mucho tiempo relacionado a la superstición, tiene propiedades misteriosas propias. Por ejemplo:

$$13 \times 13 = 169$$

Invierta el número 169 y obtenemos 961, que puede expresarse como

$$31 \times 31$$

Se verá de inmediato que estos factores son el número 13 invertido. Pero hay más. Los dígitos que componen el número 169 suman 16. Ahora sume los dígitos en el número 13; el resultado, por supuesto es 4. El número 4 es la raíz cuadrada del número 16. Estas rarezas no tienen ningún significado místico pero son interesantes, por lo menos para las personas que se interesan en los números.

El temor al número 13 tiene raíces profundas. Algunas líneas aéreas omiten la fila 13 en sus asientos. Algunos hoteles pasan por alto el número 13 al numerar habitaciones y pisos. El temor al número 13 hasta tiene un nombre: Triscaidecafobia. Franklin D. Roosevelt era supersticioso respecto de ese número. Nunca permitiría que se sentaran trece personas a la mesa.

El temor al número 13 no obstaculiza que las personas manejen el billete de un dólar, aunque el número está entretejido en él en diversas formas. El número se encuentra en las dos caras del gran sello de los Estados Unidos. Hay 13 escalones en la pirámide. Cada uno de los dos lemas (*Annuit coeptis* y *E pluribus unum*) contienen 13 letras. Hay 13 estrellas sobre la cabeza del águila y 13 rayas en el escudo. El águila sostiene 13 flechas en una garra y una rama de olivo con 13 hojas en la otra. La base de la pirámide está justo sobre la fecha 1776 (por cierto, 444 x 4), los dos últimos dígitos del cual suman 13. Algunas personas ven un significado ominoso en todos estos trece y vinculan los fenómenos a una sociedad secreta conocida como los *Illuminati*. Probablemente gran parte de la repetición del número 13 parta del hecho de que había trece colonias originarias.

El número 13 sí tiene algunas asociaciones ominosas en la Biblia, pero hablaremos de ello más adelante.

La creencia en el simbolismo de los números puede remontarse al inicio de la cultura egipcia. Lo que tal vez fue entonces una ciencia pronto degeneró en superstición y, lógicamente, se desarrolló la numerología. Los cabalistas judíos, los pitagóricos griegos, Filón de Alejandría, los gnósticos, todos dieron un significado místico a los números. Los numerólogos modernos han hallado todo tipo de significados extraños en los números.

No es cosa nuestra ocuparnos del semi-ocultismo de la numerología. Satanás siempre imitará a Dios. Ni nos ocuparemos de la numérica bíblica (basada en el hecho de que cada letra tanto en hebreo como en griego también es un número), si bien esa también es un área de estudio. Aquí nos ocupamos de la importancia de los números bíblicos. Si bien hay diversidad de opiniones, varios números generalmente se relacionan con determinadas ideas. Nadie pudo dejar de advertir la frecuencia con la cual el número 7 aparece en la Biblia. El libro de Apocalipsis está lleno de 7s. El número 5 y sus múltiplos son prominentes en el tabernáculo. El número 40 aparece con frecuencia y, de alguna manera, eso es significativo.

Ningún esquema de la interpretación de la Biblia puede darse el lujo de ignorar por completo el uso preciso de los números del Espíritu Santo. Aquí vamos a analizar algunos de los más evidentes. Si bien ninguna doctrina puede basarse en el significado de los números bíblicos, éstos nos darán pistas para llegar a la verdad de la Biblia.

Dios ha grabado números en toda su creación. También los ha entretejido en su Palabra. Los botánicos están familiarizados con los patrones de números recurrentes en las plantas. La forma propia en que crecen las hojas en un tallo no se produce solo de acuerdo a una ley definida, sino con una secuencia numérica estricta. Después de determinada cantidad de hojas, una se colocará inmediatamente encima y en línea directa con la primera.

Lo mismo sucede en toda la naturaleza. Las notas de la escala musical son ocasionadas por la cantidad de vibraciones de cada nota. Mientras cada nota asciende en su camino de la escala, la cantidad de vibraciones aumenta por once. Dondequiera que miremos, Dios ha marcado su obra de esta manera.

En la Biblia, los números se usan con gran precisión. Muestran el diseño sobrenatural en la mente del autor. Cada número tiene su propia importancia y su significado siempre está en armonía con el tema presentado.

El número 1 es un número cardinal. No está compuesto por ningún otro número y es la fuente de todos los números. Simboliza a Dios, la gran causa primera, independiente de todo y la fuente de todo. El número 1 excluye toda diferencia; de ahí que la gran enunciación del credo del pueblo judío fuera: "Oye, Israel: Jehová nuestro Dios, Jehová uno es". Esto no niega la doctrina de la Trinidad, pero sí excluye la idea de que pudiera existir algún otro Dios. Los Testigos de Jehová ridiculizan la doctrina de la Trinidad. Intentan expresarla matemáticamente como $1 + 1 + 1 = 3$. Si es que se va a expresar matemáticamente, debería ser 1 x 1 x 1 = 1. El número 1 marca el inicio. "En el principio creó Dios" es la forma en que comienza la Biblia. Ya hemos visto la importancia de la *primera* mención de un tema bíblico.

El número 2 denota una diferencia. Pensamos en la introducción en los asuntos humanos del "segundo hombre" (1 Co. 15:47) y de cuán diferente era Él del primer hombre. Así como el número 1 dice que no hay otro, del mismo modo el número 2 afirma que hay otro. La diferencia puede ser para bien o para mal. Dos es el primer número que puede dividirse. Pensamos en las dos casas de la parábola del Señor: una construida en la roca, la otra en arena. Pensamos en el hombre que tenía dos hijos; en los dos amos a los que es imposible servir; en las dos puertas y en los dos caminos. En el segundo día de la creación, se realizó la división. El segundo libro de la Biblia comienza con una oposición. El segundo salmo trata de la rebelión. En las epístolas, la segunda de dos epístolas habitualmente indica la obra del enemigo: 2 Corintios, 2 Tesalonicenses, 2 Pedro y 2 Juan lo ilustran. La segunda de las parábolas misteriosas de Mateo 13 presenta al enemigo y las malas semillas. También pensamos en el uso de la palabra *doble* en las Escrituras según se aplica a la lengua, al corazón y a la mente.

El número 3 denota integridad. Se necesitan tres líneas para encerrar un espacio y trazar una figura geométrica. Se necesitan tres dimensiones para un elemento sólido, tres personas en la gramática para expresar e incluir todas las relaciones de la humanidad, tres divisiones para expresar el tiempo, tres reinos para resumir las cosas que existen (animal, vegetal y mineral), tres formas para completar la suma de la capacidad humana (pensamiento, palabra, hecho). Evidentemente el tres es un número importante. Dios mismo se revela como existente en tres Personas: el Padre, el Hijo y el Espíritu Santo. El lugar santísimo en el tabernáculo era un cubo perfecto, de diez codos por diez por diez. Cristo tiene tres cargos: Profeta, Sacerdote y Rey. Su resurrección se produjo en el tercer día. Hay tres apóstatas en las Escrituras: Caín, Balaam y Coré. Hay tres enemigos de la humanidad: el mundo, la carne y el diablo. Hay tres dones cardinales de gracia: la fe, la esperanza y el amor. El Señor Jesús resucitó a tres personas de entre los muertos: a un joven recientemente muerto, a un hombre camino a su entierro y a un hombre muerto y enterrado durante cuatro días.

El número 4 tiene una relación especial con las cosas terrenales, cosas terrestres. Es el número del mundo, el número de la integridad material. Hay cuatro puntos cardinales en la brújula: norte, este, sur y oeste; cuatro divisiones en el día: mañana, mediodía, tarde y noche; cuatro estaciones en el año: primavera, verano, otoño e invierno. Dios tiene "cuatro juicios terribles": la espada, el hambre, las fieras y la pestilencia (Ez. 14:21). Hay cuatro mujeres en la genealogía de Jesús: Tamar, Rahab, Rut y Betsabé. Hay cuatro imperios mundiales de las Escrituras: Babilonia, Grecia, Persia y Roma. El tabernáculo era el lugar de morada temporal de Dios en la tierra. En el tabernáculo se usaban cuatro materiales: oro, plata, cobre y madera; y había cuatro cubiertas: pieles de foca, pieles de carnero, pieles de macho cabrío y lino fino. Cuatro Evangelios nos cuentan la historia de la vida terrenal de Cristo.

El número 5 es el número de la gracia. Es cuatro más uno: Dios agregando sus graciosos dones y bendición a las obras de sus manos. Las dimensiones del tabernáculo y sus partes están todas conectadas con cinco y sus múltiplos. La sala exterior tenía cien codos de largo por cincuenta codos de ancho. Sus columnas estaban ubicadas cada cinco codos. El tabernáculo mismo tenía diez codos de alto, diez codos de ancho y treinta codos de largo. Había veinte tableros a cada lado del tabernáculo. En cada lado los tableros se mantenían unidos por cinco barras, cuatro visibles y una invisible (Dios, en su gracia condescendiente, había bajado a morar entre los hombres). Había cinco ingredientes en el aceite de unción sagrado y cinco ingredientes en el incienso. Cuando el Señor en gracia se dispuso a alimentar a las multitudes hambrientas, con cinco hogazas alimentó a 5.000 personas. Dios le ha dado cinco dones a su Iglesia: apóstoles, profetas, evangelistas, pastores, maestros. A través de ellos Él expresa el evangelio de su gracia. Cuando David luchó contra Goliat, tomó cinco piedras lisas, la debilidad humana complementada por la fuerza divina.

El número 6 es el número del hombre. Es importante destacar que el hombre fue creado en el sexto día. Las horas de su día y los meses de su año son múltiplos de seis. La lista de los descendientes de Caín se le entrega a la sexta generación. Goliat de Gat era de seis codos de alto; vestía seis piezas de armadura y la cabeza de su lanza pesaba 600 siclos de hierro. La imagen de Nabucodonosor era de sesenta codos de alto y seis codos de ancho. Seis instrumentos musicales anunciaron el momento de adorar la imagen. El número del nombre de la Bestia será 666. Puesto que el hombre es pecaminoso por naturaleza, el número seis frecuentemente se relaciona con su pecado (como puede verse por lo antedicho). Él debía trabajar seis días de siete. El sexto mandamiento trata del pecado más grave del hombre contra su prójimo: el asesinato.

El número 7 está vinculado con la perfección espiritual. Dios apartó el séptimo día para sí y más tarde, como día de reposo, le fue dado a Israel como la señal y el sello del pacto mosaico. La palabra hebrea para siete proviene de una raíz que significa "estar pleno" o "satisfecho". Hay siete "cosas mejores" en Hebreos. Cristo pronunció siete palabras desde la cruz. Enoc, el primer hombre en ser trasladado a vivir en el cielo, fue el séptimo desde Adán. El Día de la expiación en Israel era en el séptimo mes. Siete hombres vivieron más de 900 años: Adán, Set, Enós, Cainán, Jared, Matusalén y Noé. Noé, el séptimo, es llamado "perfecto" por Dios. Su padre, Lamec, vivió 777 años. Naamán el leproso tuvo que bañarse siete veces en el río Jordán para purificarse. La frase que inicia las Escrituras: "En el principio creó Dios los cielos y la tierra" en hebreo contiene siete palabras. El libro de cierre de la Biblia está lleno de sietes. Hay siete Iglesias, sellos, trompetas, copas, personajes, destinos y cosas nuevas. En

Levítico había un rocío de sangre de siete veces. El candelero en el lugar santo del tabernáculo tenía siete lamparillas.

El número 8 se asocia con un nuevo inicio y por ende con la resurrección. En música, la octava nota es la misma que la primera, elevada una octava para comenzar una nueva escala. El Señor celebró ocho pactos con Abraham y el octavo tenía que ver con la bendición de la resurrección (Gn. 12:1-3; 12:7; 13:14-17; 15:13-21; 17:1-22; 18:9-15; 21:12 y 22:15-18). La fiesta de los tabernáculos, la única celebración que dura ocho días (Lv. 23:39; compare los versículos 34-36 con Nm. 29:39; Neh. 8:18), anticipaba el nuevo inicio del milenio. Ocho personas del arca de Noé bajaron a la nueva tierra. Cristo resucitó de entre los muertos el primer día de la semana, el día después del día de reposo que, por supuesto, era un octavo día.

En la Biblia el número 9 representa la finalidad y el juicio. Tiene similitudes con el número seis (3 + 3 = 6 y 3 x 3 = 9). La suma de las veintidós letras que componen el alfabeto hebreo da 4.995 (5 x 999) de modo que el alfabeto hebreo tiene gracia y finalidad. Cuando Cristo tomó nuestro lugar en el juicio, fue clavado en la cruz a las nueve de la mañana. Dejó su Espíritu a las tres (es decir, a la novena hora). Hay un fruto del Espíritu de nueve elementos y "contra tales cosas no hay ley" (Gá. 5:22-23). Hay nueve apedreamientos registrados en la Biblia, nueve casos de lepra, nueve casos de ceguera.

El número 10 es uno de los números perfectos de las Escrituras. Es la base en matemáticas del sistema decimal. Marca la integridad del orden, la redondez completa de cualquier cosa. Había diez mandamientos que contenían todos los deberes necesarios. Hay diez cláusulas en la oración del Señor. Los diezmos, o sea, los décimos, representan lo que un hombre debía como un reconocimiento completo de los reclamos de Dios sobre el total. Las diez plagas sobre la tierra de Egipto significan la finalización del trato de Dios con esa tierra. El poder mundial de la Bestia se basará en una confederación de diez naciones simbolizados por los diez dedos del pie de la imagen (Dn. 2:41) y los diez cuernos de la bestia (Dn. 7:7, 20, 24; Ap. 23:3; 13:1). La fe de Abraham fue probada y demostró ser completa en diez pruebas. Las diez vírgenes en la parábola del Señor simbolizan a toda la nación de Israel (Mt. 25:1-13). En la Biblia, diez personas dijeron: "He pecado" (Faraón, Balaam, Acán, Saúl, David, Simei, Ezequías, Job, Miqueas y Nehemías), confesiones que dan una demostración completa de la naturaleza extendida del pecado humano. Las diez palabras usadas en el Salmo 119 son sinónimos de la Palabra de Dios (camino, testimonio, mandamientos, dichos, ley, juicio, justicia, estatutos, palabra, preceptos) y dan una descripción completa de la Palabra de Dios.

El número 12 es otro de los números perfectos de las Escrituras. Representa la perfección de gobierno. Lo encontramos directamente o en múltiplos con todo lo que tiene que ver con gobernar. Hablamos de doce tribus de Israel, aunque en realidad fueron trece. Dios invariablemente cuenta sólo hasta doce en cualquier lista dada. El Señor escogió a doce apóstoles para que rigieran sobre los asuntos de la primera Iglesia y un día para regir sobre las doce tribus de Israel. La nueva Jerusalén, que será un modelo de gobierno perfecto, tiene doce puertas y doce cimientos adornados con doce tipos de piedras preciosas. Su longitud, anchura y altura será de doce mil estadios. Al anticipar qué le harían los hombres durante sus pruebas, el Señor Jesús dijo que podía convocar a doce legiones de ángeles en su ayuda, si así lo deseaba. Esa perfección de poder daría instantáneamente un fin al mal gobierno del hombre en la tierra. La única vez que se ve al Señor entre su nacimiento y su bautismo es a la edad de doce años, momento en el cual Él se mostró perfectamente gobernado por Dios.

El número 13 tiene mala reputación entre los hombres. También es un número de mal augurio en la Biblia y frecuentemente representa rebelión y apostasía. Su primera aparición es importante. "Doce años habían servido a Querdorlaomer, y en el decimotercero se rebelaron" (Gn. 14:4). De los veinte sucesores de Salomón al trono de David, siete eran buenos y trece se dieron a la apostasía. Acaz, uno de los peores de todos, era el número trece desde Salomón. Uzías, un buen rey al principio, había reinado cincuenta y dos años (4 x 13) cuando se rebeló y fue maldecido con lepra (2 Cr. 26:3, 21). Ismael tenía trece años de edad cuando fue circuncidado. (Si bien se sometió a ese rito religioso, no le hizo ningún bien puesto que siguió siendo rebelde de corazón.) Hubo, en realidad, trece tribus de Israel, un hecho importante, ya que a lo largo de toda su historia las tribus fueron testarudas, rebeldes y con frecuencia apóstatas. Hubo trece jueces divinamente designados. El detestable Abimelec, que se añadió a la lista, arruinó la imagen al hacer que el total fuera de trece. Salomón, que se convirtió en rebelde ante Dios, pasó siete años construyendo la casa de Dios pero trece años construyendo la suya propia. La mayoría de los nombres que se le dan a Satanás tienen un valor numérico en múltiplos de trece: dragón (75 x 13), tentador (81 x 13), Belial (6 x 13), serpiente (60 x 13).

El número 40 aparece con frecuencia en las Escrituras. Es el número de un período de prueba. Como es el producto de ocho y cinco, combina las características de gracia y renovación. Israel vagó por el desierto durante cuarenta años (Dt. 8:2-5; Sal. 95:10). La vida de Moisés se divide en tres períodos, cada uno de cuarenta años. Dedicó cuarenta años a aprender a ser alguien en la corte del faraón, cuarenta años en aprender a ser nadie en el desierto y cuarenta años aprendiendo que Dios lo era todo al guiar a Israel desde Egipto a Canaán. A Saúl se le dieron cuarenta años para que demostrara que era apto para ser rey de Israel. En esos años pecó con tanta frecuencia y con una rebelión tan altanera contra Dios que fue rechazado. Jonás debía predicar en Nínive que la ciudad tenía cuarenta días para prepararse para la venida de la ira de Dios. El Señor Jesús fue tentado por el diablo durante cuarenta días. Aguardó en la tierra cuarenta días después de su resurrección para demostrarles a todos que Él estaba verdaderamente vivo. Moisés estuvo en el monte durante cuarenta días recibiendo la ley y durante ese período Israel se volvió hacia la idolatría.

El número 666 tiene un significado ominoso ya que es el número que identificará al Anticristo. Hubo muchas especulaciones cuando Henry Kissinger, un judío, se convirtió en el secretario de estado de Estados Unidos. Por alguna artimaña numérica las personas podían leer el número 666 en su nombre. Pero eso no es nada nuevo. Los sensacionalistas han estado haciendo ese tipo de cosas durante años, con el Papa, Ellen Gould White, William Gladstone (un primer ministro victoriano de Inglaterra) y Adolfo Hitler.

No puede caber ninguna duda de que el número 666 es una cifra curiosa, aparte de su importancia espiritual en Apocalipsis 13. Con una base de 36 (6 x 6) se puede formar un triángulo perfecto con 666 puntos. Cuando se suman todos los dígitos entre 1 y 36, del mismo modo dan el número 666. Los primeros seis numerales romanos (I, V, X, L, C, D) cuando se escriben a la inversa (DCLXVI), dan el número arábigo 666.

Pero nadie debería llamar a ese tipo de cosas una exégesis bíblica. Tiene más que ver con la numerología, una de las muchas pseudociencias populares en una época (como la nuestra) que es adicta al ocultismo.

El número 666 tendrá importancia para las personas que vivan después del arrebatamiento de la Iglesia. El falso profeta, habiendo creado una imagen de la Bestia, ordenará a todos que adoren la imagen so pena de muerte. Como una forma de lealtad al imperio y como un medio de control económico, se requerirá que todos lleven el nombre de la Bestia o el número de su nombre. Ese número se da como el 666. Presumiblemente, cuando al final se revele el nombre de la Bestia y cuando sea escrito con caracteres hebreos o griegos, dará por resultado este número.

En la actualidad no muchas personas están familiarizadas con el nombre de Ivan Panin, un sobresaliente erudito y crítico literario de su época. En 1890 descubrió que había una estructura matemática debajo de la superficie del texto bíblico. La obra de Panin se basaba en el sencillo hecho de que toda letra tanto en los idiomas hebreo como griego tiene un valor numérico. Así, cualquier palabra dada en cualquiera de esos idiomas no solo es un conjunto de letras; también es un conjunto de números. Al considerar los caracteres de una palabra como números en lugar de letras y sumando esos números, Panin determinó el valor numérico de la palabra. Panin descubrió que había miles de patrones y diseños entretejidos en las Escrituras, que las palabras, oraciones y párrafos enteros contenían patrones repetidos y uniformes de 7, o 13 o 4, según cuál fuera el tema del texto en sí. Panin usó sus descubrimientos para autentificar el texto bíblico y para mostrar la sabiduría de Dios.

En la actualidad algunos consideran este trabajo como una curiosidad bíblica. Sin embargo, los que lo menosprecian ignoran el hecho de que Panin era un erudito muy real por sí mismo. Era un graduado de Harvard, un reconocido disertante y un agnóstico de tal reputación que su conversión apareció en los titulares de los periódicos. Dedicó medio siglo a un estudio agotador y diligente de la estructura matemática que subyace al texto y el vocabulario de la Biblia. En el proceso, preparó una concordancia de más de 1.000 páginas para el Nuevo Testamento griego y otra concordancia que contiene más de 2.000 páginas para las formas de las palabras griegas del Nuevo Testamento. También preparó manuscritos especiales para las palabras del vocabulario del Nuevo Testamento griego. Tras preparar sus herramientas se dispuso a trabajar y acumuló 40.000 páginas de datos sobre los números de la Biblia. También tradujo el Nuevo Testamento al inglés para que los lectores comunes pudieran beneficiarse de su aclaración del texto griego.

Si bien tales exploraciones en el texto original de la Biblia para la mayoría de nosotros son indudables, todos podemos beneficiarnos del uso sistemático de los números que aparece en toda la Palabra de Dios.

21

Los nombres en la Biblia

La Biblia está llena de personas y de lugares. Es un libro de nombres. La primera persona que vivió en este planeta recibió el nombre directamente de Dios (Gn. 5:2).

El primer deber registrado de Adán en el huerto del Edén fue dar nombre a los animales que Dios le había acercado con ese propósito (Gn. 2:19). Podemos estar seguros de que los nombres que les puso eran significativos y que se basaron en una valoración inteligente de sus funciones, apariencia, peculiaridades y hábitos.

Particularmente en la época del Antiguo Testamento, los nombres no se ponían de manera arbitraria. Con frecuencia estaban asociados con un evento, una esperanza, el ejercicio de la fe, o alguna fuente de inspiración como tales. Por ejemplo, Enoc llamó a su hijo "Matusalén" (Gn. 5:21). Enoc era un profeta (Jud. 14) y podemos estar bastante seguros de que el nombre Matusalén no fue puesto de manera arbitraria, especialmente porque el texto implica que el nacimiento de ese niño tenía algo que ver con el hecho de que a partir de allí Enoc "caminó con Dios". El nombre significa "cuando muera, vendrá". En otras palabras, el nombre Matusalén era en realidad una profecía y un testimonio para cada persona que lo oyera: "Cuando muera, vendrá [el diluvio]". Y así fue. Matusalén vivió 969 años, casi un milenio completo, más que cualquier otro ser humano. Dios, en su misericordia, prolongó así el "día de gracia". Y cuando Matusalén murió las aguas del juicio llegaron a cubrir el mundo. El día de la gracia se había terminado.

Si la profecía inspiró el nombre de Matusalén, la perplejidad inspiró el nombramiento de Jacob. Jacob tenía un hermano mellizo. La Biblia registra con cierto detalle las circunstancias que rodearon su nacimiento (Gn. 25:21-26).

Mientras estaba embarazada, Rebeca estaba muy preocupada por el alboroto que tenía lugar en su vientre. Entonces el Señor le dijo: "Dos naciones hay en tu seno, y dos pueblos serán divididos desde tus entrañas; un pueblo será más fuerte que el otro pueblo, y el mayor servirá al menor". Cuando nacieron los mellizos "salió el primero rubio, y era todo velludo como una pelliza; y llamaron su nombre Esaú. Después salió su hermano, trabada su mano al calcañar de Esaú; y fue llamado su nombre Jacob" (vv. 25-26).

Esaú significa "rojo". Y de ese color fue la historia del pueblo que vino detrás de él. La historia de Edom llega a su clímax en la persona de Herodes el Grande, quien se propuso matar al niño Cristo y quien, cuando ese objetivo fracasó, buscó lograrlo de todos modos por medio de la masacre de los niños varones de Belén.

El nombre Jacob significa "suplantador" o, como algunos han sugerido: "Alguien que lo toma a uno por el talón", o como diríamos hoy día "alguien que le retuerce el brazo a uno". Había algo profético acerca de su nombre. ¿O tal vez fue que al ser cargado con un nombre que significaba "engaño", Jacob decidió que bien podría vivir de acuerdo con el significado de su nombre?

Seguimos la pista de las trampas y los complots y la perfidia de Jacob capítulo tras capítulo del trato con su hermano, su padre y su tío Labán, si bien, en Labán, Jacob encontró a un hombre que era más tramposo que él. La cosa siguió así hasta Peniel, donde Dios se reunió con Jacob y lo dominó, lo quebró y lo bendijo y le cambió el nombre por "Israel", que significa "Príncipe de Dios".

La nación que surgió de Jacob es llamada con ambos nombres. A las doce tribus generalmente se las llama "los hijos de Israel", ya que todos los propósitos soberanos de Dios para el planeta están vinculados con la historia y el destino de este pueblo. Sin embargo, ¡qué pueblo tan altanero y rebelde ha sido! Imagine la condescendencia, la asombrosa gracia de Dios que dijo: "Jehová de los ejércitos está con nosotros; nuestro refugio es el Dios de Jacob" (Sal. 46:11). ¡Imagine a Dios llamándose a sí mismo el Dios de Jacob! Con razón el salmista sigue el anuncio con un resonante *selah*: "¡Vaya! ¿Qué piensas de eso?"

En las Escrituras hay tantos casos de nombres que tienen importancia que no nos sorprende que concibamos la noción de que tal vez *todos* los nombres de la Biblia tendrían algún tipo de importancia espiritual, si supiéramos cómo interpretarlos.

Lo que es cierto respecto de los nombres de las personas parece ser igualmente cierto en lo que concierne a los nombres de lugares. Pensemos, por ejemplo, en Jerusalén. Su nombre implica el pensamiento de paz. La primera vez que se menciona la ciudad en las Escrituras se la denomina *Salem* (Gn. 14:18), que significa "paz". El saludo judío característico en aquellos días era "Shalom" (paz). El autor de Hebreos saca provecho del hecho de que Melquisedec, el rey de Salem, que se reunió con Abraham después de la triunfante batalla con los reyes del este, fuera en realidad el rey de Salem. "Este Melquisedec, rey de Salem... salió a recibir a Abraham... cuyo nombre significa primeramente Rey de justicia, y también Rey de Salem, esto es, Rey de paz" (He. 7:1-2). El tema es que Melquisedec era un tipo de Cristo en el cual "la misericordia y la verdad se encontraron; la justicia y la paz se besaron" (Sal. 85:10).

La ciudad de la paz, pero cuán poco ha conocido la paz en su tormentosa historia. ¿Alguna otra ciudad ha sido tan sitiada, fortificada, incendiada y arrebatada? Sin embargo algún día será ciertamente la ciudad de la paz, la capital del reino milenario de Cristo sobre la tierra.

Como podríamos esperar, los nombres de Dios en las Escrituras se usan con gran precisión. Dios se reveló a sí mismo de muchas maneras por medio de sus nombres. Hay tres nombres principales para Dios.

El primero es *Elohim*, a veces abreviado como *El* o *Elah*. Su primera aparición (Gn. 1:1) lo vincula con la creación y le da su significado esencial de creador. Es un pronombre uniplural que deriva de *El* (fuerza) y *Alah* (jurar u obligar por medio de un juramento, implicando fidelidad). La unipluralidad de Dios está claramente mencionada en Génesis 1:26, donde leemos: "Entonces dijo Dios: Hagamos al hombre". El concepto de la Trinidad es así revelado en la primera revelación de Dios en las Escrituras.

El segundo nombre principal es *Jehová*. Este nombre significa el eterno, el que existe por sí solo. Literalmente significa: "El que es quien Él es" (como en Éx. 3:14). La palabra *Jehová* (de donde proviene la palabra *Yahvéh*) significa "convertirse en", es decir "convertirse en conocido", indicando así una revelación propia continua. Es el nombre de Dios en su relación de pacto con los que Él ha creado. Llama la atención que el nombre aparezca en primera instancia en las Escrituras después de la creación del hombre (Gn. 2:4).

El tercer nombre de importancia para Dios es *Adon* o *Adonai*, generalmente traducido como "Señor". Su principal significado es "amo". *Adon* es el Señor como gobernador en la tierra. *Adonim* conlleva el pensamiento del Señor como el propietario, el gobernador de su propio pueblo. *Adonai* es el Señor llevando a cabo sus propósitos de bendición en la tierra. Gobernador, propietario y bendecidor son todos sustantivos asociados con este nombre.

Junto con estos nombres principales para Dios el Antiguo Testamento nos otorga varios nombres compuestos para referirse a Dios, nombres unidos a *El* o a *Jehová*.

Por ejemplo, Él es *El Shaddai* (Gn. 17:1), el Todopoderoso. Pero Él es el todopoderoso en el sentido transmitido por la palabra *Shaddai* ("el pecho", la palabra común del Antiguo Testamento para el pecho de una mujer). Dios es *Shaddai* porque Él nutre, da fuerza, satisface, se vierte a sí mismo en la vida del creyente. Él es Dios todosuficiente.

Él es *El-Elyon* (Gn. 14:18), que significa Altísimo. Él es el Dios Altísimo. El nombre se asocia especialmente con Dios como "el poseedor del cielo y la tierra". El nombre se asocia apropiadamente con Cristo como el Hijo del "Altísimo" (Lc. 1:35).

Él es *El-Olam*, (Gn.21:33) "Dios es eterno". La palabra hebrea *olam* se utiliza en relación con cosas ocultas o secretas y de la antigüedad. Las dos ideas de cosas secretas y ocultas y de asuntos de duración indefinida se combinan en el título. Él es el Dios eterno, el Dios que tiene control sobre las cosas eternas.

Él es *Jehová Elohim*, Jehová Dios (Gn. 2:4). Fue Dios como *Elohim* el que dijo: "Hagamos al hombre a nuestra imagen" (Gn. 1:26). Una vez que aparece el hombre y se le da su lugar de dominio sobre la escena terrenal el que actúa es Jehová Dios (*Jehová-Elohim*). En otras palabras, Dios, en su carácter de Jehová, está especialmente relacionado con el hombre.

Él es *Adonai Jehová* (Gn. 15:2). Si bien este nombre compuesto reune los distintos significados de cada uno, el énfasis se suele poner en *Adonai*.

Él es *Jehová-jireh* (Gn. 22:14), el Señor que ve y provee. Él es *Jehová-Rafa* (Éx. 15:26), el Señor que sana. Él es *Jehová-Mekadesh,* el Señor que santifica (Éx. 31.13; Lv 20:8; Ez. 20:12). Él es *Jehová-Shalom* (Jue. 6:24), el Señor que envía paz. Él es *Jehová-Sabaot* (1 S. 1:3), el Señor de los ejércitos. Él es *Jehová-Tsidkenu* (Jer. 23:6; 33:16), el Señor nuestra justicia. Él es *Jehová-Shammah* (Ez. 48:35), el Señor que está allí. Él es *Jehová-Elyon* (Sal. 7:17; 47:2), el Señor Altísimo y también es *Jehová-Roi* (Sal. 23:1), el Señor nuestro Pastor.

Esta revelación de Dios por los nombres es inherente al Antiguo Testamento. Ningún esquema de interpretación bíblica que la ignore estará completa. Dios se ha revelado a sí mismo por medio de estos nombres en respuesta a las necesidades de su pueblo. No puede haber necesidad humana no satisfecha por Dios.

De igual importancia son los nombres y títulos usados para mencionar a Dios en el Nuevo Testamento.

Primero está la palabra general, Dios (*theos*), que corresponde más o menos al *Elohim* del Antiguo Testamento y a sus contracciones. Se usa para referirse a Dios el Padre (Jn. 1:1; Hch. 17:24), a Dios el Hijo (Mt. 1:23; Jn. 1:1; 20:28) y a Dios el Espíritu Santo (Hch. 5:3, compare con Hch. 5:4). Incluso se utiliza para nombrar a dioses falsos (Hch. 7:43).

El título del Antiguo Testamento "Yo soy", lo usa Cristo para describirse a sí mismo (Jn. 8:58), haciendo una referencia directa a Éxodo 3:14.

El nombre Padre (*patér*) es el nombre para Dios particularmente revelado por el Señor Jesús. Se usa para describir la relación singular que Jesús tenía con Dios y para representar la relación que establecemos cuando nacemos en la familia de Dios por medio del nacimiento nuevo (Jn. 3:16; 20:17; Ro. 8:15).

Se le hace referencia como el Todopoderoso (*pantokrátor*), un título que habla de Dios como creador y Señor de toda la creación (2 Co. 6:18; Ap. 1:8; 4:8; 21:22).

El nombre Soberano (*dunástes*) aparece una sola vez (1 Ti. 6:15) en relación a Dios. Lo describe como a un príncipe o gobernador poderoso. La palabra misma aparece en nuestra palabra dinastía.

El nombre Señor se emplea con frecuencia en el Nuevo Testamento para referirse a Dios. Viene de tres palabras del original, dos de origen griego y uno arameo. El primero es *kúrios*, que significa "dueño", (como en Lc. 19:33). Habla de que la propiedad y la autoridad le pertenecen a un dueño. Se usa para mencionar a Jehová (Mt. 1:22; 2:15; Lc. 1:6; 10:2; Jn. 1:23; 12:13). Se usa para referirse a Cristo (Mt. 21:3; Mr. 2:28; Lc. 1:45; Jn. 6:34; 8:11).

La segunda versión de "Señor" es *despótes*. Al igual que su palabra asociada, ésta habla de propiedad pero implica una autoridad y un poder más absoluto e ilimitado tanto en la tierra como en el cielo. Proviene de *des* (atar) *pous* (el pie). Aparece diez veces en el Nuevo Testamento y se traduce la mitad de las veces como "amo". Se emplea respecto de Jehová (Lc. 2:29; Hch. 4:24; Ap. 6:10) y de Cristo (2 P. 2:1; Jud. 4).

El nombre *Emanuel* (Dios con nosotros) se usa respecto a Cristo (Mt. 1:23). Es tomado de Isaías 7:14 y constituye una evidencia más de la deidad de Cristo.

El nombre *Mesías* (ungido) aparece dos veces (Jn. 1:41; 4:25). Es una transliteración de la palabra hebrea *Mashíakj*, cuya traducción del griego es Cristo.

Jesús (Josué del Antiguo Testamento) significa "salvación de Jehová" y es el nombre humano de nuestro Señor. Transmite la relación de Dios con el Señor Jesús en su encarnación (Fil. 2:8). Le fue entregada a Él por dirección divina (Mt. 1:21). Su pueblo nunca se dirigió a él como "Jesús", sino siempre como "Maestro" (Jn. 13:13,14; Lc. 6:46). Solo los demonios se dirigían a Él directamente como "Jesús" (Mt. 8:29) o sus enemigos. Cabe advertir que Él siempre silenció a los demonios cuando se dirigían de ese modo a Él.

El nombre *Jesús* se asocia a menudo con el título "Cristo" en el Nuevo Testamento. A veces es Cristo Jesús; a veces es Jesucristo. El orden de los nombres siempre es importante. En el Nuevo Testamento "Jesucristo" da prioridad al nombre "Jesús", siendo Cristo el título subsidiario. En los Evangelios simplemente significa "Jesús el Mesías". En las epístolas el énfasis está colocado en Jesús, el cual se humilló una vez pero ahora es exaltado y glorificado como el ungido de Dios. Cuando los dos nombres aparecen en orden inverso, se da prioridad al título "Cristo", siendo subsidiario el nombre *Jesús*. Entonces, el pensamiento siempre está en el exaltado, el glorificado que una vez se humilló a sí mismo. La frase "Cristo el Señor" aparece sólo una vez en el Nuevo Testamento (Lc. 2:11). Significa "el ungido de Jehová". Su nombre acompañante, "el ungido del Señor" aparece en Lucas 2:26.

El título "Maestro" aparece con frecuencia en el Nuevo Testamento. Traduce cinco palabras griegas diferentes. Éstas son *jrabboní* (Mr. 10:51, Jn. 20:16); *epístates* (Lc. 5:5; 8:24, 45; 9:33, 49; 17:13) que significa "comandante"; *didáskalos*, que figura unas cincuenta o sesenta veces y que significa "maestro" o como diríamos hoy día "Doctor" (Mt. 8:19; Mr. 4:38; 14:14; Lc. 8:49; Jn. 13:13); *kadseguetés* (Mt. 23:8,10) que significa "guía" o "líder"; y *jrabbí* que significa "maestro" (Jn. 1:38; 3:2; 4:31; 11:8).

El título "Hijo de Dios" expresa la relación entre el Padre y el Hijo (Mt. 1:20; Lc. 1:31, 35) y también habla de nuestro Señor como el heredero de todas las cosas (He. 1:2), El que es el conquistador del sepulcro (Ro. 1:4).

El gran título de Jesús en los Evangelios es "el Hijo del Hombre". Aparece ochenta y ocho veces y es un título altamente especializado. Lo proclama a Él como el que tiene dominio sobre la tierra, dominio que Adán, el primer hombre, dejó de lado. El título figura por primera vez en el Nuevo Testamento en Mateo 8:20, donde descubrimos que "el Hijo del Hombre no tiene dónde recostar su cabeza". Aparece por segunda vez en el siguiente capítulo donde nos enteramos de que Él era tanto Dios como hombre y que como "Hijo del Hombre" tenía el poder de perdonar los pecados en la tierra (Mt. 9:6). Casi todas las referencias a Jesús como el Hijo del Hombre están en los Evangelios. El artículo definido siempre se usa con el título (para distinguirlo de la expresión "hijo del hombre" del Antiguo Testamento, usada respecto de un mero ser humano, especialmente en Ezequiel).

En otra parte, Esteban lo vio como el "Hijo del Hombre" de pie a la diestra de Dios (Hch. 7:56). Se hace dos veces referencia a él en el Apocalipsis como el "Hijo del Hombre" (Ap.1:13; 14:14), donde se le ve volviendo para reclamar la tierra para Dios. Qué contraste existe entre la primera referencia al Hijo del Hombre, donde no tenía "dónde recostar la cabeza" y la última, donde se le ve con la afilada hoz en su mano y una corona de oro sobre su cabeza.

A partir de esto podemos ver lo importante que es prestar especial atención a los nombres y títulos de las Escrituras, especialmente a las que se relacionan con Dios.

¿Pero qué pasa con los cientos de nombres, tanto de personas como de lugares, que aparecen en la Biblia y no están tan claramente definidos para nosotros por las circunstancias que los rodean? Aquí debemos proceder con cautela.

Con la mayoría de los nombres debemos confiar en su etimología, así que la mayoría de nosotros debe consultar las concordancias, diccionarios bíblicos y léxicos en busca de ayuda. Incluso así tenemos un problema, ya que nadie sabrá quién intentó descubrir el significado exacto de un nombre dado, especialmente si es raro. Con frecuencia el diccionario u otra fuente sugerirá un significado para el nombre, y luego significados alternativos. El problema surge del hecho de que los hebreos usaban solo consonantes al escribir en su idioma. Para reconstruir palabras es necesario contar con las vocales apropiadas. En una oración esto es habitualmente un procedimiento mecánico puesto que la oración en sí puede dar pistas en cuanto a qué vocales le corresponden a una palabra dada. Pero con los nombres es diferente. Los nombres generalmente no derivan ningún significado del contexto. Por eso, cuando pueden proporcionarse una serie dada de consonantes con vocales alternativas, la lectura es poco clara.

Puesto que un nombre bíblico a veces puede tener varios significados diferentes, debemos tener cuidado cuando intentamos construir algún tipo de opinión alrededor de un nombre dado. Si los significados de los nombres son claros y no son ambiguos, con frecuencia pueden arrojar luz sobre el pasaje que se está estudiando. Pero cuando hay espacio para la duda deberíamos decirlo.

22

CRISTO, LA ÚLTIMA CLAVE

La clave final de todas las Escrituras es Cristo mismo. En el camino a Emaús el Señor Jesús les dio calor a los corazones de dos de sus discípulos al mostrarles en todas las Escrituras "lo que de él decían" (Lc. 24:27). Todo se centra en Él. Dios no tiene programas, ni planes ni propósitos para este planeta que no vayan a descansar finalmente en la persona de su amado Hijo. Él está oculto en los tipos del Antiguo Testamento. Él es el tema de cientos de profecías. Él es la gran figura central de la Biblia.

Una vez vi en una tienda de regalos una copia de la Constitución de los Estados Unidos de Norteamérica. Había sido escrita a mano por un artista. Sin embargo, los espacios entre las palabras eran poco usuales. Algunas de las palabras y letras estaban apretadas. Otras estaban espaciadas y algunas muy alejadas unas de otras. No parecía haber motivo para la forma azarosa en que el escriba había escrito las palabras. Es decir, parecía haber poco sentido hasta que uno se alejaba un poco, entonces el propósito del artista quedaba claro. Había escrito de ese modo la copia de la Constitución para que las áreas atiborradas proporcionaran áreas de sombra en el papel y las palabras espaciadas brindaran áreas de luz. El resultado era que no solo había escrito una copia de la Constitución, también había dibujado un retrato de George Washington. Era una obra muy eficaz.

Así es cómo el Espíritu Santo ha escrito la Biblia. ¿Por qué, por ejemplo, expresó la creación de todos los soles y estrellas del espacio en cuatro breves palabras —"hizo también las estrellas"— y sin embargo dedicó aproximadamente cincuenta capítulos a hablar sobre el tabernáculo? La historia de unos

1.500 años está dispuesta en nueve versículos de Génesis 4:16-24 y sin embargo un tercio del libro de Génesis se dedica a la historia de José, un hombre que ni siquiera estaba en la línea mesiánica. Casi no se menciona el ascenso y la caída de grandes imperios mundiales, sin embargo Dios se detiene con detalle y amor en las historias de hombres como Abraham, Jacob y Moisés. Las grandes figuras del mundo que llenaron las páginas de la historia son ignoradas en su mayoría o son mencionadas de pasada y solo cuando sus carreras se conectaron con la historia de Israel. No obstante Dios dedicará capítulo tras capítulo a escribir los requisitos de las ofrendas, con cada pequeño detalle, hasta diciendo lo mismo una y otra vez. Debe haber un motivo. ¡Lo hay! Dios está escribiendo en las páginas de su Palabra un retrato de cuerpo entero de su Hijo.

Haremos bien, al interpretar las Escrituras, en mantener los ojos abiertos ante los detalles que hablan de Cristo. Lo vemos en Génesis como el creador, como la simiente de la mujer, como la estrella que se elevará de Jacob, como el león de Judá. Lo vemos en la historia de la oveja de Abel, en el arca de Noé, en lo que sucedió en el Monte Moriá, en la historia de José. Lo vemos en Éxodo en el cordero pascual, en cada parte del tabernáculo, en la nube de gloria de Shequiná, en el maná y en la roca partida. Lo vemos en Levítico en las ofrendas y como el gran sumo sacerdote, en el ritual para purificar al leproso, en los machos cabríos del Día de la expiación, en todas las fiestas anuales. Lo vemos en Números en la vaca alazana, en la serpiente en el palo, en las parábolas de Balaam, en las ciudades de refugio.

En Deuteronomio Él es el profeta como Moisés. En Josué Él es el capitán de nuestra salvación. En Jueces Él es el liberador de los suyos. En Rut Él es el redentor de los parientes. En Samuel Él es el arca y el rey rechazado finalmente llevado al trono. En Reyes y Crónicas Él reina como Salomón en esplendor y gloria. En Esdras Él es el escriba. En Nehemías a Él se le ve en cada puerta de la ciudad. En Ester Él es el que proporcionó la salvación.

Él será visto en casi todos los salmos. Él es el hombre bendecido del Salmo 1, el Hijo en el Salmo 2, el pastor en el Salmo 23. Él es el Salvador sufriente del Salmo 22 y Salmo 69. Él es el Rey de la gloria en el Salmo 24. Él es el hombre perfecto del Salmo 8 y el poderoso Dios del Salmo 45. Casi todos los salmos tienen un significado profético sugerido, muchos de ellos completamente mesiánicos. En Proverbios Él es la encarnación de la sabiduría. En Eclesiastés, ese libro triste de sabiduría mundana, Él es el hombre sabio olvidado que salvó a la ciudad. En el Cantar de los Cantares Él es el pastor que se ganó el corazón de la sulamita y que triunfa sobre toda la zalamería del mundo.

En Isaías, es el Cordero llevado al matadero en el capítulo 53 y el que pisa el lagar en el capítulo 63; Él es el Mesías glorioso de un centenar de esperanzas y ansias paso a paso en el libro. En Jeremías, Él es el gran sufriente y Jehová nuestra justicia. En Lamentaciones, nuevamente es el que conoce la congoja. En

Ezequiel se sienta en el trono. En Daniel Él es el Mesías a quien se le quitará la vida y la piedra cortada, no con mano.

En Oseas, Él es el esposo que perdona y tiene paciencia y un rey mucho más grande que David. En Joel, vierte su Espíritu sobre toda la carne. En Amós, está de pie en el altar, escudriña la casa de Israel y trae por fin una bendición milenaria. En Abdías, Él anuncia el temido Día del Señor y está de pie en el Monte Sión. En Jonás, es prefigurado en su muerte, entierro y resurrección. En Miqueas, se le ve como el que va a nacer en Belén y quien traerá bendición milenaria a toda la humanidad; también es el gran pastor y el que perdona la iniquidad. En Nahum, Él es el gran vengador ante quien las montañas tiemblan pero una fortaleza y un refugio para los suyos. En Habacuc, Él es el santo de Israel y la fuerza y la canción de su pueblo. En Sofonías, trae consigo la bendición del reino. En Hageo, Él vuelve a construir el templo del Señor, agita a las naciones, es el elegido del Señor. En Zacarías, Él trae el Apocalipsis, es el gran sumo sacerdote, vierte el Espíritu del Señor sobre los hombres, es la piedra angular del rincón. Él es el gran juez. Llega a Jerusalén montado en un potro, es vendido por el precio de un esclavo, abre una fuente para la inmundicia en Jerusalén, es el pámpano y el rey de reyes por venir. En Malaquías, su venida es anunciada por un heraldo y Él es el sol de la justicia.

En Mateo, Él es el rey de los judíos; en Marcos, Él es el siervo de Jehová; en Lucas, Él es el Hijo del Hombre; y en Juan Él es el Hijo de Dios. En Hechos, Él es la cabeza ascendida de la Iglesia. En Romanos, Él es nuestra justicia; en Corintios, Él es la primicia proveniente de los muertos. En Gálatas, Él es el fin de la ley y en Efesios, Él es todo con su Iglesia: fundación para la construcción, cabeza del cuerpo, novio de nuestros corazones. En Filipenses, Él está en la forma de Dios y es el que provee todas nuestras necesidades. En Colosenses, Él es el creador, sustentador y dueño del universo, preeminente por sobre todo. En 1 Tesalonicenses, Él regresa por su Iglesia, en 2 Tesalonicenses, viene a juzgar al mundo. En 1 Timoteo, Él es el único mediador entre Dios y el hombre; en 2 Timoteo Él es el juez de los vivos y los muertos.

En Hebreos, Él es el gran antitipo de todos los tipos: hijo, sacerdote, sacrificio, heredero, más grande que Aarón o Melquisedec, más grande que Moisés o Josué, más grande que los ángeles, Hijo de Dios e Hijo del Hombre. En Santiago, Él es el señor de los ejércitos y el que sana. En 1 Pedro, es nuestra herencia y el pastor de nuestras almas; en 2 Pedro, Él es el que proviene de la gloria excelente. En 1 Juan es la Palabra encarnada; en 2 Juan, Él es quien enriquece nuestras almas y a favor de cuyo nombre avanza el evangelio. En Judas, Él es el preservador, el único Señor Dios, el único Dios sabio, nuestro Salvador, glorioso en majestad. En Apocalipsis, Él es el rey que vendrá pronto, que incluso hoy día sostiene todas las cosas por la palabra de su poder, el que está a horcajadas de todos los factores y fuerzas del espacio y del tiempo y que hace que todas las cosas tomen la dirección de su voluntad soberana.

Lo encontramos en PROFECÍA. La primera profecía en la Biblia se refiere a Él y habla de sus dos venidas. La última profecía en la Biblia habla de Él y de su regreso. Los profetas hablaron de su nacimiento virginal, un descendiente de la casa real de David, de la tribu de Judá, en Belén. Hablaron de su precursor, hablaron de su vida sin pecado, de que fue traicionado por treinta piezas de plata, de su muerte por crucifixión, de su entierro en el sepulcro de un hombre rico, de su resurrección y de su nueva venida para reinar con poder y gloria.

Lo encontramos en IMÁGENES. En muchas historias del Antiguo Testamento se presenta su imagen en tipo y sombra. Un ejemplo es la historia del arca de Noé. Dios ofreció salvación, plena y libre, a todos los que tomaran la decisión y entraran en el arca por fe. Todo lo que se requería era un paso de fe. El arca iba a ser un refugio de la ira por venir. Fue el arca la que soportó el impacto y la furia de la tormenta. Los que aceptaron la salvación que Dios había provisto se salvaron. Ni una sola gota del agua del juicio cayó sobre ellos. El arca los llevó seguros a las orillas de otro mundo en el otro lado del juicio. Todo esto, por supuesto, describe a Cristo como dice el autor del himno:

> Se oyó la terrible voz de la tempestad,
> Oh Cristo, cayó sobre Ti,
> Tu pecho abierto fue mi guarnición,
> Retó a la tormenta por mí.

La Pascua, las diversas ofrendas, las historias de la vida de David, de Rut, de innumerables otras historias del Antiguo Testamento, todas contienen esas imágenes de Él.

Lo conocemos en PERSONA. Leemos los Evangelios y rastreamos la historia de su venida, de su carácter, de su carrera, de su cruz. Lo vemos como Dios manifestado en la carne, nunca menos que Dios pero por siempre y para siempre Hombre como Dios tuvo la intención de que fuera: un hombre habitado por Dios. Vemos sus milagros, escuchamos sus parábolas, nos maravillamos ante su bondad, nos estremecemos ante su amor. Lo vemos como Profeta, Sacerdote y Rey.

Lo hallamos en la PARÁBOLA, en historia tras historia que Él nos contó sobre sí mismo. Él es el Buen Pastor en la historia de las ovejas que se descarriaron y el Rey en la parábola de las ovejas y los machos cabríos. Él es el esposo en la historia de las vírgenes prudentes e insensatas y el sembrador en la historia de la semilla que cayó en buena tierra. Él es el mercader que busca perlas buenas, el hombre que encontró un tesoro oculto en su campo, el hijo enviado a negociar con los que cuidaban la viña. Él es el buen samaritano en el camino a Jericó y el rey que fue hasta una orilla distante para recibir un reino.

Lo encontramos en la PRÉDICA de Pedro, Santiago y Juan, en la prédica de Juan el Bautista, en la prédica del apóstol Pablo y en su propia prédica. Él es la verdadera Vid, la Puerta, el Camino, la Verdad y la Vida. Él es la Luz del mundo, el Pan del cielo. Suyo es el único nombre bajo el cielo dado entre los hombres por el que debemos ser salvos. Él es la piedra que desecharon los edificadores. Él es el cordero conducido al matadero, el que intrigó tanto al eunuco etíope. Él es el Dios no conocido de los atenienses. Él es el Señor del cielo que se reunió con Pablo en el camino a Damasco y a quien creyó el carcelero filipense.

Lo encontramos en PODER en el Apocalipsis que del inicio al fin es "la revelación de Jesucristo" (Ap. 1:1). A Él se le ve de pie en medio de los candeleros, parándose en el foco de luz de la eternidad para recibir el rollo de los siete sellos. Él es quien cabalga por los caminos cruzados de estrellas de la eternidad en un gran caballo blanco para que el hombre se reúna con su Hacedor en Meguido. Es Él el que se sienta en el Gran Trono Blanco y sostiene el Último Juicio. Él es el Cordero, el cual es toda la gloria de la tierra de Emanuel. Él es la raíz y la descendencia de David, la estrella brillante y la matutina.

Mire dónde sea en la biblioteca sagrada y el Espíritu Santo le apuntará hacia Jesús. Así que busque a Cristo en la Biblia. Reunirse con Él cuando recorra una de las carreteras amplias y bien abiertas de la Palabra, llegar hasta Él mientras se explora un sendero de la verdad pocas veces recorrido, será la experiencia más gratificante de todas.

Parte 2
Ayudas

23

Una visión general de la Biblia

Una visión general de la Biblia es crucial para comprenderla adecuadamente, así que a continuación presentamos un breve resumen de los diversos libros. Una rápida ojeada muestra cómo está dispuesto cada libro y cómo se relacionan con la totalidad.

EL ANTIGUO TESTAMENTO

LOS PATRIARCAS

Génesis

Génesis es un libro de genealogías y biografías. Después de una breve introducción en la que se describen *la creación* y *la maldición*, el libro enfoca su tema principal, la historia de los patriarcas: los padres de la raza humana y los padres de la raza hebrea. La mayor parte de este libro se ocupa de los nombres y de las historias de estas personas.

—*Los padres de la raza humana*. La raza humana tiene dos conjuntos de padres, los que se hicieron prominentes *después de la caída* y aquellos que fueron prominentes *después del diluvio*.

Después de la caída, se desarrollaron en la tierra dos civilizaciones.

Primero se nos presenta la civilización cainita, que se centró alrededor de Caín y Lamec. Era una civilización sin dios, sin ley, con una cultura social y científica brillantes pero alejada de Dios. Finalmente terminó siendo una civilización tan violenta e impulsada por el vicio que Dios tuvo que borrarla de la faz de la tierra.

Codo a codo con la cultura cainita se desarrolló una civilización setita, que se centraba alrededor de Set, Enoc, Matusalén y Noé: hombres devotos, santos y videntes, que buscaban caminar junto a Dios en medio de la penumbra circundante.

Después del diluvio, surgió una nueva generación de padres. Los tres hijos de Noé, Sem, Cam y Jafet se convirtieron en los progenitores de una nueva raza. De la raza camítica provino Nimrod, un gran rebelde, fundador de la torre de Babel y líder de planes ilegales que provocaron más juicio de parte de Dios: la confusión del idioma humano y la dispersión de la humanidad en grupos étnicos. De la raza semita procedían Taré, Harán y finalmente Abraham, el hombre elegido por Dios para ser el "padre de todos los que creen".

—*Los padres de la raza hebrea.* La raza hebrea fue escogida por Dios para ser su instrumento a fin de dar al mundo la Palabra de Dios y el Hijo de Dios. El pueblo hebreo tenía tres cabezas titulares: Abraham, Isaac y Jacob. Aproximadamente la mitad del libro de Génesis se ocupa de la historia de estos tres hombres a quienes Dios les había dado las promesas que subyacen la formación de la nación hebrea.

También había doce *cabezas tribales,* los hijos de Jacob. En su mayor parte, las historias de estos hombres están entretejidas en la historia de José. Un tercio del libro de Génesis trata sobre él, alguien que fue detestado de joven por sus hermanos, fue vendido como esclavo a Egipto y luego fue notablemente elevado por Dios para convertirse en gobernador de Egipto y asentar las tribus en dicha nación hasta que maduraran los propósitos de Dios.

LOS PROTECTORES

Éxodo

Los israelitas permanecieron en Egipto alrededor de 400 años. Durante esos siglos se multiplicaron con tanta rapidez que los faraones comenzaron a temerles. En un momento dado llegó un faraón que transformó su asilo egipcio en un gueto y que planificó la exterminación gradual de todo el pueblo hebreo. Éxodo es la historia de cómo Dios usó a Moisés y a Aarón no solo para frustrar los complots del faraón, sino para sacar a los hebreos fuera de Egipto hasta el Monte Sinaí en la península arábiga.

La historia está dividida en tres partes. Vemos a Dios *salvando* a su pueblo al enviar a Moisés, armado con un mandato y con gran poder, a quebrar el poder del faraón sobre los hijos de Israel. La salvación misma finalmente dependió de la matanza del cordero pascual. Luego vemos a Dios *separando* a su pueblo al llevarlos fuera de Egipto y por el Mar rojo al desierto. Finalmente vemos a Dios *santificando* a su pueblo dándoles la ley y enseñándoles cómo debían comportarse. La ley que Él les dio abarcaba todo lo que era necesario para su caminata y adoración en el desierto.

LOS SACERDOTES

Levítico

Básicamente, Levítico es un libro sacerdotal y tiene cuatro temas principales. El primero, que trata del *camino hacia Dios*, describe las cinco ofrendas y sus leyes. Después, *el camino junto a Dios* está detallado en una serie de leyes sobre la vida social. Luego se revela la verdad sobre *la adoración de Dios,* prestando una atención especial a la familia sacerdotal y a las fiestas anuales del Señor proféticamente significativas. Para terminar, el libro se concentra en *el testimonio a Dios.* Se presta una atención especial a la condición bajo la cual se le permitiría a Israel entrar en la Tierra Prometida de Canaán. La lección importante de Levítico es que Dios insiste en la santidad incluso en los detalles más pequeños de la vida.

LOS PEREGRINOS

Números

Este libro registra dos numeraciones, o censos, de Israel. El primero se realizó en el inicio de su peregrinaje, cuando las personas que salieron de Egipto fueron numeradas. El segundo fue justo antes de la entrada en Canaán, cuando se numeró a una nueva generación en anticipación de dicho hecho. El libro se ocupa mayormente de *Israel en el desierto*. Se presta una atención especial a los eventos que conducen a la rebelión de Cadesh-Barnea y al resultante vagar por el desierto. Los que confiaban en que Dios los sacaría *de* Egipto no confiaron en Él para que los llevara *a* Canaán. Los últimos capítulos muestran a *Israel en el camino.* Se contó y se preparó a la nueva generación para la futura conquista de Canaán.

EL PUEBLO

Deuteronomio

Este libro está compuesto por diez alocuciones realizadas por Moisés antes de su muerte. Un título más pintoresco podría ser "Las memorias de Moisés". Contiene cuatro "miradas": hacia atrás, hacia adentro, hacia delante y hacia arriba. En la *mirada hacia atrás* se recuerda al pueblo las victorias recientes sobre los gigantes Sehón y Og. Debían enfrentar muchos más gigantes en Canaán, mas no debían temerles. *La mirada hacia adentro* es un ensayo de las leyes santas de Dios. *La mirada hacia delante* coloca un énfasis especial en las leyes de la tierra en Israel. Finalmente está la *mirada hacia arriba,* con la imagen de la muerte y el entierro sobrenatural de Moisés. La frase clave en Deuteronomio es "cuídate de no olvidarte" y su expresión afín "te acordarás".

LOS PATRIOTAS

Josué, Jueces, Rut

El libro de *Josué* cuenta *cómo se conquistó la tierra* en una serie de victorias dramáticas. Josué derrotó por completo a los enemigos en Canaán. Primero, hizo una cuña en el centro del país al tomar el fuerte clave de Jericó. Luego, después de un revés en Hai, venció abrumadoramente a una coalición atacando desde el sur. Posteriormente llevó a su ejército hacia el norte y aplastó a una gran coalición que se había formado allí en su contra. Sin embargo, Josué cometió tres errores políticos, que llevaron al desastre en la historia posterior de Israel. No tomó la línea costera de los filisteos y los fenicios, formó una liga fatal con Gabaón y no completó las operaciones de aniquilación en contra de sus enemigos derrotados. Como resultado, las tribus cananeas pudieron recuperarse en gran medida y se convirtieron en una constante espina moral, política y espiritual en la carne de Israel.

Jueces cuenta *cómo se disputó la tierra.* Las tribus cananeas que habían vuelto a surgir hicieron que Israel estuviera constantemente en esclavitud. Una y otra vez Dios envió liberadores, a los que denominaron jueces, para darle al pueblo oprimido alivio y un poco de renacimiento. Los jueces más prominentes fueron Otoniel, Gedeón, Barac, Débora, Jefté y Sansón. El libro registra un ciclo que se repite: el pecado, seguido por la servidumbre, seguida por la congoja, seguida por la salvación, seguida por el pecado y demás. Dios usó a los habitantes de Mesopotamia, a los moabitas, a los amonitas, a los amalecitas, a los cananeos y a los filisteos para oprimir y flagelar a Israel debido a su repetida apostasía durante este período. Hubo pocos días más oscuros en la historia de Israel que la época de los jueces.

El libro de *Rut* cuenta *cómo se conservó la tierra.* Forma uno de los tres apéndices al libro de Jueces, estando los otros dos al final del mismo Jueces. Demuestra que Dios tenía un resto creyente, devoto en la tierra aún cuando los días eran oscuros y apóstatas. El personaje central es Booz, un señor de la casa de Judá, que de acuerdo con las exigencias de la ley mosaica se casó con Rut, una mujer moabita que había aceptado al Dios de Israel. Esta unión involucró a la línea mesiánica; el tataranieto de Booz y de Rut fue David. El libro es la historia de la redención. Nos cuenta cómo Dios "provee medios para no alejar de sí al desterrado". La bondad, la gracia y la devoción de Booz son un recordatorio de que Dios tiene en lugares clave a su pueblo, a través del cual Él puede perseguir sus propósitos.

LOS PRÍNCIPES

Samuel, Reyes, Crónicas

Esta larga sección cuenta la marcha del imperio, el surgimiento y la caída de las naciones, el flujo y reflujo de las dinastías. La historia está dividida en dos partes.

Los libros de Samuel y Reyes nos ponen delante *la marcha de la historia.*

En *1 Samuel* vemos la historia del *primer rey de Israel.* El libro se ocupa de tres temas: el fracaso del cargo sacerdotal en Elí, la fundación del cargo profético en Samuel y la formación del cargo principesco en Saúl. El fracaso está en todo el libro. Elí falló como sacerdote y como padre. Samuel fracasó con sus hijos, que no tenían la misma integridad espiritual que su devoto padre. Vemos el fracaso de Saúl, el primer rey de Israel. Samuel es el héroe del libro, un siervo de Dios amable, fiel, que primero comenzó a reunir las tribus en unidad nacional. El personaje más triste del libro es Saúl, el cual, a pesar de una promesa temprana, degeneró en un hombre salvaje, vengativo y acosado por los demonios, obsesionado con determinación a sacarse de encima a David en quien él correctamente veía un heredero al trono designado por Dios.

En *2 Samuel* observamos la historia del *mejor rey de Israel.* Él encontró a la nación dividida por la guerra civil, siendo una presa para sus enemigos. La dejó unida, respetada, alabada y temida. Puso en orden sus archivos, escribió la mitad de su himnario, organizó su vida religiosa y le dejó una dinastía que debía durar hasta la venida de Cristo. El libro de 2 Samuel habla de *los años pacientes* en la vida de David, el momento de esperar la disolución final de la casa de Saúl. Luego vinieron *los años prósperos* cuando aparentemente David no pudo hacer ningún mal. El libro cierra con *los años peligrosos* durante los cuales David pagó por completo por su seducción a Betsabé y por el asesinato de Urías. El libro está lleno de personajes, todos los cuales deben ser estudiados en relación con David.

Los dos libros de *Reyes* se ocupan de la historia de *los siguientes reyes de Israel.* Se le dedica un espacio considerable al *reinado davídico,* centrándose en la historia de Salomón, en su gloria y en sus trágicos errores. Sus graves descarríos condujeron al anuncio profético de que su reino se quebraría en dos cuando él muriera. Los libros de Reyes continúan siendo una crónica de la historia de los *reinos divididos.* Diez de las tribus se rebelaron y establecieron un reino rival en el norte regido desde Samaria; las dos tribus restantes, Judá y Benjamín, permanecieron leales al trono de David y estaban gobernadas desde Jerusalén. Las diez tribus se conocieron como Israel, las otras dos, como Judá. La historia oscila entre Israel en el norte y Judá en el sur.

Todos los reyes de Israel fueron malos. Algunos fueron grandes pero ninguno prestó atención a la verdadera adoración de Dios centrada en el templo en Jerusalén. El primero de los tres grandes reyes del norte fue Jeroboam, que fundó el culto de la adoración al becerro, cosa que permaneció como una trampa religiosa constante para las tribus. El siguiente rey prominente fue Acab, que se casó con una princesa fenicia y le permitió que pervirtiera a su pueblo con la adoración a Baal. El único otro gran rey del norte fue Jeroboam II, el último de los reyes de esa región que reinaría con ninguna similitud de autoridad divina.

El reino de Israel llegó a su fin cuando los asirios invadieron la tierra y capturaron Samaria.

Judá siguió durante otros 136 años hasta la invasión babilónica. La misma cantidad de reyes reinó tanto sobre el norte como sobre el sur pero los reyes de Judá reinaron más tiempo en promedio que los reyes de Israel, tal vez porque una cantidad de los reyes de Judá fueron buenos. Dos de ellos, Ezequías y Josías, fueron sobresalientes. Ambos buscaron que la nación volviera a Dios, Ezequías bajo la influencia del profeta Isaías y Josías bajo la influencia del profeta Jeremías.

Los dos libros de *Crónicas* colocan frente a nosotros *la moral de la historia.* Abarcan un terreno histórico tan grande como los otros libros de la historia real, pero fueron escritos *después* del cautiverio babilónico y se concentran principalmente en Judá. Los dos libros de Crónicas presentan la historia desde el punto de vista de los sacerdotes y no de los profetas. Fueron escritos principalmente para interpretarle al resto que regresó la importancia de su historia y para demostrar que, si bien ya no estaba el trono de David, permanecía la línea real.

LOS PIONEROS

Esdras, Nehemías, Ester

Esdras, Nehemías y Ester cierran la sección histórica del Antiguo Testamento. Esdras y Nehemías se ocupan de *la conclusión del cautiverio.*

Los setenta años de exilio fueron y vinieron y el imperio babilónico dio paso al imperio persa. Ciro, el persa, liberó magnánimamente a todos los cautivos de su reino de modo que los judíos pudieron regresar a sus hogares.

Ese desarrollo histórico hizo que nacieran los pioneros. Así como el cautiverio se había producido en tres etapas, lo mismo sucedió con el regreso. Sin embargo, solo unos pocos judíos respondieron, la mayoría disfrutaba de la vida en Babilonia. Conducidos por tres hombres, Zorobabel, Nehemías y Esdras, una parte de los judíos eligió regresar a su patria ancestral y reconstruir las ruinas.

Esdras era un *escriba,* un sacerdote de la familia de Aarón. Su libro registra (1) la reconstrucción de los muros del templo, un trabajo confiado a Zorobabel, un príncipe de la familia real de David y (2) la reconstrucción de la adoración del templo, una obra cuyo pionero fue Esdras mismo.

Nehemías era un *estadista.* Le llevó veinte años a Zorobabel terminar el templo. Sesenta años más tarde, Esdras llegó para apresurar el renacimiento religioso. Doce años después, Nehemías, un judío con un cargo muy alto en Persia, llegó para reconstruir los muros de Jerusalén. Terminó esta casi imposible tarea en solo siete semanas.

El libro de *Ester* se ocupa del *carácter del cautiverio.* Los judíos eran tan bien tratados en Babilonia que muchos alcanzaron puestos elevados. La mayoría de ellos se volvieron ricos, o por lo menos con una buena posición.

Después de terminado el exilio, la vasta mayoría de los judíos eligió permanecer en sus cómodos hogares de Babilonia. ¡Para ellos no eran las dificultades y los peligros de ser pioneros en Palestina! Sin embargo vivían en peligro. Bajo el capricho de un rey déspota su posición podía cambiar repentinamente de la prosperidad al peligro.

El libro de Ester nos recuerda esto. El nombre de Dios no figura en el libro, si bien está crípticamente oculto allí. En este libro Dios obra entre bastidores y en la sombra, invalidando los asuntos humanos y obrando con su voluntad soberana.

En lugar de permitir que Israel fuera absorbida, Él envió persecución para evitarlo. Ni tampoco permitiría que los judíos fueran exterminados; Él actuó providencialmente para obstaculizarlo. El libro de Ester es un estudio fascinante acerca de la soberanía de Dios, el gobierno secreto sobre las naciones de la humanidad en general y acerca del destino del pueblo hebreo en particular.

LOS POETAS

Job, Salmos, Cantar de los Cantares, Proverbios, Eclesiastés

Estos cinco libros nos dan la sabiduría destilada del pueblo hebreo.

El libro de *Job* fue escrito por un *santo* desconocido. Y si alguna vez hubo un santo sufriente en la tierra, ese santo fue Job. El libro es un estudio detallado del problema del dolor. Se observa a Job de tres maneras: primero, en las manos de Satanás; después, en las manos de los hombres; y finalmente, en las manos de Dios. Lo vemos enfrentando la calamidad, la crítica y la condena. Nada que haya sido escrito jamás proporciona un discernimiento tal sobre las causas y consecuencias del sufrimiento como lo hace este libro.

El libro de los *Salmos* fue escrito por un *cantante;* David, que escribió la mitad de ellos, es llamado "el dulce cantor de Israel". Otros salmos fueron escritos por Moisés, Salomón, Ezequías y otros, y muchos son anónimos. Todos fueron escritos motivados por profundas experiencias emocionales. El gozo y la angustia, la desesperación y el triunfo, la esperanza y el temor, el amor y el odio, la paz y la intranquilidad. Pueden encontrarse en los salmos los puntos bajos y altos de la experiencia humana. Además, todos los salmos contienen un elemento profético y algunos son claramente mesiánicos.

Tres de los libros de poesía fueron escritos por un *sabio.* Uno trata del amor, otro del aprendizaje y el otro de la vida. El *Cantar de los cantares* probablemente haya sido escrito cuando Salomón era joven. Es una canción de amor, escrita para conmemorar el encuentro de Salomón con una pastora sulamita. *Proverbios* contiene los dichos epigramáticos de Salomón sobre la naturaleza, la religión, la psicología, las relaciones humanas, el gobierno, la autoridad de los padres y temas similares. *Eclesiastés* probablemente haya sido escrito hacia el final de la vida disipada de Salomón. Presenta las perspectivas de un hombre con mentalidad mundana y como tal, está lleno de cinismo, desaliento y descontento. Demuestra que este mundo simplemente no es lo bastante satisfactorio como para llenar el hambre incansable del corazón humano. Solo Dios puede hacer eso.

LOS PROFETAS

De Isaías a Malaquías

Los libros proféticos generalmente se dividen en dos categorías: los profetas mayores y los profetas menores. Como la división se ha hecho, en su mayor parte, teniendo en cuenta la longitud de los libros de estos profetas, es una división conveniente, aunque algo arbitraria.

—*Los profetas mayores.* Hay cuatro profetas principales. Tres de ellos se centraron en *las naciones hebreas.* Daniel tuvo una visión mucho más amplia.

Comenzamos con *Isaías.* Quizá su visión podría resumirse en la palabra *Jesús.* Su nombre puede traducirse libremente como "Jesús salva". Él profetizó a Israel y a Judá, vivió en la tormentosa época de las invasiones asirias y vio cómo se cumplían sus profecías contra Israel cuando "bajaron los asirios como al redil el lobo". También vivió para ver desaparecer la amenaza contra Judá pero pudo ver con claridad que la amenaza de Asiria sería reemplazada por la del imperio que surgía de Babilonia. Pero siempre su mirada regresa al Mesías. Ningún otro profeta tuvo una visión tan clara tanto del Gólgota como del milenio.

Luego viene *Jeremías* con sus *Lamentaciones.* Una palabra que resume sus visiones es *Judá.* Él predicó en ese minúsculo reino, sacudido y despojado por las incursiones asirias. En su época los babilonios eran la superpotencia mundial y su tarea era la de predicarles a los judíos la próxima caída de Judá y el inevitable cautiverio babilónico. Le lloró a su pueblo, fue ignorado por la mayoría y finalmente fue denunciado como traidor. Vio cómo destruían sus escritos con furia y él mismo fue objeto de una persistente persecución.

El tercero del trío es *Ezequiel.* Una palabra que resume sus profecías es *Jerusalén.* Ezequiel fue uno de los exiliados de Babilonia. Fue deportado allí en la época de la segunda de las tres invasiones de Nabucodonosor a Judea. Su tarea fue decirles a los judíos que aún permanecían en Jerusalén que, lejos de ser los favoritos del cielo, estaba llegando su turno. Jerusalén y el templo iban a ser destruidos; su cautiverio era algo seguro. También les predicó a sus compañeros de exilio, sintiendo a veces que era necesario representar sus profecías para poder obtener su atención. Después de la caída final de Jerusalén, les dijo a sus compatriotas que su ciudad volvería a surgir y que algún día sería la capital del mundo.

Si bien Isaías, Jeremías y Ezequiel mencionaron otras naciones en sus profecías, predicaron principalmente a las dos naciones hebreas. *Daniel* hablaba sobre todo de las *naciones paganas.*

Al igual que Ezequiel, Daniel vivió como exiliado en Babilonia. Alcanzó una posición de poder no solo en el imperio de los babilonios, sino también en el de los persas. Vivió casi toda su larga vida en Babilonia. Sus visiones y profecías tenían mucho que ver con los grandes imperios de la historia de la Biblia: Babilonia, Persia, Grecia y Roma. Anunció la entrada triunfal de Jesús en Jerusalén, detalló eventos clave que iban a suceder durante los cuatro siglos de silencio entre los Testamentos y describió asuntos que aún están pendientes de su cumplimiento en los días venideros del Anticristo.

—*Profetas menores.* Hubo doce profetas menores. Por conveniencia los dividimos en nueve *previos al exilio* (que transmitieron sus mensajes antes del cautiverio babilónico) y tres profetas *posteriores al exilio.*

De los nueve profetas previos al exilio, seis se ocuparon de *problemas nacionales,* problemas que enfrentaba la nación hebrea.

Los seis profetas menores que se refirieron a los problemas nacionales se centraron en tres épocas específicas. Amós, Oseas y Miqueas se relacionan con la época de *la primera revuelta,* la revuelta ocasionada por la invasión asiria. *Amós* era *un granjero desdeñoso,* un hombre de campo liso y llano enviado a profetizar contra la corte real de los reyes de Israel en Samaria. Popular al principio porque había denunciado a algunos de los estados insignificantes vecinos, incluyendo a Judá, al poco tiempo fue odiado por denunciar por completo a la pecaminosa Samaria. *Miqueas* fue un *simple habitante de la frontera,* que atacó ferozmente tanto a Jerusalén como a Samaria denunciando a profetas, personas, sacerdotes y príncipes por igual debido a sus pecados, haciendo que el juicio fuera imperativo. *Oseas* era un *padre desconsolado* cuyos infortunios domésticos fueron ordenados por Dios para que pudieran ilustrarle a Israel los infortunios de la nación.

Dos de los profetas, Sofonías y Habacuc, están relacionados con la época de la *siguiente revuelta,* la revuelta ocasionada por Babilonia. Sus palabras se dirigen contra Judá. *Sofonías,* el tataranieto del devoto rey Ezequías, fue el *profeta principesco.* Predicó durante los tiempos del buen rey Josías y ayudó a promover el renacimiento religioso que tuvo lugar en ese reino. Sin embargo, ni él ni su contemporáneo, Jeremías, fueron capaces de refrenar durante mucho tiempo la apostasía y la caída de la nación. *Habacuc* fue el *profeta confundido.* Él vio la cercana e inevitable invasión babilónica y comprendió que los pecados de Judá debían ser castigados. ¿Pero cómo podía Dios castigar a una nación injusta usando como instrumento a una nación todavía más injusta? Al luchar con ese problema, Habacuc dejó muy claro a los judíos que su destino final no estaba muy lejos.

Uno de los profetas menores previos al exilio se centró en *la revuelta final,* la revuelta que iba a tener lugar al final de los tiempos. Este era el profeta *Joel.* Su carga era "el día del Señor". Mientras que sus visiones se cumplieron parcialmente en la época de la invasión asiria a Israel, su visión va mucho más allá de ese evento a eventos que aún no se han cumplido.

De los nueve profetas menores previos al exilio, tres se ocuparon de las *potencias vecinas.*

Dos de ellos predicaron respecto de una *ciudad aparentemente invencible,* la temible ciudad de Nínive. *Jonás* predicó primero contra esta ciudad pero el juicio que él predijo fue *detenido* por el arrepentimiento de los ninivitas. *Nahum* predicó contra ella unos 200 años más tarde y sus predicciones se *cumplieron* al pie de la letra.

El profeta menor previo al exilio que resta fue *Abdías.* Él predicó contra una *ciudad supuestamente invulnerable,* Seir (ahora llamada Petra), la fortaleza de los edomitas. Así como hubo enemistad entre los dos hermanos gemelos Esaú y Jacob, también hubo una enemistad de larga duración entre las naciones (Edom e Israel) que surgió entre ellas. Cuando Nabucodonosor destruyó Jerusalén, los edomitas estaban encantados. Incluso capturaron a judíos que huían y los entregaron al ejército de Nabucodonosor. Abdías predijo el destino final inevitable de Edom.

Los tres profetas menores restantes son posteriores al exilio, es decir, profetizaron una vez terminado el cautiverio babilónico. Estos tres son Hageo, Zacarías y Malaquías.

Dos de estos profetas, Hageo y Zacarías, se ocupan del *regreso de Israel a la tierra.* Ellos estuvieron junto a los pioneros que se enfrentaron a las dificultades en la tierra a fin de reconstruir una nación para Dios.

Hageo se ocupó del *templo de Dios.* Como resultado de su prédica apasionada, el templo largamente ignorado, que había sido iniciado años antes, fue finalmente terminado y dedicado. *Zacarías* se ocupó más de *la verdad de Dios.* Era un profeta dado a la visión apocalíptica. Algunas de sus visiones trataban de cosas que no se cumplirán hasta el momento en que regrese Cristo. También anunció la insensatez de su pueblo en lo referente a su rechazo y crucifixión del Mesías.

El último de los profetas, *Malaquías,* se ocupó de la *reincidencia de Israel en la tierra.* Los judíos regresaron de Babilonia curados de la idolatría. Sin embargo, con el paso del tiempo reemplazaron diferentes pecados —sacrilegio, blasfemia, brujería, adulterio, fraude, opresión— con los que provocaron a Dios. El formalismo de la época de Malaquías iba a cumplir todos sus frutos en el farisaísmo y el saduceísmo de la época de Mateo. Así, tal como están dispuestos los libros del Antiguo Testamento en nuestra Biblia, Malaquías cierra el canon del Antiguo Testamento. El libro de Génesis comienza con bendiciones; Malaquías termina con una maldición.

EL NUEVO TESTAMENTO

Es sorprendente que la enseñanza inestimable del Nuevo Testamento esté contenida en cuatro bosquejos biográficos, un extracto histórico breve, veintiuna cartas (algunas de ellas muy cortas) y un compendio profético corto. En su mayoría, el Nuevo Testamento estaba escrito en forma de cartas. Una de ellas, la carta más importante jamás escrita (la epístola de Pablo a los romanos) fue llevada por una valiente mujer a lo largo de muchos kilómetros llenos de peligro.

La escritura de cartas no parece ser una forma muy adecuada para que tales documentos de peso trasciendan a la posteridad, pero había una razón para ello. La fe cristiana no es algo que meramente deba estudiarse en un seminario teológico, es algo que debe experimentarse y vivirse todos los días. De ahí la comunicación de estas grandes verdades por medio de cartas.

Una forma de estudiar los libros del Nuevo Testamento consiste en agruparlos de acuerdo con sus énfasis principales. Al hacer esto, descubrimos que se preocupan de las creencias, los hermanos y la conducta de los cristianos.

LAS CREENCIAS CRISTIANAS

¿Cuáles son las verdades cardinales, esenciales, eternas del Nuevo Testamento? ¿En qué consisten los imperativos de la fe? De los catorce escritos que se ocupan de los elementos esenciales, algunos tratan lo que es fundamental, otros lo que es falso y unos pocos lo perteneciente al futuro.

LOS ASPECTOS FUNDAMENTALES

Mateo, Marcos, Lucas, Juan, Romanos

Las verdades básicas del Nuevo Testamento están contenidas en los libros de Mateo, Marcos, Lucas, Juan y Romanos. Si quitáramos otros escritos del Nuevo Testamento, el cristianismo se vería empobrecido, si quitamos estos, el cristianismo sería imposible.

En los cuatro Evangelios se nos presentan los hechos; en Romanos tenemos la fe. En los Evangelios se ejemplifica la vida; en Romanos se explica la lógica. En los Evangelios tenemos la persona de Cristo; en Romanos tenemos los principios del cristianismo. En los Evangelios descubrimos en quién debemos creer; en Romanos aprendemos qué debemos creer.

Mateo, Marcos, Lucas y *Juan* colocan delante de nosotros a la *persona de Cristo.* Un recaudador de impuestos, un don nadie, un médico y un pescador. ¿Quién habría elegido un conjunto tan extraño de hombres para escribir los libros más valiosos del mundo? Los cuatro Evangelios mismos no fueron escritos como biografías de Cristo; son como memorias.

Mateo escribió básicamente para los judíos, Marcos para los romanos, Lucas para los griegos y Juan para la Iglesia. Presentan a Cristo como Soberano, Siervo, Salvador e Hijo de Dios. Mateo y Marcos presentan a Cristo en su capacidad oficial como Soberano y Siervo, Lucas y Juan presentan a Cristo en su carácter personal como Hijo del Hombre e Hijo de Dios. Los primeros tres Evangelios se denominan Evangelios *sinópticos* porque presentan la verdad sobre Cristo desde un punto de vista similar. Juan es un Evangelio *complementario* porque presenta a Cristo desde un punto de vista diferente. En los Evangelios sinópticos tenemos lo terrenal y lo externo, el ministerio galileo y el ministerio público de Cristo, y la humanidad del Señor Jesús. En el Evangelio de Juan tenemos lo celestial y lo interior, el ministerio a Judea y el ministerio privado de Cristo, y la deidad del Señor Jesús.

Los cuatro Evangelios hablan de la Persona incomparable: su nacimiento virginal, su vida sin pecado, innumerables milagros, enseñanzas magníficas, la muerte expiatoria, la resurrección triunfante y el ascenso glorioso.

Romanos coloca delante de nosotros *los principios del cristianismo.* Es "el evangelio según Pablo". En este libro él toma los hechos del evangelio y los transforma en la fe del evangelio. Los cuatro Evangelios hablan de cómo Cristo dio su vida por nosotros hace mucho tiempo, Romanos cuenta cómo Él ahora nos ofrece su vida a nosotros. Trata de las doctrinas del pecado, la salvación, la santificación, la soberanía y el servicio. Su palabra clave es "justicia", una palabra que aparece treinta y tres veces. Romanos habla de cómo la justicia es requerida, recibida y reproducida.

Entonces, estos libros hablan de lo que es fundamental. Evidentemente Satanás no pudo dejar de desafiar tales libros. Dentro del período de vida de la primera generación de cristianos, él arrojó a la Iglesia toda herejía que pudo inventar. En la sabiduría de Dios este ataque concentrado tuvo lugar durante la vida de los apóstoles para que se tratara el error de manera apostólica y se registrara en la Biblia en los siguientes siete libros del Nuevo Testamento.

LO FALSO

Gálatas, Colosenses, Hebreos, 2 Corintios, 2 Timoteo, 2 Pedro, Judas

Ese ataque a la verdad puede considerarse bajo dos temas principales: el antagonismo a la verdad y la apostasía de la verdad. Uno era malo, el otro era peor. Cuatro de las cartas trataban del *antagonismo a la verdad.*

De las cuatro cartas que tratan del antagonismo a la verdad, Gálatas, Colosenses y Hebreos se ocupan del antagonismo hacia *las principales enseñanzas del cristianismo.* En el momento en que se abren estos libros, se siente la atmósfera de la controversia. Se han atacado verdades vitales. Han subido a la superficie errores que, si no se tratan de forma competente y completa, destruirán al cristianismo. Los tres errores implicados fueron el legalismo, el gnosticismo y el judaísmo. Gálatas se ocupa del primero, Colosenses del segundo y Hebreos del tercero.

El legalismo era un ataque a *la libertad de los cristianos* y encuentra su respuesta en *Gálatas.* Muchas personas de la Iglesia primitiva pensaban que los gentiles se convertirían en judíos a fin de convertirse en cristianos, que los gentiles se verían obligados a cumplir la ley de Moisés, a someterse al derecho de la circuncisión, a observar el Día de reposo y a adoptar el código dietario levítico. Tales requisitos hubieran convertido a Jerusalén en la Iglesia Madre y al cristianismo en una secta judía. Hubiera sofocado la fe al hacer que sus rituales y sus reglas fueran repulsivas para la mayoría de los gentiles. Es más, el legalismo era totalmente contrario a la mentalidad del Espíritu Santo. Gálatas trata ese error en términos firmes.

El gnosticismo era un ataque *al señorío de Cristo* y encuentra su respuesta en *Colosenses.* El gnosticismo fue una de las herejías más peligrosas, sutiles y de largo alcance de la iglesía primitiva. Combinaba un misticismo jactancioso con elementos del judaísmo, del intelectualismo y del ritualismo. El resultado fue un ataque particularmente pernicioso a la persona y la obra de Cristo. Los gnósticos, creyendo que la materia era algo malo, negaban la humanidad de Cristo. Creían que Él era una forma de ser angélico suficientemente apartado de Dios para que pudiera adoptar un cuerpo material sin contaminar la deidad. Colosenses dice la verdad acerca de Cristo, acerca del culto y acerca del cristiano. Comienza con una magnífica declaración de la absoluta deidad de Cristo como creador, sostenedor y dueño del universo.

El judaísmo era un ataque sobre *la legitimidad de la Iglesia,* a lo que se da respuesta en *Hebreos.* Los primeros cristianos eran todos judíos. Era muy difícil para ellos ver que el judaísmo estaba obsoleto, que la Iglesia no era meramente una extensión del judaísmo, sino un punto de partida totalmente nuevo en el trato de Dios con la humanidad. No había forma en que la Iglesia pudiera funcionar dentro de los confines cerrados del templo y de la sinagoga. El libro de Hebreos examina el Antiguo Testamento a la luz del Calvario y muestra la imposibilidad de intentar realizar un acto de equilibrio entre el judaísmo y el cristianismo. El libro establece la superior Persona de Cristo, las disposiciones superiores del Calvario y los principios superiores del cristianismo.

Así, tres de las cartas, que tratan del antagonismo hacia la verdad, se centran en el antagonismo hacia las principales enseñanzas del cristianismo. La cuarta carta, *2 Corintios,* se ocupa del antagonismo hacia *el maestro principal del cristianismo,* el apóstol Pablo. A Pablo se le dio la tarea de registrar de forma permanente las grandes verdades del cristianismo escribiéndolas. Pablo no gozaba de la simpatía de muchos de la comunidad judeo-cristiana. Fue detestado y perseguido por los judíos incrédulos porque apoyó ampliamente la causa de los gentiles. Gálatas se ocupa de los ataques a sus principios, 2 Corintios trata de los ataques a su persona. En este, el escrito más autobiográfico de todos, él habla de su comisión, de los conversos y de los críticos. Sus críticos lo habían acusado de ser voluble, orgulloso, jactancioso, deshonesto y hasta demente. El ataque sobre el hombre era un ataque al mensaje. Por lo tanto, Pablo se defendió con vigor, brusquedad y habilidad.

Entonces, cuatro de las cartas tratan del antagonismo a la verdad, las tres restantes se ocupan de *la apostasía a la verdad.* El antagonismo podía tratarse con una buena dosis de medicina, la apostasía requería cirugía mayor.

De las tres epístolas que tratan sobre la apostasía, *2 Timoteo,* el último de los escritos de Pablo, se ocupa del *desarrollo de la apostasía.* Esta era una carta pastoral escrita desde Roma, donde Pablo estaba a la espera de la ejecución inminente. Su propósito era advertirle a Timoteo que no sucumbiera ante las muchas fuerzas que podrían alejarlo. Su pasaje central se ocupa de la apostasía final que tomará al cristianismo en el fin de los tiempos. Pablo vio claramente que esta futura apostasía se manifestaría en una creciente desobediencia a los padres, en una falta de afecto natural, en la llegada de los "tiempos peligrosos" y en la malignidad sin restricciones de los hombres malos y los seductores.

Las otras dos epístolas, *2 Pedro* y *Judas,* tratan acerca de *los peligros de la apostasía.* Ambas se ocupan del tema de modo similar. Ambas retroceden en la historia para dar prueba de que Dios aborrece la apostasía, para señalar los pecados inmundos que genera y para demostrar su corrupción en toda la sociedad.

Ambas demuestran que Dios siempre abruma a las personas apóstatas con un juicio catastrófico.

EL FUTURO

1 Tesalonicenses, 2 Tesalonicenses, Apocalipsis

La escatología, el estudio del fin de los tiempos, es una parte importante de la doctrina cristiana. Hay tres escritos del Nuevo Testamento que la tratan.

1 Tesalonicenses se ocupa principalmente del *arrebatamiento de la Iglesia*. Se menciona la segunda venida de Cristo en cada capítulo pero su tema central es la convocatoria de la Iglesia a reunirse con el Señor en el aire. Ese evento, se nos asegura, sucederá antes de la llegada del día de la ira.

2 Tesalonicenses trata principalmente de *la perdición del mundo*. Su pasaje central se ocupa de la venida de la Bestia, el mesías del diablo y de la seducción de la humanidad por medio del gran engaño, la mentira final.

Apocalipsis trata *el regreso del Señor*. Cuatro visiones dominan el libro: visiones de Dios, de la gracia, del gobierno y de la gloria. La acción es llevada a cabo por las diversas series que atraen la atención en el libro: los siete sellos, las siete trompetas y las siete copas. Observamos, en sucesión, un mundo arruinado por los hombres, regido por Satanás y rescatado por Dios. Gran parte del resto del libro es un comentario sobre la acción revelado bajo esta serie.

LOS HERMANOS CRISTIANOS

El gran instrumento de Dios para lograr sus propósitos en esta era es la Iglesia. Por lo tanto, no debe sorprendernos que cinco escritos del Nuevo Testamento se ocupen de este tema. Un libro trata de sus orígenes, dos de su funcionamiento y dos de sus líderes.

LOS ORÍGENES DE LA IGLESIA

Hechos

Este libro es sumamente histórico y de carácter transicional. Cubre la brecha entre los Evangelios y las epístolas. Gran parte de lo que figura en las epístolas sería ininteligible sin el libro de Hechos. Pero, debido a que es transicional y no doctrinario, vamos a Hechos en busca de información en lugar de doctrina. Obtenemos nuestra doctrina de las epístolas.

Hechos gira alrededor de tres hombres: Pedro, Esteban y Saulo. El énfasis fundacional de la Iglesia se asocia con Pedro, el énfasis futuro con Esteban y el énfasis extranjero con Saulo (Pablo). El libro comienza en Jerusalén y termina en Roma; comienza con los judíos y termina con los gentiles, comienza con un angosto aposento alto y termina con llegar a todo el mundo. Registra los tres viajes misioneros de Pablo. Abarca un período de aproximadamente treinta años, la vida de una generación. En esa época, se convirtieron decenas de miles. Por supuesto que el secreto reside en el énfasis sobre el Espíritu

Santo en el libro. Él es mencionado cincuenta y ocho veces en veintiocho capítulos.

EL FUNCIONAMIENTO DE LA IGLESIA

1 Corintios, Efesios

1 Corintios y Efesios tratan de la Iglesia en tanto a sus aspectos locales como universales. En *1 Corintios* tenemos a la *Iglesia de la comunidad,* la Iglesia que se debe hallar en cualquier comunidad. La Iglesia local de Corinto era un conjunto de dotados creyentes. Sin embargo, era la más mundana y carnal de las iglesias de Pablo. Había *divisiones* en la iglesia de Corinto que Pablo tuvo que tratar. Había graves *desórdenes* en la iglesia, algunos referentes a asuntos morales y otros relativos a temas monetarios. Había *dificultades* en esta iglesia. Pablo tuvo que tratar asuntos referentes al camino personal de los creyentes, especialmente temas relativos al matrimonio y al consumo de ciertos alimentos, y asuntos concernientes al testimonio público de los creyentes (esencialmente los abusos al tomar la Cena del Señor y el mal uso del don de las lenguas). Entonces, también, había *incredulidad* en esta iglesia. Pablo debió enfatizar la importancia de creer en la resurrección. Cuando hubo terminado de tratar de todo lo que estaba mal en Corinto, escribió una carta mostrando cómo hacer las cosas bien en la iglesia local durante el resto del tiempo.

En contraste con 1 Corintios, la carta de Pablo a los *Efesios* trata de la Iglesia en su aspecto *católico* o universal. La iglesia local debe ser una miniatura de la Iglesia universal. Nadie jamás ha visto la Iglesia universal y nadie lo hará hasta que, en el arrebatamiento, sea tomada toda la Iglesia. Incluso los dones mencionados en Efesios son dones universales —apóstoles, profetas, evangelistas, pastores, maestros— dones dados para la construcción de la Iglesia en su totalidad. Las ilustraciones utilizadas son universales también. La Iglesia es un edificio, un cuerpo, una esposa.

LOS LÍDERES DE LA IGLESIA

1 Timoteo, Tito

1 Timoteo y Tito dan instrucciones sobre el liderazgo en la iglesia local. Se visualizan dos tipos de líderes y las calificaciones para ambos se colocan en un punto muy elevado. Son calificaciones espirituales. Los ancianos deben ser responsables de los asuntos *espirituales* de la iglesia local y los diáconos de los asuntos *seculares.*

LA CONDUCTA CRISTIANA

Si hay algo que aprendemos del Nuevo Testamento es que el cristianismo es practica. Si no tenemos una "creencia que se practica" entonces nuestra creencia casi no tiene valor. Las siete epístolas restantes del Nuevo Testamento tratan todas de aspectos de esta verdad. Todas las epístolas tienen un impulso práctico en ellas pero las que enumeramos aquí parecen dar a la conducta un énfasis especial.

TRATAR SITUACIONES

Filipenses

En esta carta se tratan cuatro situaciones básicas: el sufrimiento, el sacrificio, el servicio y la enfermedad. Se dan cuatro ejemplos: Pablo, Cristo, Timoteo y Epafrodito. La carta de Pablo a los filipenses está llena de gozo, aun cuando la estaba escribiendo desde una prisión en Roma. En Filipos había sido gravemente golpeado por predicar el evangelio, ¡sin embargo él y su compañero de tareas Silas habían cantado en la prisión! (Y por lo menos un hombre de la asamblea filipense gritaría un fuerte "amén" mientras Pablo escribía sobre su encierro en el mismo párrafo en el que mencionaba su gozo. Ese hombre era el carcelero.) El Señor Jesús fue el ejemplo de sacrificio para Pablo, él nos lleva al Calvario para la más grande declaración respecto de los sufrimientos y la consiguiente gloria de Cristo que se encuentra en cualquier lugar de la Biblia. Timoteo ejemplificó el servicio. El propio converso de Pablo, Timoteo, también fue el asistente más fiel de Pablo. Epafrodito ejemplificó el hecho de que no todas las enfermedades se sanan y que la sanación no es una parte esencial de la expiación en esta era. Pablo le hace un gran tributo a Epafrodito cuando dice de él que no se ocupó de su vida, tan ansioso estaba por ser de ayuda.

TRATAR LA ESCLAVITUD

Filemón

El mayor problema social de la época de Pablo era la esclavitud. Filemón poseía esclavos y Onésimo era el esclavo huido que conoció a Pablo en Roma. Allí, fue ganado para Cristo y enviado de regreso para enfrentar las consecuencias de su comportamiento. La respuesta de Pablo aquí sobre el tema de la esclavitud no era social, sino espiritual. Él le instruyó a Filemón que considerara a Onésimo como hermano en Cristo y que lo tratara como trataría a Pablo mismo. Sin embargo, indudablemente tal actitud tendría consecuencias sociales.

TRATAR LA SINCERIDAD

Santiago

De todas las epístolas, la que escribió Santiago se parece más al Sermón del Monte. Santiago era el medio hermano del Señor y un converso tardío. Era un hombre austero con visiones rígidas, casi farisaicas. Su carta probablemente haya sido uno de los primeros escritos del Nuevo Testamento, su audiencia principalmente formada por judíos. Él exige que cualquier profesión del cristianismo sea demostrada mediante una práctica evidente del cristianismo: "La fe sin obras está muerta". No es que Santiago no apreciara la doctrina de la salvación solo por la fe. Santiago quiere postular que mientras somos justificados por fe a los ojos de Dios, somos justificados por obras a los ojos de los demás. En otras palabras, él exige evidencia de la conversión del creyente.

TRATAR EL SUFRIMIENTO

1 Pedro

El Señor Jesús sufrió. La Biblia no exceptúa a los creyentes del sufrimiento. De hecho, los que viven vidas devotas pueden esperar sufrimiento. Sin embargo, los cristianos no deben traer el sufrimiento sobre ellos mismos por medio de un comportamiento pecaminoso o insensato. Este es el gran tema de Pedro. Su carta probablemente fuera escrita aproximadamente en el momento de la persecución de Nerón.

TRATAR LA CALIDAD DE HIJO

1 Juan

Todos los escritos de Juan fueron realizados hacia el final del primer siglo de la era cristiana. Hombre anciano cuando escribió, él sopesaba desde hacía tiempo la importancia de esos maravillosos años que había pasado con Jesús y la importancia de todo lo que había sucedido desde entonces. En su época, la herejía había hecho una gran incursión: el gnosticismo era un problema innegable. Los puntos clave que se observan en la primera carta de Juan son los del nuevo nacimiento y los de la comunión cristiana. Las palabras características de Pablo son la fe, la esperanza y el amor; las de Juan son la luz, el amor y la vida. Según la visión de Juan, nacer en la familia de Dios no es meramente una proposición teológica, es algo serio. Es Cristo o bien el Anticristo, la salvación o la maldición.

TRATAR LA SEPARACIÓN

2 Juan

2 Juan estaba dirigida a una dama cristiana desconocida (algunos piensan que es la Iglesia) para felicitarla por la conducta ejemplar de sus hijos. Juan advierte a esta excelente mujer que no reciba en su casa a los que tienen doctrinas divisivas y diabólicas. La caridad cristiana no implica extender una mano de ayuda a la herejía.

TRATAR LA RIVALIDAD

3 Juan

3 Juan se dirige a tres personas. Se establece la prosperidad de Gayo, la alabanza a Demetrio y el orgullo de Diótrefes. Esta última persona evidentemente se consideraba a sí misma como una persona de importancia en la comunidad local. Incluso despotricó contra el mismo amado apóstol. Juan promete ocuparse de él la próxima vez que se encuentren. Entonces, la epístola fue escrita contra la rivalidad y el espíritu altivo del que esta nace.

24

UNA ARMONÍA DE LOS EVANGELIOS

	Mateo	Marcos	Lucas	Juan
I. Preparación 5 a.C.—26 d.C.				
Prólogo al Evangelio de Juan				1:1-18
Introducción al Evangelio de Lucas			1:1-4	
Linaje de Jesús	1:1-17		3:23-38	
A. Nacimiento de Jesús				
Anunciación a Zacarías			1:5-25	
Anunciación a María			1:26-38	
Anunciación a José	1:18-25			
María visita a Elisabet			1:39-56	
Nacimiento de Juan el Bautista			1:57-80	
Nacimiento de Jesús			2:1-7	
Anunciación a los pastores			2:8-20	
Circuncisión y presentación en el Templo			2:21-38	
La visita de los magos	2:1-12			
Residencia temporal en Egipto	2:13-18			
Regreso y establecimiento en Nazaret	2:19-23		2:39	
B. Niñez de Jesús				
En Nazaret durante treinta años	2:23		2:39-40	

	Mateo	Marcos	Lucas	Juan
Visita a Jerusalén a los doce años de edad			2:41-50	
Regreso a Nazaret			2:51-52	
C. Bautismo de Jesús 27 d.C.				
Ministerio de Juan el Bautista	3:1-12	1:1-8	3:1-18	
Bautismo de Jesús por Juan el Bautista en el Jordán	3:13-17	1:9-11	3:21-23	
La tentación de Jesús	4:1-11	1:12-13	4:1-13	
Testimonio de Juan sobre Jesús				1:19-28
Juan el Bautista identifica públicamente a Jesús como el Mesías				1:29-34
II. Proclamación 27-30 d.C.				
A. Actividades preliminares en Galilea				
Juan, Andrés y Pedro llamados para ser discípulos				1:35-42
Felipe y Natanael llamados para ser discípulos				1:43-51
Primer milagro: agua convertida en vino en Caná				2:1-11
Cristo viaja a Capernaum				2:12
B. Principios del ministerio en Judea 27 d.C. (8 meses)				
—Jerusalén: La primera pascua				
Limpieza del templo				2:13-25
Plática con Nicodemo				3:1-21
—Judea				
Jesús bautiza a sus discípulos				3:22-24
La lealtad de Juan el Bautista hacia Jesús				3:25-36
C. Visita a Samaria 27 d.C. (unos pocos días)				
Jesús abandona Judea	4:12	1:14	4:14	4:1-3
Mujer en el pozo				4:4-26
Regaña la sorpresa de los discípulos				4:27-38
Ministerio en Sicar				4:39-42
D. Principio del ministerio en Galilea 27-28 d.C. (22 meses)				
Prisión de Juan el Bautista			3:19-20	
Jesús llega a Galilea	4:12	1:14	4:14	4:1-3
Comienza el ministerio en Galilea	4:12-17	1:14-15	4:14-15	4:43-45
Jesús sana al hijo de un noble en Caná				4:46-54

	Mateo	Marcos	Lucas	Juan
Sinagoga de Nazaret; las afirmaciones de Cristo son rechazadas			4:16-30	
Cristo va a Capernaum	4:13-16		4:31	
—Primer circuito de Galilea				
Pesca milagrosa Simón Pedro, Andrés, Jacobo, y Juan convocados para servir a tiempo completo	4:18-22	1:16-20	5:1-11	
Cura de demonios en la sinagoga de Capernaum		1:21-28	4:31-37	
Sanación de la suegra de Pedro en Capernaum	8:14-17	1:29-34	4:38-41	
Prédica y milagros en Galilea	4:23-25	1:35-39	4:42-44	
Curación de un leproso	8:2-4	1:40-45	5:12-16	
Hombre paralítico sanado en Capernaum; los fariseos acusan mentalmente a Cristo de blasfemia.	9:1-8	2:1-12	5:17-26	
Mateo es llamado; hace un banquete para Jesús	9:9-13	2:13-17	5:27-32	
E. Visita a Jerusalén				
28 d.C. (segunda pascua)				
Jesús sana a un hombre en Betesda el día de reposo: controversia				5:1-47
F. De regreso en Galilea				
28-29 d.C. (aproximadamente doce meses)				
Los fariseos preguntan por qué no ayunan los discípulos de Jesús	9:14-17	2:18-22	5:33-39	
Los fariseos critican a los discípulos de Jesús por recoger espigas en el día de reposo	12:1-8	2:23-28	6:1-5	
Jesús sana a un hombre con una mano seca en la sinagoga de Capernaum el día de reposo: controversia	12:9-14	3:1-6	6:6-11	
Se difunde la fama de Jesús; multitudes sanadas, complots contra Jesús	12:15-21	3:7-12		
Jesús elige a sus doce discípulos		3:13-19		
Jesús predica el Sermón del Monte	5:1—8:1			
—Segundo circuito de Galilea				
El siervo de un centurión es sanado en Capernaum	8:5-13		7:1-10	
El hijo de una viuda es resucitado en Naín			7:11-17	

	Mateo	Marcos	Lucas	Juan
Juan el Bautista envía a sus discípulos a cuestionar a Jesús; Jesús testifica la grandeza de Juan	11:2-19		7:18-35	
Corazín, Betsaida y Capernaum denunciadas	11:20-24			
Jesús ora y convoca a todos hacia Él	11:25-30			
Simón el fariseo critica a Jesús porque una mujer pecadora ungió sus pies			7:36-50	
Mujer galilea que ministró a Jesús			8:1-3	
Sanación de un endemoniado en Capernaum; blasfemia contra el Espíritu Santo reprobada por Jesús	12:22-37	3:19-30	11:14-23	
Los escribas y los fariseos exigen una señal	12:38-42		11:29-54	
Parábola de la casa barrida	12:43-45		11:24-28	
La madre y los hermanos de Jesús van a Capernaum y desean verlo	12:46-50	3:31-35	8:19	
Cristo imparte las parábolas del reino	13:1-53	4:1-34	8:4-18	
Jesús aquieta la tormenta sobre el mar de Galilea	8:23-27	4:35-41	8:22-25	
Endemoniado gadareno sanado	8:28-34	5:1-20	8:26-39	
Hija de Jairo resucitada en Capernaum	9:18-19 23-26	5:21-24 35-43	8:40-42 49-56	
Mujer con problema de hemorragia sanada	9:20-22	5:25-34	8:43-48	
Dos hombres ciegos curados en Capernaum	9:27-31			
Un endemoniado mudo sanado en Capernaum	9:32-34			
—Tercer circuito de Galilea				
Jesús rechazado de nuevo en Nazaret	13:54-58	6:1-6		
Viajes por Galilea	9:35	6:6		
Los doce enviados a ministrar	9:36—11:1	6:7-13	9:1-6	
Juan el Bautista es asesinado	14:1-12	6:14-29	9:7-9	
Los doce regresan a Jesús en Capernaum		6:30-32	9:10	
Los cinco mil milagrosamente alimentados	14:13-20	6:33-44	9:11-17	6:1-13
Jesús despide a la multitud	14:22-23	6:45-46		6:14-15
Jesús camina sobre las aguas	14:24-33	6:47-52		6:16-21
Gira triunfante por Genesaret	14:34-36	6:53-56		
Alocución sobre el pan de la vida (durante la tercera pascua)				6:22-71

	Mateo	Marcos	Lucas	Juan
Tradición farisaica denunciada en Capernaum	15:1-20	7:1-23		
G. Ministerio posterior en Galilea				
29 d.C. (6 meses)				
Sanación de la hija de la mujer sirofenicia	15:21-28	7:24-30		
Hombre sordomudo y otros sanados en Decápolis	15:29-31	7:31-37		
Cuatro mil alimentados milagrosamente en Decápolis	15:32-38	8:1-9		
Fariseos y saduceos exigen una señal	15:39—16:4	8:10-12		
Advertencias contra la levadura y el materialismo	16:5-12	8:13-21	12:1-21	
Hombre ciego sanado cerca de Betsaida		8:22-26		
Gran confesión de Pedro cerca de Cesarea de Filipo	16:13-20	8:27-30	9:18-21	
Cristo anuncia su muerte y resurrección	16:21-26	8:31-37	9:22-25	
Cristo habla de la venida de su reino	16:27-28	8:38—9:1	9:26-27	
Transfiguración en la región de Cesarea de Filipo	17:1-8	9:2-8	9:28-36	
Bajando del Monte	17:9-13	9:9-13		
Sanación de un niño endemoniado	17:14-21	9:14-29	9:37-43	
Cristo vuelve a anunciar su muerte y resurrección	17:22-23	9:30-32	9:44-45	
Pago del impuesto del templo	17:24-27			
Sermón sobre quién es el mayor	18:1-5	9:33-37	9:46-48	
Tenga cuidado de no hacer tropezar a los demás	18:6-14	9:38-50	9:49-50	
Sermón sobre el perdón	18:15-35			
Jesús aguarda en Galilea				7:1-9
H. Ministerio posterior en Judea				
29 d.C. (3 meses)				
Jesús abandona Galilea	19:1-2	10:1		7:10
Jesús es rechazado por los samaritanos			9:51-56	
Alocución sobre el verdadero discipulado	8:19-22		9:57-62	
—En Jerusalén				
Fiesta de los tabernáculos				7:11-52
Mujer atrapada en adulterio				7:53—8:11
Conflicto con los fariseos en la celebración: la luz del mundo				8:12-59
Sanación del hombre nacido ciego; conflicto				9:1-41
El buen pastor				10:1-21

	Mateo	Marcos	Lucas	Juan
—En Judea				
Los setenta enviados y regresados			10:1-24	
Parábola del buen samaritano			10:25-37	
En Betania en el hogar de Marta y María			10:38-42	
Enseña a orar a los discípulos			11:1-13	
Advierte a los discípulos sobre la mundanidad			12:22-34	
Advertencias en vistas de la segunda venida			12:35-48	
Cristo divisor de familias			12:49-59	
Comentarios sobre el asesinato de los galileos			13:1-5	
Parábola de la higuera estéril			13:6-9	
Mujer sanada en una sinagoga en el día de reposo; reprimenda a los dirigentes de la sinagoga			13:10-17	
Parábolas de la semilla de mostaza y la levadura			13:18-21	
Fiesta de la dedicación				10:22-39
III. Ministerio en Perea en 29-30 d.C. (3½ meses)				
Jesús va a Betania más allá del Jordán				10:40-42
Advertencias sobre la salvación			13:22-30	
Jesús advertido sobre Herodes			13:31-35	
Jesús sana a un hombre en casa de un fariseo el día de reposo			14:1-6	
Parábola del convidado ambicioso			14:7-15	
Parábola de la gran cena			14:16-24	
Parábolas a las multitudes sobre el discipulado			14:25-35	
Parábolas de la oveja perdida, de la moneda y del hijo pródigo			15:1-32	
Parábola del mayordomo infiel			16:1-13	
Reprimenda a los fariseos			16:14-17	
Enseñanza sobre el divorcio			16:18	
El hombre rico y Lázaro			16:19-31	
Enseñanza sobre la clemencia, la fe y la humildad			17:1-10	
Diez leprosos sanados (en algún lugar entre Samaria y Galilea)			17:11-19	
Enseñanza sobre lo repentino de la segunda venida			17:20-37	
Parábola de la viuda y el juez injusto			18:1-8	
Parábola del fariseo y el publicano			18:9-14	

	Mateo	Marcos	Lucas	Juan
Lázaro resucita en Betania				11:1-46
Caifás aconseja asesinar a Jesús: Jesús regresa a Perea				11:47-54
Enseñanza sobre el divorcio	19:1-12	10:1-12		
Cristo bendice a los niños pequeños	19:13-15	10:13-16	18:15-17	
El joven rico	19:16-30	10:17-31	18:18-30	
Parábola de los obreros de la viña	20:1-16			
Tercera predicción de Cristo de su muerte y resurrección	20:17-19	10:32-34	18:31-34	
Solicitud de Santiago y reprimenda a Juan	20:20-28	10:35-45		
Dos hombres ciegos sanados cerca de Jericó	20:29-34	10:46-52	18:35-43	
IV. Persecución[1] 30 d.C.				
A. Sexto día antes de pascua (9° de Nisán) (anochecer del jueves hasta anochecer del viernes)				
El Señor se acerca a Jerusalén desde Jericó			19:1-10	
Pasa la noche del martes en la casa de Zaqueo			19:5	
Pronuncia la parábola de las diez minas			19:11-27	
Continúa hacia Jerusalén			19:28	
Envía dos discípulos a por una asna	21:1-7			
Entra en Jerusalén desde Betfagé	21:8-9			
La gente pregunta quién es Él	21:10-11			
Purifica el templo	21:12-16			
Regresa a Betania	21:17			12:1
B. Quinto día antes de pascua (10° de Nisán) (anochecer del viernes hasta anochecer del sábado)				

1. Aquí se adopta la postura de que la visión tradicional no puede tomarse suficientemente en consideración para todos los hechos. Si la crucifixión tuvo lugar el Viernes Santo, entonces Cristo no pudo haber estado en el sepulcro tres días y tres noches. Además, todos los eventos que se dice que sucedieron entre la muerte y el entierro de Cristo no pudieron haberse dado en ese escaso tiempo. Colocando la crucifixión en miércoles, se permite incluir todo el tiempo pasado en la tumba y los diversos eventos coincidentes que se producen. (Los tiempos van de anochecer a anochecer).

	Mateo	Marcos	Lucas	Juan
Pasa el día de reposo en Betania Se realiza una cena, probablemente en la casa de Lázaro				12:2
Él es ungido. Judas desafía el hecho				12:3-11
C. ***Cuarto día antes de pascua*** (11° de Nisán) (anochecer del sábado hasta el anochecer del domingo: Domingo de palmas)				
Entrada triunfal a Jerusalén: El Señor envía a buscar un pollino		11:1-7	19:24-35	12:12
Sale de Betania y se reúne con las multitudes desde Jerusalén		11:8-10	19:36-40	12:12-19
Presagia el destino final de Jerusalén			19:41-44	
Entra en el templo y observa		11:11		
Regresa a Betania		11:11		
D. ***Tercer día antes de pascua*** (12° de Nisán) (anochecer del domingo hasta anochecer del lunes)				
El lunes por la mañana Él regresa a Jerusalén	21:18	11:12		
Maldice la higuera	21:19-22	11:13-14		
Purifica una vez más el templo		11:15-17	19:45-46	
Enseña en el templo			19:47	
Hay oposición de los dirigentes hacia Él		11:18	19:47-48	
Él regresa a Betania		11:19		
E. ***Segundo día antes de pascua*** (13° de Nisán) (anochecer del lunes hasta anochecer del martes)				
El martes por la mañana, yendo a Jerusalén, los discípulos comentan sobre la higuera seca		11:20-26		
De regreso en Jerusalén y al templo	21:23-27	11:27-33	20:1	
Enseñanza por medio de parábolas y preguntas en Jerusalén	21:28—23:29	12:1-44	21:4	
La cuestión del tributo al César	22:15-22	12:13-17	20:20-26	
Los saduceos y la resurrección	22:23-33	12:18-27	20:27-40	
El abogado y el gran mandamiento	22:34-40	12:28-34		
La pregunta de Cristo sobre el Señor de David	22:41-46	12:35-37	20:41-44	

	Mateo	Marcos	Lucas	Juan
Él acusa a los escribas y fariseos	23:1-39	12:38-40	20:45-47	
El tesoro del templo y la ofrenda de la viuda		12:41-44	21:1-4	
Los judíos rechazan a Cristo				12:20-36
Los griegos desean verlo				12:37-51
La gran profecía en el templo			21:5-36	
La práctica de Cristo durante el período de fiestas			21:37-38	
Discurso en el Monte de los Olivos	24:1-51	13:1-37		
Las parábolas pronunciadas en el Monte de los Olivos	25:1-46			
Jesús dice: "dentro de dos días se celebra la pascua"	26:1-5	14:1		
Regresa a Betania				
La cena en la casa de Simón, el leproso				
La segunda unción				
Los discípulos están indignados	26:6-13	14:3-9		
F. ***El día anterior a la pascua***				
(14° de Nisán)				
El "Día de preparación"				
(1er día del pan sin levadura)				
El día de la crucifixión (anochecer del martes hasta anochecer del miércoles)				
El complot de Judas Iscariote para traicionar al Señor	26:14-16	14:10-11	22:1-6	
La preparación de la última pascua	26:17-19	14:12-16	22:7-13	
Martes por la noche. Se completa la traición	26:20	14:17		
Comienza la Última Cena				
Jesús lava los pies de los discípulos				13:1-20
Jesús revela al traidor	26:21-25	14:18-21		13:21-30
Se instituye la Cena del Señor	26:26-29	14:22-25	22:14-23	
El Señor anuncia las negaciones de Pedro. El alarde de Pedro				13:31-38
Rivalidad respecto de quién debería ser más grande			22:24-30	
Vuelve a anunciar las negaciones de Pedro			22:31-34	
El Señor comenta sobre la primera comisión de los discípulos			22:35-38	
Discurso en el Aposento Alto				14:1-31
La última plática a los discípulos en el camino a Getsemaní				15:1—16:33

	Mateo	Marcos	Lucas	Juan
Oración de intercesión de Cristo				17:1-26
El Señor y sus discípulos van a Getsemaní	26:30-36	14:26-29	22:39	18:1
Se anuncian una vez más las negaciones de Pedro		14:30-31		
La agonía del Señor en Getsemaní	26:37-46	14:32-42	22:40-46	
La traición y el arresto	26:47-56	14:43-50	22:47-54	18:2-11
Huida del discípulo desconocido		14:51-52		
El juicio nocturno de los judíos ante Anás				18:12—19:23
El juicio ante Caifás y el Sanedrín: Cristo burlado	26:57-68	14:53-56	22:54-65	18:14, 19-24
Pedro niega al Señor	26:58, 69-75	14:54, 66-72	22:54-62	18:15-18, 25-27
Cristo es condenado a muerte por el Sanedrín	27:1	15:1	22:66-71	
Judas se suicida	27:3-10			
Cristo juzgado ante Pilato	27:2, 1-14	15:1-5	23:1-5	18:28-38
Cristo ante Herodes Antipas			23:6-12	
Cristo nuevamente ante Pilato	27:15-26	15:6-15	23:13:25	18:39—19:16
Los soldados se burlan de Cristo	27:27-30	15:16-19		
Medianoche del martes (la sexta hora) Pilato dijo: "He aquí el hombre"				19:14-15
Jesús es llevado para su crucifixión	27:31-34	15:20-23	23:26-31	19:16-17
Son llevados los malhechores			23:32-33	19:18
La inscripción	27:37	15:26	23:38	19:19-22
Echan a suertes las ropas del Señor	27:35-37	15:24	23:34	19:23-24
El momento de la crucifixión: miércoles 9 a.m. "La tercera hora"		15:25-26		
Los dos ladrones crucificados	27:38	15:27-28		
El Señor injuriado por los dirigentes y los ladrones	27:39-44	15:29-32	23:35-43	
Jesús encomienda a su madre al cuidado de Juan				19:25-27
Mediodía del miércoles: comienzan las tinieblas (la sexta hora)	27:45-49	15:33	23:44-45	
Miércoles, 3 p.m. (novena hora) El grito agonizante del Señor	27:50	15:34-37	23:46	19:28-30
Los milagros del Calvario. La ruptura de las piernas de los ladrones	27:51-56	15:38-41	23:47-49	19:31-37

	Mateo	Marcos	Lucas	Juan
Anochecer del miércoles (aproximadamente 6 p.m.) Cristo enterrado de prisa antes de comenzar el "día de reposo... de gran solemnidad" (el primer día de la fiesta)	27:57-66	15:42-47	23:50-56	19:38-42
G. *El primer día de la fiesta* (15° de Nisán) El "Día de preparación" (anochecer del miércoles hasta anochecer del jueves) Primera noche y primer día en el sepulcro				
El segundo día de la fiesta (16° de Nisán) (anochecer del jueves hasta el anochecer del viernes) Segunda noche y segundo día en el sepulcro				
El tercer día de la fiesta (17° de Nisán) El Día de reposo semanal (anochecer del viernes hasta anochecer del sábado) Tercera noche y tercer día en el sepulcro				
H. *Primer día de la semana (18° de Nisán)* Anochecer del sábado. El tercer día (Mt. 16:21)	28:1-19	16:1-18	24:1-49	20:1-23
V. Preeminencia				
Las mujeres observan dónde yacía el cuerpo	27:61	15:47	23:55	
Preparan especias para el entierro en la víspera del sábado de gloria			23:56	
Descansan observando la ley (Lv. 23:7)			23:56	
Visitan el sepulcro cuando termina el Día de reposo semanal (primer día de la semana)	28:1	16:1-2	24:1	20:1
Se preguntan cómo mover la roca		16:3		
Descubren que la roca ya fue movida	28:2-4	16:4-5	24:2	20:1
El ángel les habla	28:5-7	16:6-7	24:3-7	
Abandonan el sepulcro	28:8	16:8	24:8-9	
Se encuentran con el Señor resucitado	28:9-10			

	Mateo	Marcos	Lucas	Juan
Lo dicen a Pedro y a los discípulos		16:9-11	24:10-11	20:2
La guardia realiza su informe	28:11-15			
Pedro y Juan visitan el sepulcro			24:12	20:3-10
María visita el sepulcro				20:11-18
El Señor se aparece en el camino a Emaús		16:12	24:13-32	
Los discípulos de Emaús regresan a los once		16:13	24:33-35	
La primera aparición del Señor en el Aposento Alto			24:36-44	20:19-23
Se da la Gran Comisión			24:45-49	
La segunda aparición en el Aposento Alto: Desafío para Tomás		16:14		20:24-29
Se vuelve a dar la Gran Comisión		16:15-18		
Comentario de Juan sobre las señales de Cristo				20:30-31
Los once parten hacia Galilea	28:16-18			
Se vuelve a dar la Gran Comisión	28:19-20			
El Señor se aparece a los siete en Galilea				21:1-23
La ascensión del Señor		16:19-20	24:50-53	
La frase de cierre de Juan				21:24-25

25

Un resumen de historia bíblica

Fecha a.C.[1]	Evento bíblico	Otros eventos
	Creación de Adán	
	Creación de Eva	
	La tentación	
	La maldición y la expulsión del Edén	
	Nace Caín	
	Nace Abel	
	Abel es asesinado	
	Caín es estigmatizado	
	Nace Set	
	Nace Enós	
	Nace Cainán	
	Nace Mahalaleel	
	Nace Jared	
	Nace Enoc (séptimo desde Adán)	
	Nace Matusalén	
	Nace Lamec	
	Muere Adán (930 años)	
	Transposición de Enoc (365 años)	
	Muere Set (912 años)	
	Nace Noé	
	Muere Enós (905 años)	
	Muere Cainán (910 años)	
	Muere Mahalaleel (895 años)	
	Muere Jared (962 años)	
	Nace Jafet	

1. Las fechas que se dan en este resumen a veces son solo aproximadas. Los eruditos difieren ampliamente sobre algunas de ellas. La fecha del Éxodo, por ejemplo, es objeto de un debate acalorado. Las fechas de algunos de los profetas y de algunas de las epístolas también son inciertas.

Fecha a.C.	Evento bíblico	Otros eventos
	Nace Cam	
	Nace Sem	
	Muere Lamec (777 años)	
	Muere Matusalén (969 años)	
	El diluvio (Noé tiene 600 años)	
	Nace Arfaxad	
	Nace Sala	
	Nace Heber	
	Nace Peleg (se divide la tierra)	
	Nace Reu	
	Nace Serug	
	Nace Nacor	
	Nace Taré	
	Muere Peleg (239 años)	
	Muere Nacor (148 años)	
2165	Nace Abraham	
	Muere Reu (239 años)	
	Muere Serug (230 años)	
	Primer llamado de Abraham	
2090	Muere Taré (205 años)	
	Abraham entra en Canaán	
2089	Abraham va a Egipto	11° dinastía en Egipto
	Abraham regresa de Egipto	
	Abraham se casa con Agar	
2079	Nace Ismael (Abraham tiene 86 años)	
2066	Pacto de la circuncisión	
	Sodoma y Gomorra destruidas	
2065	Nace Isaac (Abraham tiene 100 años)	
2062	Ismael y Agar son expulsados	
2050	Isaac es ofrecido en el Monte Moriá	
2028	Muere Sara (127 años)	
2025	Isaac se casa con Rebeca	
	Abraham se casa con Cetura	
	Nacen Esaú y Jacob	
		Reino medio (12° dinastía) en Egipto
1990	Muere Abraham (Isaac tiene 75 años, Jacob, 15)	
	Esaú se casa con esposas hititas	
1942	Muere Ismael (137 años)	
1928	Jacob recibe la bendición patriarcal	
	Jacob huye a Harán	
1921	Matrimonios de Jacob	
	Nace Rubén	
	Nace Simeón	
1919	Nacen Leví y Dan	
	Nacen Judá y Neftalí	
	Nace Gad	
	Nacen Aser e Isacar	
	Nace Zabulón	
	Nace Dina	
1914	Nace José	
	Jacob regresa a Canaán	
	Jacob se encuentra con Esaú	
1908	Jacob en Siquem	
1898	Jacob en Bet-el	
	Muere Raquel	
	Nace Benjamín	

Fecha a.C.	Evento bíblico	Otros eventos
1897	José es vendido en Egipto	
1885	Muere Isaac (180 años)	
1884	José es exaltado en Egipto	
1858	Muere Jacob después de 17 años en Egipto	
1804	Muere José (110 años)	
1730	Comienza la esclavitud hebrea en Egipto	Los hicsos invaden Egipto
1570		Los gobernantes hicsos expulsados de Egipto
1528	Nace Aarón	Tutmosis I, faraón de Egipto
1525	Nace Moisés, criado en la corte del faraón	
1508		Tutmosis II, faraón de Egipto
1504		Hatshepsut y Tutmosis III gobiernan Egipto
1485	Moisés exiliado en Madián	
1483		Tutmosis III gobierna solo en Egipto. Opresión
1450		Amenhotep II, faraón de Egipto
1445	El Éxodo	
1444	Tabernáculo terminado	
1410		Amenhotep III, faraón de Egipto
1405	Muere Moisés, Josué asume el mando	
1398	Se termina la conquista de Canaán	
1381	Primera opresión en el libro de Jueces	Cusan-risataim, opresor
1373	Otoniel se convierte en juez	
1334	Segunda opresión	Eglón de Moab, opresor
1318		Ramsés I, faraón de Egipto
1316	Aod se convierte en juez	
1301		Ramsés II, faraón de Egipto
	Samgar se convierte en juez	
1257	Tercera opresión	Jabín y opresores cananeos
1237	Débora y Barac se convierten en jueces	
1198	Cuarta opresión	Opresores madianitas
1191	Gedeón se convierte en juez	
1190		Asentamiento filisteo en la costa de Canaán
1165	Nace Eli (un descendiente de Aarón a través de Itamar)	
1151	Abimelec usurpa el poder	
1149	Tola se convierte en juez	
1126	Jair se convierte en juez	
	Casamiento de Rut y Booz	
1107	Elí es sacerdote de Siló	
1105	Quinta opresión	Opresores amonitas en el este
	Nacimiento de Samuel	
1087	Jeftá se convierte en juez en el este	
	Sexta opresión	Opresores filisteos en el oeste
1081	Ibzán se convierte en juez en el este	
1075	Elón se convierte en juez en el este	
1069	Sansón se convierte en juez en el oeste	
1067	Samuel comienza su ministerio	
1065	Abdón se convierte en juez en el este	
1043	Saúl se convierte en rey	
1011	Muere Saúl	

Fecha a.C.	Evento bíblico	Otros eventos
	Abner hace rey a Is-boset	
	David es coronado rey de Judá	
1004	David se convierte en rey de todo Israel	
971	Salomón se convierte en rey de todo Israel	
966	Se inicia la construcción del templo	
		Sheshonq (Shishak), faraón de Egipto
931	Muere Salomón, división del reino	
	Roboam se convierte en rey de Judá	
	Jeroboam se convierte en rey de Israel	
913	Abiam se convierte en rey de Judá	
911	Asa se convierte en rey de Judá	
910	Nadab se convierte en rey de Israel	
909	Baasa se convierte en rey de Israel	
886	Ela se convierte en rey de Israel	
885	Zimri se convierte en rey de Israel	Ben-adad I, rey de Siria
	Tibni se queda con la mitad de Israel	
	Omri se queda con la otra mitad	
	Guerra civil en Israel	
883		Asurnasirpal, rey de Asiria
880	Omri se convierte en rey de todo Israel	
874	Acab se convierte en rey de Israel	
873	Josafat se convierte en rey de Judá	
859		Salmanasar III, rey de Asiria
857	Elías ministra en Israel	
853	Ocozías se convierte en rey de Israel	
852	Joram se convierte en rey de Israel	
	Eliseo ministra en Israel	
850	Joram se convierte en rey de Judá	
841	Jehú se convierte en rey de Israel	Hazael, rey de Siria
	Ocozías se convierte en rey de Judá	
	Atalía toma el trono de Judá	
835	Joás se convierte en rey de Judá	
830	Joel ministra	
814	Joacaz se convierte en rey de Israel	
798	Joás se convierte en rey de Israel	Ben-adad II, rey de Siria
796	Amasías se convierte en rey de Judá	
787	Jeroboam II se convierte en rey de Israel	
	Jonás ministra	
783	Uzías (Azarías) se convierte en rey de Judá	
765	Amós comienza a ministrar	
753	Zacarías se convierte en rey de Israel	
752	Salum se convierte en rey de Israel	
	Oseas comienza a ministrar	
	Manahem se convierte en rey de Israel	
750	Jotam se convierte en corregente de Judá	Rezín, rey de Siria
745		Tiglath-pileser III, rey de Asiria
742	Pekaía se convierte en rey de Israel	
740	Peka se convierte en rey de Israel	
739	Jotam se convierte en rey pleno de Judá	
	Isaías comienza a ministrar	
736	Miqueas comienza a ministrar	
735	Acaz se convierte en rey de Judá	
732	Oseas se convierte en el último rey de Israel	
727		Salmanasar V, rey de Asiria
722	Caída de Samaria	Sargón II, rey de Asiria

Fecha a.C.	Evento bíblico	Otros eventos
	Diez tribus de Israel en cautiverio	
715	Ezequías se convierte en rey de Judá	
705		Senaquerib, rey de Asiria
701	Judá invadida por Asiria	
687	Manasés se convierte en rey de Judá	
681		Asarhaddón, rey de Asiria
669		Asurbanipal, rey de Asiria
645	Nahum profetiza acerca de esta época	
642	Amón se convierte en rey de Judá	
640	Josías se convierte en rey de Judá	
635	Sofonías ministra	
627	Jeremías comienza a ministrar	
626		Se funda el nuevo imperio babilónico
622	Se descubre el libro de la ley	
620	Habacuc ministra	
612		Caída de Nínive
609	Joacaz se convierte en rey	El faraón Necao II está en el trono de Egipto
	Joacim se convierte en rey	
605	Joacim se convierte en súbdito de Babilonia	Nabucodonosor, rey de Babilonia
	Comienza el cautiverio de setenta años	Primera invasión babilónica
	Daniel es llevado a Babilonia para ministrar	
604	Joacim quema el rollo de Jeremías	
602	Joacim se rebela contra Nabucodonosor	
598	Unos 3.000 son llevados a Babilonia	Segunda invasión babilónica, comienza la campaña
	Muere Joacim, funeral desdeñoso	
597	Joaquín se convierte en rey de Judá	
	Joaquin es llevado a Babilonia	
	Ezequiel y otros son llevados a Babilonia	
	Sedequías se convierte en el último rey de Judá	
593	Ezequiel comienza a ministrar en Babilonia	
586	Los babilonios toman Jerusalén	Última invasión babilónica
	Sedequías es cegado y llevado a Babilonia	
	Jeremías es llevado a Egipto por los rebeldes judíos	
582	Otra deportación pequeña de judíos	
556		Nabonido, rey de Babilonia
		Belsasar, corregente en Babilonia
546		Ciro de Persia vence a Creso de Lidia
539		Babilonia capturada por Ciro; Belsasar asesinado
538	La visión de Daniel de las setenta semanas	
	Regreso del cautiverio bajo Zorobabel	
537	Se establece un altar en Jerusalén	
536	Se comienza con los cimientos del templo	
530		Cambises, rey de Persia
522		El falso Esmerdis, rey de Persia
521		Darío Histaspes (el Grande), rey de Persia
520	Hageo comienza a ministrar	
	Se reanuda el trabajo en el templo	
	Zacarías comienza a ministrar	

Fecha a.C.	Evento bíblico	Otros eventos
519	Se desafía el trabajo en el templo	Darío confirma el decreto de Ciro
516	Se termina el templo	
486		Jerjes, rey de Persia
478	Ester se convierte en reina de Jerjes	
465		Artajerjes I Longímano, rey de Persia
459	Esdras es enviado a Jerusalén	
446	Nehemías es copero de Artajerjes	
	Nehemías conduce a otro grupo de regreso	
445	Nehemías reconstruye los muros de Jerusalén	
432	Malaquías comienza a ministrar	
359		Artajerjes III, rey de Persia
		Filipo II se convierte en rey de Macedonia
336		Dario III Codomano, rey de Persia
		Alejandro Magno, rey de Grecia
323		Muerte de Alejandro, división de su imperio
223		Antíoco III (el Grande), rey de Siria
175		Antíoco IV Epífanes, rey de Siria
133		Atalo III, rey de Pérgamo, legó su reino a Roma
63		Pompeyo captura Jerusalén
48		Julio César en Roma
30		Augusto se convierte en César en Roma
4	Nace Cristo	Muere Herodes el Grande
Fecha d.C.		
9	Jesús visita Jerusalén siendo niño	
14		Tiberio se convierte en César (14-37)
26	Juan el Bautista comienza a ministrar	
27	Jesús es bautizado	Pilato se convierte en procurador de Judea (27-36)
	Sus primeros movimientos en Galilea	
	Convoca a sus primeros discípulos	
	Su primer milagro	
	Ministerio temprano en Judea (8 meses)	
	Jerusalén: la primera pascua	
	Purificación del templo	
	Nicodemo y Jesús	
	Judea y Samaria	
	La mujer en el pozo	
27	Ministerio temprano en Galilea (22 meses)	
28	Juan es encarcelado	
	La sinagoga de Nazaret. Rechazado	
	Va a Capernaum	
	Primer circuito galileo	
	Milagros, prédicas, convocatoria de discípulos	
	Jerusalén: la segunda pascua	
	Sanación en el día de reposo en Betesda	
28	De regreso en Galilea (12 meses)	
29	Críticas de los fariseos	
	Se difunde la fama de Cristo	

Fecha d.C.	Evento bíblico	Otros eventos
	Complots contra Él	
	Sermón del Monte	
	Segundo circuito galileo	
	Milagros. Creciente oposición	
	Las parábolas de misterio	
	Más milagros	
	Tercer circuito galileo	
	Cristo es nuevamente rechazado en Nazaret	
	Los doce son enviados a predicar	
	Juan el Bautista es asesinado	
	Alimentación de los 5.000	
29	Final del ministerio galileo (6 meses)	
	Milagros. Creciente oposición	
	La gran confesión de Pedro en Cesarea de Filipo	
	Cristo anuncia su muerte y resurrección	
	La transfiguración	
	Más enseñanzas	
	En Jerusalén: Fiesta de los Tabernáculos, oposición	
	En Judea: Los setenta son enviados	
	Advertencias de Cristo	
	El ministerio en Perea (3½ meses)	
	Advertencias y parábolas	
	En Betania: Lázaro resucitado	
	Caifás advierte a los judíos contra Cristo	
	Los últimos seis días	
	Muerte, entierro y resurrección de Cristo	
	La Ascensión	
	Día de Pentecostés	
	Nace la Iglesia	
	Sanación del hombre cojo	
	Pedro y Juan son encarcelados	
	Juicio de Ananías y Safira	
	Advertencia de Gamaliel a los judíos	
	Saulo persigue a la Iglesia	Pilatos es depuesto
	El etíope convertido	Es sucedido por Marcelo (36)
	Esteban es martirizado	Calígula se convierte en emperador (37-41)
	Saulo se convierte	
	Va a Arabia (Sinaí) durante 3 años	
	Primera visita de Pablo a Jerusalén (para ver a Pedro)	
	Saulo va a Tarso	
	Saulo trabaja en Cilicia y en Siria	
	Pedro visita a Cornelio, se agregan gentiles a la Iglesia	
	Crecimiento de la Iglesia predominantemente gentil en Antioquía	Claudio se convierte en emperador (41-54)
	Bernabé lleva a Saulo a Antioquía desde Tarso	
	Ágabo predice una gran hambruna	
	Segunda visita de Pablo a Jerusalén, con Bernabé y dinero de asistencia Sus entrevistas con los apóstoles	
	Santiago el apóstol es martirizado por Herodes	
	Pedro se escapa de la prisión	
	Se escribe la Epístola de SANTIAGO (¿44-49?)	
	Primer viaje misionero de Pablo	
	De regreso en Judea (3 meses)	
48	Pedro visita Antioquía	
	Los judaizadores visitan Antioquía	
	Disputa sobre la ley	

Fecha d.C.	Evento bíblico	Otros eventos
	Pablo escribe GÁLATAS (a las iglesias fundadas en su primer viaje misionero)	
	Tercera visita de Pablo a Jerusalén con Bernabé, para asistir al consejo	Los judíos son expulsados de Roma
	Pablo y Bernabé regresan a Antioquia	
50	Disputa sobre Juan Marcos	
	Segundo viaje misionero de Pablo	
51	El "llamado macedonio" de Pablo a Europa	Gayo se convierte en el procónsul de Acaia (51)
	Pablo predica en Filipos, Tesalónica y Berea	
	Pablo predica en Atenas	
52	Pablo en Corinto	Félix se convierte en el procurador de Judea (52-59)
	Pablo escribe 1 TESALONICENSES	
53	Pablo visita Efeso en su camino a Jerusalén	
	Pablo escribe 2 TESALONICENSES	
54	Cuarta visita de Pablo a Jerusalén	Nerón se convierte en emperador (54-68) y durante cinco años, influenciado por su tutor Séneca y Afranio Burro, el honesto prefecto de la guardia pretoriana, Roma goza de una era de oro en miniatura (54-59)
	Pablo va a Antioquía	
	Tercer viaje misionero de Pablo	
55	El ministerio de Pablo de dos años en Éfeso	
	¿MARCOS escribe el Evangelio?	
57	Pablo escribe 1 y 2 CORINTIOS	
	Pablo va a Corinto durante tres meses	
58	Pablo escribe ROMANOS	
	Última visita de Pablo a Jerusalén	
	Pablo es arrestado y enviado a Cesarea	
	Defensa de Pablo ante Félix	
	MATEO escribe su Evangelio (¿58?)	
	LUCAS escribe su Evangelio (¿58-60?) mientras Pablo está en Cesarea	
	Se escribe HECHOS (58-62)	
59	Pablo es encarcelado en Cesarea	
60	La defensa de Pablo ante Festo	
	La defensa de Pablo ante Agripa	
	Pablo es enviado a Roma (sept.-oct.)	
	Naufragio. Pablo en Malta (invierno)	
61	Pablo llega a Roma	Muere Burro, Tigelino es remplazado, Séneca se retira, Octavio se divorcia y Nerón muestra signos de degeneración (61)
	Pablo bajo arresto domiciliario en Roma durante unos dos años	
	Pablo escribe las epístolas desde la prisión: EFESIOS, FILIPENSES, COLOSENSES, FILEMÓN	
62	Muerte de Santiago en Jerusalén	Nerón se casa con Popea que es amistosa con los judíos y tal vez "temerosa de Dios" (62)
	Pablo es liberado de la prisión	
64	Se escribe HEBREOS (¿?) en vista de la inminente guerra con Roma	El gran incendio de Roma
		Nerón persigue a los cristianos
65	¿Pablo visita España?	
	¿Se escribe 1 y 2 PEDRO?	
66	¿Pablo visita Asia Menor?	
	El comienzo de la guerra judía	
	Pablo de nuevo en prisión en Roma	
67	Pablo escribe 1 y 2 TIMOTEO y TITO	
68	Pablo es martirizado en Roma	Nerón se suicida

Fecha d.C.	Evento bíblico	Otros eventos
		Galba, emperador (68-69)
		Vitelio, emperador (69) Vespasiano, emperador (69-79)
70	Destrucción de Jerusalén; veinticinco años de silencio	
81		Domitiano se convierte en emperador (81-96) Comienza a perseguir a los cristianos (81)
95	Juan en Asia Escribe su Evangelio y 1, 2 y 3 JUAN	
96	Juan escribe APOCALIPSIS	
98	Juan es martirizado	
100	Muerte de Herodes Agripa II (el último "rey" de los judíos) en Roma	

26

Los símbolos en la Biblia

A continuación presentamos un glosario de los principales símbolos usados en las Escrituras, junto con algunas de las referencias donde se hallan y también sus significados sugeridos. La importancia de cualquier símbolo dado siempre se determina finalmente por el contexto en el que se emplea.

Abejas: Enemigos numerosos. Los asirios (a veces un símbolo del poder gentil del mundo por venir) en un juicio futuro de Israel (Dt. 1:44; Sal. 118:12; Is. 7:18).

Abominación: Palabra utilizada para resumir todos los tipos de adoración idólatra. "La abominación de la desolación" es la gran imagen de la Bestia (el mesías del diablo) que se establecerá, por instigación del falso profeta, en el templo judío reconstruido en Jerusalén (1 R. 11:5-7; Ez. 8:5-6; Dn. 9:27; 11:31; Mt. 24:15).

Aceite: El Espíritu Santo (Mt. 25:4).

Adamantio: Del latín *adamantĭnus*, "perteneciente a diamantes". Dureza firme hacia Dios (compare con Ez. 3:9).

Adulterio: Infidelidad matrimonial. Usada simbólicamente, representa la infidelidad espiritual hacia Dios. Se usa especialmente para simbolizar la infidelidad de Israel hacia Jehová cuando la nación se involucró en la idolatría. También se la emplea para describir la mundanidad en el cristiano (Jer. 3:8-9; Ez. 23:36-37; Stg. 4:4).

Agua: El agua para beber simboliza al Espíritu Santo. El agua para lavar simboliza la Palabra de Dios. El agua también simboliza la debilidad y la falta de pureza humana (Sal. 22:14; Jn. 7:38; Ef. 5:26; He. 10:22). En Apocalipsis 17, el agua simboliza a las naciones.

Aguijón: Una aguijada. Problemas graves, circunstancias adversas (Nm. 33:55; Hch. 9:5).

Águila: El símbolo de la fuerza, la seguridad, la ternura y el cuidado. Poder y dignidad celestiales. Juicio que proviene de lo alto. El rey de Babilonia. El rey de Egipto (Éx. 19:4; Dt. 32:11; Job 39:27-30; Ez. 17:3, 7; Lc. 17:37).

Aire: Influencias morales y espirituales que actúan sobre la humanidad. Es la esfera de acción de Satanás como el "príncipe de la potestad del aire" (Ef. 2:2; Ap. 9:2; 16:17).

Alas: Rapidez de movimiento. Protección (Dn. 7:4; Is. 6:2; Ez. 1:6).

Alfarero: Dios como soberano sobre los seres humanos y sus circunstancias (Sal. 2:9; Jer. 18:1-10; Ro. 9:21).

Almendras: Árbol que florece temprano. La vara de Aarón, cuando se alzó ante el Señor, tenía almendras milagrosas como evidencia de su posición como sumo sacerdote de Israel. Las almendras significan fertilidad pero particularmente esa fertilidad que es el resultado de nuestra nueva vida en Cristo, la fertilidad debido a la resurrección, el fruto del Espíritu (Éx. 25:33-34; Nm. 17:8).

Altar, de bronce: Altar judío en la sala exterior del tabernáculo y del templo. Ardían continuamente fuegos sagrados en este altar y muchos de los sacrificios se ofrecían allí. Simboliza el juicio sobre el pecado y en particular habla de Cristo que toma el lugar del juicio en nombre del pecador (Éx. 27:1-8).

Altar, dorado: Altar tras el velo en el lugar santo del tabernáculo y el templo. Se quemaba incienso en este altar. Simboliza la adoración y habla en particular de Cristo en su perfecta humanidad y deidad como el que sostiene la adoración del creyente (Éx. 30:1-10).

Ancla: Seguridad. Simboliza la confianza porque está vinculada con la obra terminada de Cristo. Se dice que nuestra esperanza está anclada dentro del velo. Es decir, que deriva su fuerza de Cristo mismo en la gloria (He. 6:19).

Ángel: Un mensajero. Uno divino o un representante de Satanás de gran influencia y poder (el contexto determina qué se quiere decir). Por lo general se hace referencia a los ángeles en un sentido literal y no simbólico (Mt. 18:10). Algunos piensan que se mencionan simbólicamente en las cartas a las siete Iglesias (Ap. 2—3).

Anillo: Autoridad. Amor. El eterno. Honra (Gn. 41:42; Est. 8:8; Lc. 15:22).

Arado, arar: Obra espiritual. Trabajo que requiere paciencia, habilidad y concentración. Para asegurarse un surco recto, el que ara fija su mirada en un objeto en el lado opuesto del campo y nunca quita la vista de él mientras realiza un surco (Lc. 9:62; 1 Co. 9:10).

Árboles: Reyes o gobernantes. Personas de prominencia (Jue. 9:8; Dn. 4:10; Ap. 7:1; 9:4).

Arca de Noé: Salvación brindada a la humanidad a través de la obra expiatoria de Cristo. El arca generalmente es mencionada literalmente en las Escrituras. Puede haber una referencia simbólica en 1 Pedro 3:19-21.

Arca del pacto: Cofre sagrado guardado en el lugar santísimo. Contenía la vara de Aarón que floreció, una vasija de maná milagrosamente preservada de arruinarse y las tablas de piedra en las que se grabaron las leyes mosaicas. El arca simboliza a Cristo en su naturaleza humana (madera de acacia) y divina (oro); Cristo, en cuyo corazón siempre residió la ley inquebrantable de Dios; Cristo que satisface todas las necesidades de su pueblo. El arca es también un símbolo del trono de Dios, ya que la nube de gloria de Shequiná descansó en el asiento de la misericordia que cubría el arca (Éx. 25:10-12; Sal. 132:8; Ap. 11:19).

Arco: Conflicto de largo alcance. Engaño y falsedad (Jer. 9:3; Ap. 6:2).

Arena: Una multitud incontable. La simiente de Abraham se comparó con la arena de la costa del mar (Gn. 22:17; Ap. 20:8).

Asno: Bestia común de carga. El primogénito de la asna debía ser redimido con el sacrificio de un cordero o se tenía que matar. Simboliza al hombre tal como es por naturaleza, testarudo e ingobernable así como impuro (Éx. 13:13; Job 11:12).

Aves: Agentes del bien o del mal. Demonios, Satanás, maldad espiritual (Is. 31:5; Mt. 13:4, 19; Ap. 18:2).

Aves de rapiña: Los grandes de la tierra. Instrumentos de destrucción. Espíritus malignos (Is. 18:6; Ez. 31:6; Mt. 13:32).

Avestruz: Rechazo parental. Crueldad (Job 39:13-17; Lm. 4:3).

Azufre: Ira y juicio divinos (Job 18:15; Ap. 14:10).

Azul: Personaje celestial. El azul era el color predominante en las cubiertas y cortinas del tabernáculo (Éx. 26:1, 31).

Babilonia: Rebelión humana contra Dios, primeramente organizada en Babilonia. La idolatría se originó allí. Toda la historia humana volverá a concentrarse en Babilonia. La ciudad reconstruida se convertirá en la capital de la Bestia. Es usada simbólicamente para representar la apostasía eclesiástica (Ap. 17:18).

Balanzas: El hombre medido y pesado por Dios. Una época de hambruna (Dn. 5:27; Ap. 6:5-6).

Barba: Vello facial masculino, que simboliza la demostración de la energía humana (Lv. 14:9; 2 S. 10:5).

Barro: Mortalidad humana. La fragilidad del imperio humano fuera de Dios (Sal. 40:2; Dn. 2:33, 41; Ro. 9:21).

Becerro: Cristo como un sacrificio ofrendado a Dios en toda la fuerza y el poder de su perfecta humanidad. Un becerro era el sacrificio más grande y más costoso que se podía llevar para la ofrenda de sacrificio (Lv. 7). Como tal, simboliza la apreciación, la aprehensión y la apropiación de la obra de Cristo por parte del creyente (Lv. 1:1-5; 16:3).

Beso: La expresión humana o divina del amor (Lc. 15:20; 1 Co. 16:20; 1 P. 5:14).

Bestia: El hombre actuando en energía carnal y en independencia de Dios. Poder imperial que actúa en independencia de Dios. Poder del mundo gentil. El Anticristo que vendrá (Dn. 4:16; Dn. 7; Ap. 13). En la visión de Pedro (Hch. 10:9-16) las bestias inmundas representan a los gentiles a quienes los judíos consideraban como inmundos desde el punto de vista ceremonial y cuya compañía evitaban.

Blanco: Pureza, limpieza (2 Cr. 5:2; Sal. 51:7; Ap. 3:4).

Bosque: Reino, o los grandes de la tierra (Is. 10:18-19; Jer. 21:14; Ez. 20:46).

Brazo: Connota fuerza y poder, ya sea humano o divino. Un pensamiento similar está vinculado con el dedo y la mano. La creación del universo se atribuye a los dedos de Dios. Entonces, cuánto poder hay implícito en su mano y en su brazo (Sal. 10:15; Is. 53:10).

Bronce: Utilizado en el altar de bronce (que simboliza a Cristo soportando los fuegos de la ira de Dios en el juicio en el Calvario). De allí, simbólicamente, el bronce representa el juicio. También simboliza la fuerza y la tolerancia. El imperio griego de Alejandro estaba simbolizado por el bronce. La palabra traducida como "bronce" probablemente debería haber sido "cobre" (Éx. 36:38; Sal. 107:16; Dn. 2:39; Zac. 6:1; Mi. 4:13).

Bueyes: Paciencia. Fuerza y capacidad de trabajar para los demás (Sal. 144:14; 1 Co. 9:9; 1 Ti. 5:18). El buey es un símbolo de Cristo.

Búfalo: La palabra así traducida en el texto de Reina-Valera 1960 probablemente se podría traducir mejor como "buey salvaje". Simboliza el poder, la fuerza y también las agonías de la muerte (Nm. 23:22; Sal. 22:21).

Búho: En la Biblia, un símbolo de soledad en sufrimiento. La noción popular de que un búho es un ave sabia no se halla en las Escrituras (Sal. 102:6; Mi. 1:8).

Buitre: Juicio. Visión fúnebre (Job 28:7; Is. 34:15).

Caballos: Guerra. Poder exitoso en la guerra (Zac. 6:1-8; Ap. 6:1-8).

Cabello largo: Sometimiento, gloria. La gloria de la mujer y su atractivo. En el caso del nazareo simbolizaba el sometimiento a Dios. Una vez que expirara su voto nazareo, el judío tuvo que cortar su notable cabellera y quemarla. No debía glorificarse en una dedicación del pasado (1 Co. 11:15; Ap. 9:8).

Cabeza: Autoridad suprema. Cristo como el que controla la Iglesia. Nabucodonosor. El lugar del gobierno, la inteligencia y el poder en el hombre (Is. 7:8-9; Zac. 6:11; 1 Co. 11:3-10; Col. 1:18).

Calzado: Caminar y dar testimonio (Ef. 6:15). El calzado quitado simboliza reverencia (Éx. 3:5). En la historia del hijo pródigo (Lc. 15), el padre coloca calzado en los pies de su hijo. En el Antiguo Testamento, se quitaba el calzado para describir humildad; en el Nuevo Testamento se pone para representar una posición en la familia.

Campamento: Judaísmo. Las reglas, los ritos y las reglamentaciones de la religión de los cuales el creyente debe apartarse (He. 13:13).

Campanas: Vestidas en el borde de la túnica del efod de los sumos sacerdotes. Simbolizan el testimonio del Espíritu Santo respecto de la aceptación de Cristo dentro del velo. Cuando el sumo sacerdote de Israel entraba en el lugar santísimo en el Día de la expiación, las personas que esperaban afuera sabían que seguía vivo (y por lo tanto era aceptado por Dios en nombre de Israel) por el tintineo de las campanas en su efod (Éx. 28:33-34; 39:25-26).

Candelero de oro: Una de las piezas del lugar santo del tabernáculo y del templo. Simbolizaba la belleza de Cristo iluminada por el Espíritu Santo (Éx. 26:35; 37:17).

Caña: Debilidad, fragilidad, insignificancia, especialmente de una caña frágil (Is. 36:6; Mt. 11:7). Se dice del Señor Jesús que Él no quebrará la caña cascada ni apagará el pábilo que humea. El pábilo que humea simboliza algo que una vez fue útil pero ahora ya no lo es, la caña cascada simboliza algo que nunca fue de utilidad. Así, el Señor muestra su misericordia al descarriado y al pecador a la vez.

Cara: Inteligencia. Presencia de Dios (Éx. 33:13-23; Ez. 1:10; Ap. 9:7).

Carne: Naturaleza humana, principio en el hombre de que es esencial y resueltamente opuesto a Dios. A veces la carne se usa para simbolizar la vida humana como tal. También simboliza a la humanidad en general (Gn. 6:3; Lc. 3:6; Ro. 7:5; Gá. 5:16-19; Fil. 1:22). Cristo en su fortaleza y plenitud como alimento para la nueva naturaleza del creyente. El cristiano carnal y subdesarrollado espiritualmente no puede apropiarse de Cristo de este modo (Jn. 6:27-55; 1 Co. 10:3).

Carnero: El imperio medo-persa. Cristo ofreciéndose a sí mismo en consagración a Dios en toda su madurez y fuerza. Consagración (Lv. 8:22; Dn. 8:6).

Carpinteros: Agentes de Dios para el juicio de las naciones gentiles que oprimen a Israel (Zac. 1:20, 21).

Carrera: La vida cristiana. Una carrera se debe correr de acuerdo a las reglas, si no, se invalida toda la energía gastada (1 Co. 9:24; He. 12:1).

Carros: Poderes divinos o imperiales (2 R. 6:16-17; Sal. 68:17; Is. 66:15).

Cayado: Soporte. Peregrinaje. Poder y juicio (Sal. 23:4; Is. 14:5; He. 11:21).

Cedro: Grandeza humana. Habla del hombre mostrado con su mejor ventaja y en su forma más justa y más impresionante. Grandeza (Lv. 14:4-6; Nm. 19:6; Ez. 17:1-10; 31:1-18).

Ceguera: Incapacidad de ver la verdad espiritual (2 Co. 4:4; Ap. 3:17).

Cena: La ocasión final para el compañerismo, el refrigerio y la comunión antes de que llegue la medianoche. Puede simbolizar gracia o buen juicio (Lc. 14:16:24; Ap. 19:9, 17).

Cenizas: Indicación de un fuego apagado. Las cenizas no pueden volverse llamas de nuevo. Simbolizan el pecado juzgado. También simbolizan la profunda humillación y el profundo juicio a uno mismo (Nm. 19:9-19; Job 42:6).

Cerdo: Impureza tanto en el carácter esencial como en la práctica (Dt. 14:8; 2 P. 2:22).

Cetro: Soberanía, poder, autoridad, ya sea humana o divina. Israel en su condición tribal (Gn. 49:10; Sal. 45:6; Am. 1:5).

Cielo: El hogar de Dios. La morada de los redimidos (Mt. 24:29; Ap. 6:13; 8:10).

Cierva: Agilidad. Libertad. Afecto (2 S. 22:34; Sal. 18:33; Cnt. 2:7; 3:5).

Cinto: Disposición para el servicio. También un símbolo de restricción (Éx. 29:9; Sal. 109:19; Ap. 1:13; 15:6).

Ciudad: Con frecuencia simboliza a la humanidad reunida en desafío colectivo a Dios. Caín construyó la primera ciudad (Gn. 4:17) y le puso el nombre de su hijo Enoc ("iniciado"). Los constructores de Babel expresaron su desafío a Dios construyendo una ciudad y una torre (Gn. 11:4). Deseaban construir una sociedad mundial de la cual Dios estaba excluido. Las ciudades en la Biblia simbolizan a veces refugio. En el Apocalipsis una ciudad simboliza la capital del imperio romano revivido y también la Iglesia en sus formas glorificada y apóstata (Pr. 18:11; Ap. 16:19; 17:5; 21:2).

Cizaña: Las falsedades religiosas de Satanás (Mt. 13:25).

Clavo: Algo firme y bien fijado (Is. 22:23-25; Zac. 10:4).

Cola: Falsos profetas o sus enseñanzas (Is. 9:14-15; Ap. 9:10).

Columnas: Fuerza y estabilidad. La capacidad de sostener y mantener (Gá. 2:9; 1 Ti. 3:15; Ap. 3:12).

Colores: Diversas glorias. Los colores del tabernáculo simbolizan a Cristo: el azul lo describe como Hijo de Dios, el escarlata como Hijo del Hombre (Él fue el "último Adán", el nombre Adán significa "rojo"). El púrpura era una perfecta combinación del azul y el escarlata y por lo tanto simbolizaba la naturaleza de Cristo en la cual están mezcladas perfectamente la humanidad y la deidad (Éx. 26:31).

Comer: Comunión y compañerismo. La apropiación personal de Cristo (Mt. 26:26; Hch. 11:3-9; 1 Co. 10:16).

Copa: Símbolo de la ira de Dios, para que lo beba el pecador. Así el Señor oró porque la "copa" pudiera ser apartado de Él. Puede también ser un símbolo del favor de Dios otorgado al creyente para que lo goce (Sal. 75:8; 23:5).

Coraza: Escudo para el corazón. Por ende, simboliza la condición moral de uno (Ef. 6:14; 1 Ts. 5:8).

Corazón: El lugar de los sentimientos y las emociones (Pr. 6:18; Lc. 6:45; 24-25; Jn. 12:40).

Corchetes: Elementos relacionados con el tabernáculo y hechos de oro y plata. Simbolizan seguridad. La seguridad del creyente se vincula con la persona de Cristo (oro) y la obra terminada de Cristo (plata, siempre símbolo de redención). (Vea Éx. 26:6; 36:13, 18).

Cordero: Bondad, mansedumbre, ternura, complacencia. Sacrificio. Principalmente el cordero simboliza al Señor Jesús en sus sufrimientos y gloria.

La palabra "cordero" aparece veintiocho veces en el Apocalipsis en relación con el glorificado y poderoso Señor Jesús. Es sobre todo su título apocalíptico (Is. 53:7; Lc. 10:3; Hch. 8.32; Ap. 5:6-7).

Corona: Soberanía, poder, autoridad real. Autoridad delegada. Las recompensas del creyente por un servicio fiel (la corona de oro para todos los redimidos, también la corona de la vida para el mártir, la corona de la justicia por el servicio y el testimonio fiel, la corona de gloria para el pastor fiel) (Ez. 16:12:2; 2 Ti. 4:8; 1 P. 5:4; Ap. 2:10; 4:4-10; 9:7; 19:12).

Cortinas: Símbolo de aquellas bellezas y glorias de Cristo que una persona de fuera no ve. Las cortinas del tabernáculo eran de ricos colores y de fino lino (Éx. 26:1). Colgaban dentro del tabernáculo y no eran visibles desde el exterior. La visión del incrédulo de Cristo figura en Isaías 53:2: "no hay parecer en él, ni hermosura; le veremos, mas sin atractivo para que le deseemos". Los creyentes ven a Cristo de manera muy diferente, en especial cuando han aprendido los secretos internos de la verdadera adoración.

Cubierta de pieles: Cubierta exterior del tabernáculo. De hecho esta cubierta estaba hecha de pieles de foca, siendo "cubierta de pieles de carneros" una mala traducción de la versión Reina-Valera 1960. No había nada atractivo acerca de esta piel para la vista, si bien a la vez ocultaba y protegía. Simbolizaba la defensa contra diversas formas de maldad. También describe a Cristo (Ez. 16:10; Éx. 26:14).

Cuerdas: Restricción, humana o divina. El atractivo poder del amor (Sal. 2:3; Os. 11:4).

Cuernos: Reyes. En Daniel se mencionan dos "pequeños cuernos". Uno simboliza a Antíoco Epífanes y el otro al Anticristo, ambos reyes de gran poder. Los cuernos simbolizan poder, fuerza y gloria (Sal. 75:10; Dn. 7:8; 8:9; Ap. 5:6; 13:1).

Dardos de fuego: Tentaciones agudas y repentinas (Ef. 6:16).

Desierto: Símbolo del mundo de una vida cristiana derrotada. Un desierto también es el símbolo de aflicción y desolación. Los viajes por el desierto que hizo Israel dan una imagen de las experiencias del creyente en este mundo mientras está en el camino a su hogar en el cielo. El *camino* por el desierto era parte del plan divino pero el *vagar* por el desierto fue un juicio por negarse a entrar en Canaán (Cnt. 3:6; Ap. 12:6, 14).

Desnudez: Pobreza espiritual. También significa el estado de aquellos sin Cristo (2 Co. 5:3; Ap. 3:17-18).

Dientes: Crueldad. Poder (Dn. 7:5-19; Pr. 30:14; Ap. 9:8).

Diestra: El lugar de poder y de privilegio. Seguridad. Juicio (Éx. 15:6; Sal. 45:4-5; Mr. 16:19; He. 10:12).

Dormir: Muerte. Usado simbólicamente, se refiere al cuerpo. El sueño nunca se refiere al alma, el alma nunca duerme (1 Co. 11:30; 1 Ts. 4:14).

Dragón: El poder egipcio expresándose en crueldad. Satanás (Ez. 29:2-3; Ap. 12:13).

Embriaguez: Insensibilidad a la responsabilidad moral y al juicio divino. Excitación carnal. Rendirse a una influencia opuesta a la del Espíritu Santo (Is. 29:9; Ef. 5:18).

Encina: Poder y prosperidad (Is. 1:30; Am. 2:9).

Entrada (puerta): En la época bíblica el lugar del gobierno. Un símbolo de seguridad, de acceso (Gn. 19:1; Ap. 21:12-13).

Escalera: Cristo, la única conexión entre la tierra y el cielo (Gn. 28:12; Jn. 1:51).

Escarlata: El pecado del hombre visto por Dios. La pompa y la gloria humanas (Nm. 4:8; Ap. 17:3-4; 18:16).

Escorpión: Algo que ocasiona angustia y tormento. Los escorpiones-langostas de Apocalipsis son evidentemente espíritus malignos que infligen una intensa angustia mental y espiritual sobre sus víctimas (Ap. 9:3-10).

Escudo: Protección, especialmente la otorgada por Dios (Sal. 18:2).

Espada: La palabra de Dios en su poder para penetrar y exponer los pensamientos y las intenciones más interiores del hombre. Guerra. Juicio. El poder del gobierno civil. La pena de muerte (Gn. 3:24; Ro. 13:4; He. 4:12; Ap. 6:4; 19:15).

Especias: El atractivo y la fragancia de las perfecciones divinas y morales (Éx. 30:23-38; Cnt. 4:14).

Espinas: Símbolo de la maldición. Instrumentos de juicio. Algo que no tiene valor (Gn. 3:18; Nm. 33:55; Jer. 12:13).

Estiércol: Total enojo y aborrecimiento. El nombre de Jezabel significa "montón de estiércol" (Mal. 2:3; Fil. 3:8).

Estrellas: Huestes angélicas. Se hace referencia a las estrellas y a los ángeles como las huestes del cielo. Las estrellas también simbolizan reglas menores. Representan también la guía (Is. 14:13; Ap. 8:12). Cristo es "la brillante estrella de la mañana" (Ap. 8:10; 9:1; 22:16).

Flagelo, flagelo desbordado: Uno de los terrores que Israel puede anticipar en los últimos días. Referencia simbólica a un gran enemigo que amenazará a Israel desde el norte, atacando a la nación con toda su fuerza en ese momento (Is. 28:15, 18). Probablemente Rusia (Ez. 38, 39).

Flechas: Juicio, castigo, guerra (Job 6:4; Sal. 7:13).

Fornicación: Mundanidad, maldad espiritual (Ap. 2:20-21; 17:2).

Freno: Restricción divina o moral impuesta sobre la naturaleza humana (Sal. 32:9; Is. 30:28; Stg. 3:2).

Fuego: Juicio. Purificación. El Espíritu Santo. La palabra de Dios en acción (Mal. 3:2; Jer. 23:29; Mt. 25:41; Hch. 2:3).

Fuente: Tinaja grande para lavar. El altar de bronce representaba una limpieza radical del pecado: la limpieza a través de la sangre. La fuente representaba una limpieza recurrente del pecado: limpiando mediante el agua de la Palabra (como en el Sal. 119:9). No se dieron medidas de este artefacto, no hay límite ni medida para nuestra necesidad de limpieza diaria y continua. No hay fuente en el templo celestial. En cambio, hay un mar de vidrio, que describe la santidad. Cristo está simbolizado por el lavamiento de agua y la Palabra de Dios por la palabra (Ef. 5:26).

Fuente de agua: Fuente de satisfacción o de bendición (Is. 12:3; Sal. 84:6; Jn. 4:14).

Fuentes: Fuentes de vida o de refrescamiento. La vida de resurrección (Is. 41:18; Ap. 8:10).

Fundamento: Algo permanente y seguro. Cristo como aquel sobre el cual descansa su pueblo y sobre el cual ellos construyen para la eternidad (Is. 28:16; 1 Co. 3:11-12; 2 Ti. 2:19).

Gog y Magog: Algunos estudiosos de la Biblia creen que se refieren al futuro líder ruso y a su país, así nombrados en Ezequiel 38 y 39. La expresión se usa simbólicamente en el Apocalipsis para describir a los que se unirán a Satanás en su última rebelión contra Cristo.

Golondrina: Inquietud, como lo sugiere el vuelo rápido de la golondrina (Sal. 84:3; Pr. 26:2).

Granadas: Una fruta llena de semillas que por lo tanto es un símbolo de fertilidad. Se colocaban granadas artificiales en las vestimentas del sumo sacerdote de Israel para recordarle que su vida iba a ser fructífera para Dios (Éx. 28:33-34; Cnt. 4:13).

Grosura: Fertilidad, abundancia (Nm. 13:20; Sal. 63:5; 119:70; Is. 6:10). La grosura de los sacrificios siempre se entregaba a Dios. Simboliza la excelencia interna de Cristo que Lo condujo a la cruz obedeciendo a Dios (Lv. 1:8). Ya que *gordura* da la imagen de indulgencia propia llevada a un exceso, se usa la grosura a veces en la Biblia como un símbolo de total insensibilidad hacia Dios.

Gusano: Algo despreciable. Muerte. Remordimiento eterno (Sal. 22:6; Mr. 9:44-48).

Hambre, sed: Deseo intenso, ya sea espiritual o físico (Sal. 42:2; Mt. 5:6; Jn. 6:35).

Hierba: Las masas de la humanidad. Prosperidad de tipo pasajero (Stg. 1:10-11; Ap. 8:7).

Hierbas: Hierbas amargas, usadas en relación a la pascua. Simbolizan el juicio del mal y su amargura (Éx. 12:8; Dt. 11:10).

Hierro: El imperio romano. Fuerza, poder irresistible. Una conciencia endurecida. Un día el Señor reinará sobre las naciones con una vara de hierro, simbólica de su justicia inflexible y de su supresión del mal (Job 40:18; Sal. 2:9; Dn. 2:40; 1 Ti. 4:2).

Higuera: Seguridad, prosperidad y bendición. La higuera es uno de los símbolos de la nación de Israel. Representa la condición de Israel entre el momento del rechazo a Cristo por parte de la nación y su regreso (Jue. 9:10-11; Os. 9:10; Mt. 24:32).

Hisopo: Hierba de arbusto común en oriente. Se usaba para aplicar la sangre del cordero de pascua en los postes de las puertas de los hogares hebreos en Egipto. También se empleaba en relación a la limpieza de los leprosos. Por ende, se asocia con el hombre en su peor condición (Lv. 14:4; Nm. 19:6; Sal. 51:7).

Hoja: Profesión vacía de cosas espirituales. La higuera solo tenía hojas, ningún fruto. Las hojas también simbolizan la frescura espiritual y la vida. Del mismo modo simbolizan la bendición milenaria y la sanación (Sal. 1:3; Mt. 21:19; Ap. 22:2).

Hombro: El lugar de la fuerza. Cristo no necesita un hombro para gobernar el mundo pero sí dos para las ovejas perdidas. La obra de redención es mucho más pesada que la obra del gobierno mundial (Is. 9:6; Lc. 15:5).

Horno: Pruebas y sufrimientos profundos. Aflicción. Juicio divino (Dt. 4:20; Is. 48:10; Mt. 13:42; Ap. 1:15).

Horno de fuego: Juicio feroz (Sal. 21:9; Mal. 4:1).

Huerto: El paraíso. Los reinos y los poderes de este mundo. Algo apartado para el disfrute privado (Cnt. 4:12; Ez. 36:35; 31:8-9).

Humo: Juicio. El humo oscurece, ciega y sofoca. También indica la presencia de fuego (Is. 14:31; Ap. 9:2-3; 19:3).

Idolatría: Todo lo que tiene precedencia sobre Dios en la vida de una persona (1 Co. 10:14; compare con Fil. 3:19; Col. 3:5; 1 Jn. 5:21).

Imagen grabada: Ídolo, hecho para representar al Dios verdadero o bien al falso (Gn. 1:26; Hch. 19:35; Col. 1:15).

Incienso: Oración que asciende hasta Dios. Cristo en la fragancia de su persona al ofrecerse a sí mismo a Dios (Lv. 16:13; Ap. 5:8).

Incienso puro: Habla de fragancia, en particular del Señor Jesucristo en la fragancia de su vida como Dios mismo la conoció y la valoró. Se agregaba a las ofrendas (Éx. 30:34; Lv. 2:2).

Indignación: El tiempo venidero del castigo judicial de Israel por mano de Dios (Is. 10:25; 26:20).

Jaspe: Piedra preciosa. Significa la demostración de la gloria de Dios (Ap. 4:3; 21:11, 18).

Joyas: La preciosidad del creyente hacia Dios. Marcas del favor de Dios (Is. 61:10; Ez. 16:17; Mal. 3:17).

Langostas (Insecto): Numerosos enemigos destructivos (Jer. 51:14; Jl. 1:4). Destrucción total y de largo alcance. Hordas demoníacas (Sal. 78:46; Jl. 1:4; Ap. 9:3-7).

Leche: Verdad elemental para los niños en Cristo (cristianos inmaduros), en contraposición a "carne" (1 Co. 3:1, 2; He. 5:12).

Lengua: Habla. Profesión religiosa. Remordimiento, tormento (Gn. 10:5; Sal. 45:1; 1 Co. 13:1).

León: El imperio babilónico. Cristo. Satanás. Majestad y poder real (Dn. 7:4; 1 P. 5:8; Ap. 5:5).

Leopardo: El imperio griego y sus conquistas rápidas y poderosas (Dn. 7:6).

Lepra: Pecado. El golpe de Dios. Los hebreos veían la lepra como una manifestación especial del desagrado de Dios. El rey Uzías sufrió esta enfermedad por su presunción al buscar unir en su persona los cargos de sacerdote y rey. Simbólicamente, la lepra representa impureza en el corazón y en la vida (Lv. 13:14).

Levadura: En las Escrituras, uniformemente un símbolo de un mal secreto, activo, de corrupción. Mal moral y doctrinario. Algunos equivocadamente han tomado la levadura en la parábola de Mateo 13:33-35 como símbolo del evangelio (Mt. 16:6; 1 Co. 5:5-8; Gá. 5:9).

Libro: Registro del juicio. Registro del comportamiento cristiano. Registro de los verdaderos creyentes en la eternidad. Escrituras de propiedad de la tierra (Ap. 3:5; 10:2; 13:8).

Lino: Cristo en toda su pureza personal. La pureza personal y la justicia de los creyentes (Ap. 15:6; 19:5-14).

Lirio: Amor. Pureza virginal (Mt. 6:28; Cnt. 2:1-2).

Llama: Infierno. La severidad del juicio de Dios (Is. 29:6; Lc. 16:24).

Llave: Autoridad. El derecho de ejercer la autoridad divina. Gobierno (Is. 22:22; Mt. 16:19; Ap. 1:18).

Lluvia: Renacimiento. Bendición desde lo alto. Momentos de refrescamiento traídos por el Espíritu Santo (Dt. 32:2; Sal. 84:6; He. 6:7).

Lobos: Enemigos crueles del pueblo de Dios (Hch. 20:29).

Lodo: Contaminaciones de este mundo. Degradación moral total (Is. 10:6; 2 P. 2:22).

Lomos: Fuerza interior. Los lomos ceñidos simbolizan la resolución del alma (Lc. 12:35; Ef. 6:14).

Lugares celestiales: Los "sitios celestiales". Reino donde se sitúan las batallas y bendiciones del cristiano y donde dominan Satanás y sus huestes (Ef. 1:3; 6:12).

Luna: Autoridad delegada. Poderes de gobierno, posiblemente religiosos. La Iglesia. La luna no tiene luz propia. Brilla al reflejar la luz del sol. La luna nueva simboliza la reaparición de Israel en un día venidero y su asunción de gobierno (Gn. 1:16; Cnt. 6:10; Ap. 8:12; 12:1).

Luz de lámpara: Luz artificial (Ap. 22:5). Los siete candeleros (Ap. 1:12-20) simbolizaban siete Iglesias locales.

Macho cabrío: Alejandro Magno, el conquistador griego. La gran ofrenda del pecado usada especialmente en el Día de la expiación. Los que estén vivos al retorno de Cristo que serán expulsados eternamente de su presencia debido a su tratamiento de los judíos (Lv. 16:7; Dn. 8:21; Mt. 25:32-33).

Madre: Religión. Una fuente de corrupción o de bendición religiosa (Gá. 4:22-31; Ap. 2:20; 17:5).

Maná: Cristo, especialmente en su humildad. Cristo como alimento para su pueblo durante su recorrido en este mundo (Éx. 16:15; Jn. 6:31-49).

Manos: Acciones. Servicio. Obra humana o divina (Sal. 90:17; 73:13).

Manzanas: Fruto de la justicia divina. La manzana como símbolo de tentación no pertenece a las Escrituras. Da por supuesto que en el huerto del Edén fue una manzana lo que Eva le dio de comer a Adán. "Manzana de oro con figuras de plata" representa algo raro y costoso: la justicia divina (oro) mejorada por la expiación (plata) (Pr. 25:11).

Manzanos: Cristo es el novio. El manzano está en contraste con los árboles del bosque, que no dan frutos comestibles (Cnt. 2:3; 8:5).

Mar: Las naciones gentiles. La primera bestia de Apocalipsis 13 sale del mar y por tanto es probablemente un gentil. Esto se contrapone a la segunda bestia que sale de la tierra y que probablemente sea un judío. A él se le llama "falso profeta". Personas malignas en su desasosiego e inquietud e impureza (Is. 57:20; Ap. 8:8; 13:1).

Marca en la frente: Simboliza el apartamiento o la dedicación de una persona para Dios o para algún propósito maligno. La marca de la Bestia estará estampada en la mano o en la frente. La marca sobre la mano puede simbolizar a las clases trabajadoras mientras que la marca en la frente puede simbolizar la clase intelectual del mundo (Ez. 9:4; Ap. 14:9; 13:16).

Mesa: Comunión y compañerismo (Sal. 23:5; 1 Co. 10:21).

Miel: Dulzura natural. No debía incluirse en las ofrendas. Afecto natural (Lv. 2:11; Sal. 119:103; Ap. 10:10).

Minas: Dones divinamente investidos para que usen los demás (Lc. 19:13).

Montaña: Poder nacional. La gran montaña ardiendo en fuego de Apocalipsis 8:8 simboliza a una nación consumida con energía feroz y militante. Una montaña generalmente simboliza la estabilidad o la grandeza política o moral, especialmente si esas cualidades se expresan a nivel nacional.

Monte: Lugar de gobierno real o divino. Algo que no puede ser separado del poder de Dios (Sal. 2:6; 24:3).

Muerte: El juicio de Dios sobre el hombre caído (Ap. 6:7-8).

Mujer: Israel. La Iglesia, tanto la verdadera como la falsa. Debilidad (Jer. 6:2; Ap. 12:1; 17:3).

Muros: Seguridad (Éx. 14:22; Ap. 21:18).

Muslos: Fuerza. Después de que se descoyuntara el muslo de Jacob, este ya no pudo seguir luchando con el ángel. La espada del Señor la tiene sobre su muslo (Nm. 5:21; Sal. 45:3; Ap. 19:16). En la visión de Nabucodonosor los muslos representaban el imperio griego (Dn. 2:32).

Negro: Duelo. Maldad moral. Hambruna (Jer. 4:28; Ap. 6:5).

Nieve: Pureza (Is. 1:18; Lm. 4:7).

Niño: Término para denotar la inmadurez espiritual en un cristiano. No desarrollado y por lo tanto no sano (1 Co. 3:1; He. 5:12-14).

Nodriza: Afecto (1 Ts. 2:7).

Nubes: La presencia de Dios con su gloria velada (Éx. 24:15-18; Lc. 9:35).

Ofrenda: Símbolo de Cristo en la perfección y uniformidad de su naturaleza humana como ofrecido a Dios. (Éx. 29:41; Lv. 2:1).

Ojos: Inteligencia, percepción, dirección o guía (Nm. 10:31; 2 Cr. 16:9; Sal. 123:2). Los siete ojos del Cordero hablan de la omnisciencia de Cristo (Ap. 5).

Olas: Juicio (Sal. 42:7).

Olivo: La nación de Israel en su grandeza después del regreso de Cristo. Fertilidad abundante para Dios (Jue. 9:8-9; Jer. 11:16; Ro. 11:17-24).

Ondas: Angustias abrumadoras, especialmente las ocasionadas por el juicio de Dios (Sal. 42:7; Jon. 2:3).

Oreja: Atención humana o divina. La oreja perforada del esclavo hebreo daba la imagen de la entrega y la obediencia devotas (Éx. 21:1-6; Sal. 34:15; Ap. 2—3).

Oro: Ampliamente usado en la construcción tanto del tabernáculo como del templo. Simboliza a Cristo. También representa la justicia divina, la deidad, la naturaleza divina del Señor (Éx. 25:11, 18, 24).

Oso: Enemigo poderoso y destructivo. Particularmente simboliza al imperio persa. El oso elevado de un lado simboliza la alianza medo-persa desequilibrada en la que predominaba Persia (Dn. 7:5).

Ovejas: Personas perdidas, un símbolo gráfico del pecador. Las ovejas no son fuertes, rápidas ni astutas. Fácilmente se descarrían del rebaño y son incapaces de encontrar su camino de regreso. No tienen defensas contra sus enemigos. Las ovejas también simbolizan al Señor Jesús mismo así como también al pueblo del Señor en su relación con Cristo. Muchos animales tienen características que ilustran rasgos de la naturaleza humana y son presentados de ese modo en las Escrituras (Is. 53:6; Jn. 10:3).

Pajarillo: El amor de Dios hasta por la criatura más humilde (Mt. 10:29).

Palma: Victoria. Las palmas se usaron para celebrar la entrada triunfal de Cristo en Jerusalén. Las palmas también simbolizan a los justos, especialmente en su crecimiento y salud espirituales (Sal. 92:12; Jn. 12:13; Ap. 7:9).

Paloma: Manso, sin mancha. El Espíritu Santo (Sal. 68:13; Mt. 3:16; 10-16).

Pan: El Hijo de Dios encarnado. Sostén. Cristo como el medio de la comunión para su pueblo (es decir, el único pan) o Jehová como el medio de comunión para Israel (los doce panes en la mesa en el tabernáculo). Todo tipo de comida (Lv. 24:5-9; Jn. 6; 1 Co. 10:17).

Panes: Símbolo de la Iglesia tal como es. En el día de Pentecostés, Israel tomaba anualmente dos panes y los presentaban al Señor. Estos contenían levadura. En su condición real, la Iglesia en la tierra nunca se ha liberado por entero del pecado. Se necesitaron dos panes para simbolizar lo que sucedió cuando llegó plenamente el día de Pentecostés: la Iglesia formada el día de Pentecostés estaba compuesta únicamente por judíos pero más tarde ingresaron gentiles. Ahora hay un solo pan (1 Co. 10:17).

Paraíso: Un jardín de placer. De etimología persa. En Eclesiastés 2:5 la palabra *huertos* es *paradesim,* es decir, "parques" o "tierras de placer". Tales paraísos los construían monarcas orientales. El huerto del Edén es entonces comúnmente llamado "Paraíso". Simboliza el cielo, el hogar de Dios (Lc. 23:43; 2 Co. 12:4).

Parto: Ansiedad. Angustia espiritual (Jer. 4:31; Gá. 4:19).

Pastor: Cristo. Vigilantes o pastores civiles o religiosos (Nah. 3:18; Sal. 23:1; Zac. 13:7; Jn. 10:14; He. 13:20).

Pechos: Fertilidad (Gn. 49:25; Is. 66:11).

Pelo de cabras: Una de las cubiertas exteriores del tabernáculo. Simboliza la capacidad de Cristo de separarse del mal (Éx. 25:4; 26:7; 35:6).

Perla: Simboliza a Cristo en sus sufrimientos, la formación de la perla es la respuesta de la ostra al daño. Las puertas de perla en la ciudad celestial demuestran la inmensidad de los sufrimientos de Cristo, que solos dan acceso a la gloria. La perla también representa a la Iglesia en toda su preciosidad y belleza (Mt. 13:46; Ap. 21:21).

Perro: Una expresión de enojo. Un epíteto con frecuencia reservado por los judíos para referirse a los gentiles. Impureza. Personas sin sentimiento ni conciencia. Satanás (Sal. 22:16; Pr. 26:11; Mt. 15:27; Fil. 3:2).

Pez: Símbolo de la Iglesia entre los primeros cristianos, si bien no se usa demasiado en las Escrituras salvo por una deducción vaga (de Jn. 21:11 o Mt. 4:19). El pez también simboliza al pueblo judío disperso en los últimos días (Jer. 16:16; Ez. 29:4-5).

Piedras de granizo: Juicio severo desde lo alto (Is. 30:30).

Piel: Apariencia exterior. En las ofrendas del Antiguo Testamento, se entregaba la piel al sacerdote. Simboliza a Cristo en sus glorias externas, que el hombre puede ver y apreciar, en contraste con sus perfecciones interiores y ocultas, que solo puede apreciar Dios (Lv. 7:8).

Pieles de carnero: Teñidas de rojo, usadas como una de las cubiertas del tabernáculo. Simbolizan la muerte de Cristo como la cubierta de su pueblo (Éx. 25:5; 26:14).

Piernas: El imperio romano, especialmente después de su división este-oeste. Estabilidad. Fuerza (Sal. 147:10; Cnt. 5:15; Dn. 2:33).

Pies: El camino y el andar del creyente. Ser colocado bajo los pies simboliza un sometimiento total (Jn. 13:1-10; Ro. 16:20; 1 Co. 15:27).

Plata: El precio de la redención. Por ende, simboliza la preciosa sangre de Cristo. La plata también es símbolo del imperio medo-persa (Dn. 2:32). También representa la riqueza humana (Pr. 8:19).

Plomada: Juicio (Am. 7:7-8).

Plomo: Juicio del mal (Éx. 15:10; Zac. 5:7-8).

Polvo: Humillación total. La nada. Mortalidad humana (Sal. 22:15; Dn. 12:2).

Pozos: Recursos humanos o divinos (Jer. 2:13; Is. 36:16).

Primogénito: Rango de dignidad. La posición del primogénito no siempre iba de la mano con el que nació primero (por ejemplo, Ismael e Isaac, Esaú y Jacob, Efraín y Manasés). Cuando se aplica a Cristo, el símbolo habla de su preeminencia (Sal. 89:27; Col. 1:15).

Propiciatorio: Cubierta de oro del arca sagrada del pacto. Estaba hecho de una sola pieza sólida de oro junto con la figura de querubines. Se rociaba con sangre el Día de la expiación. Los querubines miraban hacia dentro y hacia abajo a la sangre y así, simbólicamente, estaban ocupados con la obra terminada de Cristo. La nube de gloria de Shequiná se posó sobre el propiciatorio, que simboliza el trono de Dios. También representa a Cristo, el verdadero propiciatorio de hoy día (Éx. 25:21, 22; Lv. 16:15; compare con Ro. 3:24, 25).

Prostitución: Apostasía religiosa. Vileza espiritual. Idolatría. Este símbolo deriva su fuerza del hecho de que las religiones cananeas, que siempre fueron una trampa para Israel, usaban prostitutas del templo como sacerdotisas en su adoración (Lv. 19:29; Ez. 43:7; Os. 5:3; Ap. 17:1).

Puerta: Un medio de acceso. La oportunidad otorgada por Dios y la apertura para el servicio. Lo que mantiene a Cristo fuera de la vida (1 Co. 16:9; Ap. 3:8, 20).

Púrpura: Realeza. En el velo del tabernáculo y en el Templo se usaban los colores escarlata, azul y púrpura para describir a la persona de Cristo. Se muestra a la ramera vistiendo púrpura para describir la suposición de un poder mundano, suntuoso por parte de la falsa Iglesia (Éx. 26:36; Jn. 19:2; Ap. 18:16).

Querubines: Seres sobrenaturales relacionados con los derechos de creación y de redención de Dios. Simbolizan el carácter moral del gobierno de Dios administrado en justicia y en juicio (Gn. 3:24; Éx. 37:7; 1 R. 6:28; Ez. 10:5).

Ramera: Un sistema religioso o pueblo depravado y corrupto (Ez. 16:1-63; Os. 3:1-5; Ap. 17:5).

Red: Una trampa (Sal. 9:15; Pr. 1:17; Hab. 1:16).

Relámpago: La presencia de Dios en poder y juicio. Obediencia. La venida de Cristo (Ez. 1:13; Dn. 10:6; Zac. 9:14; Mt. 24:27; Ap. 4:5; 8:5).

Reyes: Gobierno. Poder. La dignidad real del pueblo del Señor (Ap. 1:6; 5:10; 17:12).

Río: Bendición espiritual. También el Espíritu Santo (Sal. 1:3; Jn. 7:38; Ap. 22:1-2).

Riñones: Considerados por los hebreos como el sitio donde se asientan los sentimientos y el afecto (Lv. 9:10, 19). Los hebreos le adscribían conocimiento, gozo, dolor y placer a los riñones. Por lo tanto, simbolizan nuestros pensamientos y sentimientos internos (Sal. 26:2; Jer. 11:20; Ap. 2:23).

Roca: Cristo. Algo firme e inamovible. Un cimiento. Algunos intérpretes toman la roca de Mateo 16:18 para referirse a la confesión de Pedro, si bien otros piensan que es Cristo mismo en contraposición con Pedro, cuyo nombre significa "guijarro" (Dt. 8:15; 32:31; Mt. 7:24). Lo que el Señor le dijo a Pedro fue: "tú eres Pedro (*petros,* un guijarro); sobre esta roca (petra) edificaré mi Iglesia". La palabra *petra* es también el nombre de una antigua ciudad rocosa de Edom.

Rodilla doblada: Sumisión. Reverencia (Ef. 3:14; Fil. 2:10).

Rojo: El color de la sangre, simbolizando el derramamiento de sangre y el juicio. También simboliza el pecado del hombre visto por Dios (Is. 1:18; Ap. 6:4).

Rosa: Israel. La Iglesia. La belleza y la fragancia (Cnt. 2:1).

Rueda: Gobierno divino (Pr. 20:26; Ez. 1:15).

Sal: Un agente para detener la corrupción. Antes de la época de los refrigeradores, la carne se preservaba con sal. La sal también simboliza un discurso sólido. Representa algo que es duradero (Mt. 5:13; Col. 4:6).

Saltamontes: Insignificancia personal. Numerosos enemigos (Nm. 13:33; Jue. 6:5; Is. 40:22).

Sangre: La vida perdida por el pecado pero reclamada por Dios. En los sacrificios levíticos, la sangre del animal simbolizaba la sangre de Cristo derramada en la cruz. Las contaminaciones de la naturaleza humana. Asesinato que da temor. Juicio divino (Gn. 4:10; Lv. 17:10-14; Ap. 14:20).

Segar: El resultado de acciones anteriores. Discriminar el juicio (Mt. 13:30; Ap. 14:15).

Sello: Propiedad. Seguridad. Algo que restringe (1 Co. 9:2; Ef. 4:30; 2 Ti. 2:19; Ap. 5:1; 7:2).

Semilla de mostaza: Algo pequeño e insignificante en sí mismo. La parábola de la semilla de mostaza en Mateo 13:31, 32 deriva su fuerza del hecho de que una semilla tan pequeña crece hasta llegar a ser una hierba del tamaño de un árbol (compare con Mt. 17:20).

Seno: Lugar de afecto y descanso. "El seno de Abraham" era la expresión hebrea para indicar el lugar donde residían los muertos benditos (Lc. 16:23; Jn. 1:18).

Serpiente: Mal espiritual y moral. Como la víbora, con frecuencia es atractiva y fascinante en apariencia pero es rápida, secreta y mortal cuando ataca. (Gn. 49:17; Sal. 140:3; Pr. 23:32). Satanás. Sutileza. Sabiduría satánica o mundana (Is. 27:1; Ap. 12:9; 20:2).

Sol: Cristo. Un poder de gobierno supremo (Mal. 4:2; Ap. 1:16; 8:12).

Talentos: Dones o habilidades investidos para el servicio de los demás (Mt. 25:14-30).

Tempestad: Juicio. Aflicción (Job 9:17; Sal. 11:6).

Terremoto: Revueltas sociales y políticas entre las naciones (Is. 29:6; Ap. 6:12; 16:18).

Tierra: La nación de Israel (Ap. 10:2; 13:11).

Torbellino: Juicio. El poder manifiesto de Dios (Job 38:1; Pr. 1:27; Is. 66:15; Os. 8:7).

Toros: Enemigos insensibles, poderosos (Sal. 22:12; Jer. 50:11).

Torre: Fuerza. Seguridad (Pr. 18:10; Sof. 3:6).

Trigo: La Iglesia. Verdaderos creyentes (Mt. 3:12; 13:29; Jn. 12:24).

Trompeta: Llamado del clarín. Juicio. Guerra. Alarma. Invocaciones (Jer. 51:27; 1 Co. 15:52; 1 Ts. 4:16; Ap. 8:6).

Trono: Soberanía. El sitio de la autoridad y gobierno (Dn. 7:9; Sal. 45:6).

Ungir: Consagrar y así investir poder (Éx. 29:7; Lv. 8:10-12; Hch. 10:38; 2 Co. 1:21; 1 Jn. 2:27).

Uvas maduras: Los apóstatas maduros para el juicio. Fruto para Dios (Is. 5:1-7; Ap. 14:18).

Vara: Poder y autoridad. Castigo o juicio. Una tribu o un pueblo (Sal. 2:9; 23:4; He. 9:4).

Vara de medir: Apropiación. Posesión (Zac. 2:2; Ez. 40; Ap. 11:1; 21:15).

Velo: Cortina que colgaba entre el lugar santo y el lugar santísimo tanto en el tabernáculo como en el templo, simbólicamente impidiendo tener acceso a Dios. El velo del templo fue quitado por Dios cuando Cristo murió en la cruz; la muerte expiatoria de Cristo quitó todo lo que impedía al creyente llegar a la presencia inmediata de Dios. También simbolizaba el hecho de que el judaísmo estaba obsoleto, puesto que, sin el velo, todos los rituales de sacrificio y ceremoniales no tenían valor (He. 10:20).

Verbo, el: Cristo (Jn. 1:1-3, 14; 1 Jn. 1:1).

Vestidura: Justicia (Jer. 51:10; Lc. 15:22; Ap. 6:11).

Vestimentas: Santidad personal y práctica (Éx. 28:40-43; Ap. 3:4; 16:15).

Víboras: Doctrinas mortales y sus maestros (Mt. 3:7; 12:34).

Viento: El Espíritu Santo. La presencia invisible pero sentida de Dios en gracia o juicio. Inestabilidad. Expectativas intangibles y vanas (Jn. 3:8; Hch. 2:2; Ef. 4:14; Stg. 1:6; Ap. 6:13; 7:1).

Vientre: Apetito físico. En el sueño de Nabucodonosor, el vientre de la imagen representaba el imperio griego por venir (Dn. 2:32, 39; Ro. 16:18).

Vino: Gozo. Juicio. Excitación natural (Is. 55:1; Ef. 5:18; Ap. 18:13).

Viña: La nación de Israel. Tres árboles simbolizaban a Israel. El olivo anticipa las glorias venideras de Israel en el milenio, la higuera simboliza a Israel entre los dos advenimientos de Cristo, la viña simboliza a Israel hasta el momento del primer advenimiento de Cristo y su consiguiente rechazo por parte de la nación. A partir de entonces, Él se proclamó como la verdadera Vid (Is. 5:1; Jer. 12:10; Os. 10:1; Mr. 12:1; Jn. 15:1).

Virgen: Pureza religiosa. Separación del mundo. Castidad espiritual (2 Co. 11:22; Ap. 14:4). Las diez vírgenes de la parábola del Señor representan a la nación de Israel (Mt. 25:1-13).

Viuda: Desolación (Lm. 1:1; Ap. 18:7).

Yelmo: Seguridad de la salvación (Ef. 6:17; 1 Ts. 5:8).

Yugo: Restricción. El yugo desigual toma su valor simbólico de la práctica injusta de uncir juntos a dos animales de fuerza y tamaño desigual. Simboliza cualquier tipo de sociedad —de negocios, matrimonial, religiosa— en la que las partes tienen diferencias importantes (Mt. 11:29-30; 2 Co. 6:14).

Zafiro: Gema azul, que simboliza la gloria del trono de Dios (Éx. 24:10; Ez. 1:26).

Zorro: Personas astutas o arteras. Cristo llamó a Herodes zorro (Ez. 13:4; Lc. 13:32).

27

UN RESUMEN DE NOMBRES BÍBLICOS

Esta lista contiene los nombres más prominentes o más comúnmente usados en la Biblia. La mayoría son nombres del Antiguo Testamento, que parecen tener mayor importancia que los nombres del Nuevo Testamento, probablemente porque los nombres del primero están entretejidos con la historia del pueblo hebreo y por lo tanto con el proceso continuo de la revelación divina. Los nombres gentiles, a no ser que deriven de una fuente hebrea, parecen tener menor importancia.

En algunos casos se presentan varias alternativas. Esto refleja la incertidumbre que rodea al significado de algunos de los nombres, que pueden traducirse de varias maneras.

Después de cada nombre se encuentra un número de código ya sea en números arábicos o en cursiva. Esto conecta a los nombres con los diccionarios hebreos y griegos en la Concordancia de Strong y también en Gesenius y Thayer. Facilitará un estudio futuro de los nombres si así se lo desea.

Aarón: Instruido, iluminado (175); Sumo sacerdote de Israel, de la familia de Coat, segundo hijo de Leví. María era su hermana mayor; Moisés, su hermano menor. Sus padres eran Amram y Jocabed. Su esposa era Elisabet. Tuvo cuatro hijos: Nadab, Abiú, Eleazar e Itamar. Fue el primer sumo sacerdote de Israel. Murió en el Monte Hor en Edom a los 123 años de edad.

Abadón: Destructor (*3*); Rey del abismo, es decir, del pozo del abismo. Su nombre en griego es Apolion.

Abana: Permanente, perenne (71); río de Damasco. Su fuente está a 1.150 pies sobre la montaña Anti-Líbano. Naamán alardeaba sobre este río.

Abdías: Siervo de Dios (5662). Siervo de Acab. También un profeta menor.

Abdón: Servidumbre (5658); uno de los jueces.

Abednego: Siervo de Nego (5664); nombre babilónico dado al amigo de Daniel, Azarías. Fue arrojado al horno ardiente y feroz.

Abel: Fresco, cubierto de hierba (59). Lugar donde los filisteos dejaron el arca. También es el nombre de otro lugar donde Joab sitió a Sabá.

Abel: Transitorio (1893); segundo hijo de Adán y Eva, asesinado por su hermano Caín.

Abiam: Padre de la luz (38). Hijo de Roboam que fue sucesor al trono de Judá. También llamado Abijar.

Abías: Mi padre es Dios (Jah) (29). Indigno segundo hijo de Samuel. El mal comportamiento de Abías condujo a Israel a desear un rey. También nombre del hijo de Roboam, cuya madre fue Maaca, una hija de Absalón. Fue sucesor al trono de Judá. También se le llama Abijam. Es también el nombre de otras personas, incluyendo a tres sacerdotes.

Abiatar: Padre de lo superfluo (54). Onceavo sumo sacerdote de Israel. Escapó a David cuando Doeg el edomita masacró a los sacerdotes de Nob. Estuvo junto a David durante la rebelión de Absalón pero se puso del lado de Adonías y fue expulsado del cargo de sumo sacerdote por Salomón.

Abigail: Fuente de deleite (26). Esposa de Nabal y, posteriormente, esposa de David. Madre de Amasa, el capitán de Absalón.

Abimelec: Padre del rey (40). Rey de Gerar en la época de Abraham e Isaac. Hijo de Gedeón y una concubina. Aspiró a ser rey y fue asesinado por una mujer que le arrojó una piedra. También es el nombre de varias otras personas.

Abinadab: Fuente de liberalidad (41). Israelita de la tribu de Judá en cuya casa cerca de Quiriat-jearim se colocó el arca después de ser devuelta por los filisteos. También, hermano de David, el segundo hijo de Isaí. También hijo del rey Saúl que murió en Gilboa junto con Jonatán.

Abiram: Padre de las elevaciones (48). Rubenita que conspiró con Datán y Coré contra Moisés y Aarón. Falleció. También el primogénito de Hiel de Bet-el. Murió cuando su padre hizo los cimientos de Jericó.

Abisag: Padre del error (es decir, causa de vagabundeo) (49). Mujer de Sunem, que fue la nodriza de David en su vejez. El enamoramiento de Adonías por ella llevó a que Salomón lo ejecutara.

Abisai: Fuente de riqueza (52). Uno de los hombres poderosos de David. Era el sobrino de David, hijo de la hermana de David, Sarvia y hermano de Joab.

Abiú: Él es mi padre (30). Hijo de Aarón que, junto con su hermano Nadab, fue destruido por ofrecer un fuego extraño a Dios.

Abner: Padre de la luz (74). General de Saúl. Trajo a las diez tribus a David después de haber sido desilusionado por Is-boset, el hijo de Saúl. Fue asesinado por Joab.

Abraham: Padre de una multitud (85). El hijo menor de Taré. Nacido en Ur de los caldeos, era descendiente de Sem. Se convirtió en el padre de los hebreos y de varios otros pueblos, incluyendo los árabes. Dios cambió su nombre de Abram a Abraham como muestra de su fe.

Abram: Padre elevado (87). El nombre original de Abraham.

Absalón: Padre de la paz (53). El tercer hijo de David. Su madre era Maaca, hija de Talmai, rey de Gesur. Condujo una fuerte rebelión contra David pero murió a manos de Joab cuando quedó atrapado por los cabellos en un bosque.

Acab: El hermano del padre (256). Hijo de Omri y séptimo rey de Israel. Esposo de la princesa sidonia Jezabel, apoyó la idolatría difundida en su reino y persiguió al resto que creía en Dios. Trajo sobre sí la ira de Elías. Robó el viñedo de Nabot y se le dijo que el juicio de Dios lo perseguiría en consecuencia.

Acán: Problema (5912). Soldado de la tribu de Judá que robó parte del botín de Jericó y lo escondió, un pecado que derivó en la derrota de Israel en Hai. Fue ejecutado por Josué.

Acaz: Él sostiene (271). Rey de Judá, hijo de Jotam y padre de Ezequías. Acaz fue un rey débil y maligno muy intimidado por los asirios.

Acsa: Encantadora de serpientes (5915). Hija de Caleb y esposa de Otoniel, el primer juez de Israel.

Ada: Placer (5711). Una de las esposas de Lamec antes del diluvio. También es el nombre de una de las esposas de Esaú.

Adán: De la tierra; tierra roja (120). El primer hombre, ubicado por Dios en el huerto del Edén y cabeza federal de la raza humana, por quien el pecado entró en el mundo. También es el nombre de una ciudad a 58 kilómetros al norte de Jericó sobre el Jordán.

Adoni-bezec: Señor del relámpago (137). Cruel rey cananeo capturado por los hombres de Judá y Simeón y llevado a Jerusalén, donde fue torturado y asesinado.

Adonías: Dios (Jah) es mi Señor (128). Cuarto hijo de David, quien intentó tomar el trono cuando David era anciano. Fue ejecutado por Salomón quien sospechó que él aún tenía ambiciones reales.

Adonisedec: Señor de la justicia (139); un rey cananeo asesinado por Josué.

Adoram: Alto honor (151). Funcionario de David a cargo del tributo. También un funcionario de Salomón y después de Roboam.

Adulam: Lugar de descanso (5725). Ciudad real al sudoeste de Jerusalén. También es el nombre de una famosa caverna cerca de la ciudad en la que David encontró refugio de Saúl.

Agabo: Langosta (insecto) *(13).* Profeta de Jerusalén que se cruzó con Pablo en Antioquía y que presagió una gran hambruna. También anunció la prisión de Pablo.

Agag: Alto, guerrero (90). Nombre poético para Amalec derivado de la dinastía más prominente de la nación. Amán era un agagita.

Agar: Vagando (1904). La criada egipcia de Sara quien se convirtió en la madre del primer hijo de Abraham, Ismael.

Ago: Que reúne (94). Hijo de Jaqué (el que escucha). Autor de algunos de los Proverbios. Algunos piensan que es un seudónimo de Salomón.

Agripa: Domador de caballos salvajes (67). Bisnieto de Herodes el Grande. Se convirtió en tetrarca de Abilinia, Galilea, Iturea y Traconite. Pablo le prestó su testimonio.

Ahías: Dios (Jah) es un hermano (281). Nombre de media docena de personas, especialmente el nombre de un profeta que predijo a Jeroboam la revuelta de las diez tribus. También es el nombre del padre de Baasa que conspiró contra Nadab, hijo de Jeroboam y que tomó el trono para sí mismo.

Ahimelec: Hermano del rey (288). Sacerdote asesinado por Saúl por ayudar a David.

Ahitob: Buen hermano (285). Nombre de varias personas, en especial del sumo sacerdote en la época de David.

Ahitofel: Hermano necio (302). El consejero en jefe y amigo de David. Se unió a la conspiración de Absalón y se colgó cuando no se tomó su consejo. Fue el abuelo de Betsabé.

Aholiab: La tienda del padre (171). Hábil artesano de la tribu de Dan al que se le confió el intrincado trabajo del tabernáculo.

Aholibama: Tienda del lugar elevado (173). Esposa pagana de Esaú.

Ajalón: (357). Nombre de varios lugares, especialmente del lugar en el que Josué detuvo el sol. También una ciudad levítica.

Alejandro: Ayudador de los hombres *(223).* El nombre de unos cinco individuos, en especial el hijo de Simón de Cirene que fue obligado a cargar la cruz por Cristo. También de un apóstata y de un hombre que se oponía a Pablo.

Alfeo: Líder; jefe *(256).* Padre de Santiago, uno de los doce apóstoles.

Amalec: Guerrero, morador del valle (6002). Nieto de Esaú cuyo pueblo, los amalecitas, atacaron la retaguardia de Israel cuando el pueblo estaba camino a Canaán. Dios declaró guerra perpetua a Amalec y se convirtieron en enemigos hereditarios resentidos de Israel.

Amán: Celebrado (2001). Gran visir de Asuero (Jerjes) cuyo odio hacia Mardoqueo le condujo a organizar la exterminación de los judíos.

Amasa: Cargador de pesos (6021). Sobrino de David, a quien Absalón convirtió en capitán de su ejército de rebeldes.

Amasías: Dios (Jah) tiene fuerza (558). Rey de Judá, el hijo de Joás.

Amiel: Mi pueblo es fuerte (5988). Nombre de varias personas, en especial del padre de Maquir que albergó al hijo discapacitado de Jonatán, Mefi-boset.

Aminadab: Mi pueblo está dispuesto (5992). Nombre de cuatro personas, especialmente de un príncipe de Judá.

Ammi: Pueblo mío (5971). Nombre simbólico del pueblo de Dios.

Amnón: Fiel (550). El lujurioso hijo de David que sedujo a su medio hermana Tamar y que fue consecuentemente asesinado por Absalón.

Amón: Compatriota (5983). Un pueblo que descendía de Lot a través de su unión incestuosa con su hija menor. Los amonitas tuvieron una larga historia de hostilidad contra Israel.

Amorreo: Montañés (567). Una raza que descendió de Canaán, cuarto hijo de Cam, cuya maldad no era completa todavía en el momento en que Abraham entró en la tierra de Canaán. Los israelitas les temían pero finalmente los expulsaron.

Amós: Cargador de peso (5986). Pastor de Tecoa, aproximadamente diez kilómetros al sur de Belén en Judá, enviado como profeta a la sofisticada ciudad de Samaria.

Amrafel: Pueblo poderoso (569). Rey de Sinar que invadió Canaán y tomó cautivo a Lot.

Amram: Pueblo exaltado (6019). Hijo de Coat y nieto de Leví. Amram fue el padre de Aarón, Moisés y María.

Ana: Gracia (2584). Madre de Samuel.

Ana: Gracia *(451).* Mujer anciana de Jerusalén, de la tribu de Aser, en el momento del nacimiento de Cristo.

Anac: Gigante, de cuello largo (6061). Hijo de Arba y ancestro de los anaceos, una raza de gigantes.

Ananías: Dios (Jah) es benevolente *(367).* Tres personas tenían este nombre: un hombre que junto a su esposa Safira intentó engañar a los apóstoles acerca del valor de su propiedad y que, como resultado, murió instantáneamente; un discípulo en Damasco que ministró a Saulo de Tarso después de su conversión; y un sumo sacerdote de Jerusalén que era hostil al evangelio.

Anás: Gracia de Dios (Jah) *(452).* Sumo sacerdote de Jerusalén en la época de Jesús que tuvo un papel predominante en la crucifixión de Cristo y en la oposición a la Iglesia. Fue designado sumo sacerdote por Quirino, gobernador romano en Siria, después de la batalla de Actium. Fue obligado a renunciar al comienzo del reinado de Tiberio pero siguió ejerciendo una influencia considerable.

Andrés: Viril *(406).* Hermano de Simón Pedro y un apóstol de Jesús.

Andrónico: Conquistador *(408).* Pariente de Pablo en Roma.

Aner: Cascada (6063). Hermano de Mamre, un amorreo y confederado de Abraham en su rescate de Lot.

Anotot: Respuestas (6068). Ciudad en Benjamín, a cinco kilómetros al norte de Jerusalén, celebrada como el lugar de nacimiento de Jeremías.

Antioquía: (490). Ciudad de Siria fundada por Seleuco Nicator. El cristianismo se arraigó rápidamente allí, fomentado por Pablo y Bernabé. Los discípulos fueron llamados por primera vez cristianos ahí. Una segunda Antioquía, en Pisidia, fue del mismo modo escenario de actividad misionera durante el primer viaje misionero de Pablo y Bernabé.

Aod: Fuerte (261). El segundo juez.

Apolos: Un destructor *(625).* Elocuente judío alejandrino que llegó a Éfeso predicando un evangelio imperfecto. Aquila y Priscila le enseñaron la verdad con mayor perfección. Su nombre fue muy aplaudido por una de las facciones de la Iglesia de Corinto.

Apolión: Destructor *(623).* Rey del pozo del abismo. En hebreo su nombre es Abadón.

Aquila: Águila *(207).* Judío de Corintio que se convirtió en amigo, converso y colaborador de Pablo.

Aquis: Encantador de serpientes (397). Rey de Gat hacia el que David huyó para escapar a las persecuciones de Saúl. También es el nombre de un rey de Gat de la época de Salomón.

Arabia: Desierto (6152). Porción de la península arábiga. Los habitantes originales fueron los horeos, así llamados por vivir en agujeros y cavernas. Fueron reemplazados por los edomitas, los ismaelitas y los amalecitas. Después de su conversión, Pablo buscó las soledades de Arabia.

Aram: Alto, exaltado (758). Un nombre usado de diversas maneras. Especialmente se aplica a todo el país de Siria pero específicamente al país montañoso. Aram fue fundada por uno de los hijos de Sem.

Ararat: Creación; tierra santa (780). Distrito de Armenia donde llegó a descansar el arca de Noé.

Arauna: Fuerte (728). Jebuseo cuya era compró David para que fuera el sitio de un altar y que luego se convirtió en el sitio del templo.

Arba: Fuerza de Baal (704). Padre de anaceos y de los nefilim, una raza de gigantes.

Areópago: Monte de Marte *(698).* Famosa corte ateniense ante la cual fue llevado Pablo para explicar sus enseñanzas.

Aretas: Agradable *(702).* Etnarca en el norte de Arabia cuyo delegado intentó arrestar a Pablo en Damasco.

Argob: Fuerte (709). Una fuerte división del reino de Og, rey de Basán, que comprendía unas sesenta ciudades.

Ariel: León de Dios (740). Nombre simbólico de Jerusalén usado por Isaías.

Arimatea: Altura *(707).* Otro nombre para Ramá, a siete kilómetros al norte de Jerusalén y hogar de Samuel. También fue el hogar de José, el miembro del Sanedrín que donó su sepulcro en Jerusalén para que fuera el lugar de entierro de Jesús.

Arioc: Parecido al león (746). Rey de Elasar en Asiria que invadió Canaán y tomó cautivo a Lot. También es el nombre del capitán de la guardia de Nabucodonosor.

Aristarco: El mejor gobernante *(708).* Amigo de Pablo, quien lo acompañó en su tercer viaje misionero y en su viaje a Roma.

Aristóbulo: El mejor consejero *(711)*. Persona de Roma saludada por Pablo. La tradición dice que predicó en Gran Bretaña.

Armagedón: Colina de Megido *(717)*. Escena de la última batalla en la segunda venida de Cristo.

Armenia: Igual que Ararat (780). La tradición dice que fue establecida por Haik, hijo de Togarma y nieto de Jafet.

Arnón: Corriente estrenduosa (769). Río y su valle que formaban la frontera entre Canaán y Moab. Nace en las montañas de Arabia y fluye al Mar Muerto.

Aroer: Cerrado (6177). Nombre de tres ciudades.

Arquipo: Caballerizo principal *(751)*. Probablemente el hijo de Filemón. Pablo lo insta a ser fiel.

Artajerjes: Gran rey (783). Nombre de varios reyes persas vinculados con el regreso de los judíos a Palestina.

Asa: Médico (609). Bisnieto de Salomón y uno de los reyes de Judá.

Asael: Dios ha hecho (6214). Nombre de varias personas, especialmente uno de los hijos de Sarvia, hermana de David. Fue asesinado por Abner en defensa propia. Su hermano Joab mató subsiguientemente a Abner como venganza por haber asesinado a Asael.

Asaf: Recolector (623). Nombre de varias personas, en especial el de un levita designado por David para supervisar el servicio de los cantos en Israel y puesto a cargo del servicio del Templo por Salomón.

Ascalón: Roble (831). Una de las ciudades de los filisteos.

Asdod: Fuerte (795). Una de las cinco ciudades de los filisteos.

Asenat: Dedicada a Neit (ella será detestada) (621). Esposa de José, hija de Potifera (sacerdote de On) y madre de Efraín y Manasés.

Aser: Feliz (836). Octavo hijo de Jacob y segundo hijo de Zilpa.

Asia: (778). Asia Menor (actualmente Turquía occidental), la escena de agitados eventos históricos. Fue la escena de la legendaria expedición argonáutica y de la Guerra de Troya. Los persas lucharon para controlarla. Alejandro Magno marchó a través de ella. Fue colonizada por sus sucesores y finalmente cayó bajo el dominio romano. Algunas de las iglesias clave de Pablo se instalaron aquí.

Astoret: Esposa (6252). Ídolo de los filisteos, los fenicios y los sidonios, que era adorado con ritos inmorales y se convirtió en un flagelo para Israel.

Asur: Llanura nivelada (804). Uno de los asientos del poder camítico después del diluvio, fundada en la época de Nimrod. Cuando la palabra no se traduce, quiere decir Asiria.

Atalía: Dios (Jah) es fuerte (6271). Esposa de Joram, rey de Judá e hija de Jezabel. Impuso la idolatría en Judá y después de la muerte de su hijo, Ocozías, buscó apoderarse del trono y reinó con poder despótico.

Atenas: Llamada así por la diosa de la sabiduría *(116)*. La ciudad más famosa de la antigua Grecia y el centro de la cultura mundial.

Azarías: Dios me guarda (5838). Nombre común de más de dos docenas de personas, en especial del hijo de Amasías y de un rey de Judá y de un amigo de Daniel en Babilonia conocido como Abed-nego.

Baal: Señor (1168). Dios principal de los cananeos, que rivalizó durante mucho tiempo con Jehová en los afectos del pueblo hebreo.

Baal-peor: Señor de la apertura (1187). Ídolo moabita. Balaam, incapaz de maldecir al pueblo de Israel, le enseñó a Balac cómo corromperlos con la adoración idólatra e inmoral de Baal-peor.

Baal-zebub: Señor de las moscas (1176). Uno de los dioses falsos de los filisteos en Ecrón.

Baasa: Temeridad (1201). Conspirador en contra de Nadab, hijo de Jeroboam I de Israel, que luego buscó apoderarse del trono.

Babel: Puerta de Dios (894). Ciudad en la llanura de Sinar donde Nimrod consolidó su poder y donde Dios confundió el lenguaje humano.

Babilonia: Confusión (894). Gran ciudad del río Éufrates, que era el asiento del poder babilonio y donde fueron llevados los judíos en cautiverio por Nabucodonosor. Los imperios mundiales de la profecía se vuelven tales al tomar y gobernar Babilonia.

Baca: Llanto (1056). Valle cerca de Jerusalén identificado con el Jordán.

Bahurim: Tierras bajas (980). Aldea entre Jerusalén y el Jordán.

Balaam: Peregrino, señor del pueblo (1109). Profeta madianita del Éufrates, contratado por Balac, rey de Moab, para maldecir a los israelitas. Es considerado como apóstata en el Nuevo Testamento. Fue asesinado por Josué.

Balac: Vacío, desperdiciador (1111). Rey de Moab que contrató a Balaam para maldecir a Israel.

Barac: Relámpago (1301). Ayudador de Débora en la derrota de Sisera y los cananeos, que se convirtió en uno de los jueces.

Barrabás: Hijo del padre *(912).* Ladrón y asesino elegido por los judíos en preferencia al Señor Jesús.

Barsabás: Hijo de Saba *(923).* Uno de los dos nominados que se nombran en el Aposento alto como posible sucesor de Judas Iscariote.

Bartimeo: Hijo de Timeo *(924).* Hombre ciego de Jericó a quien Jesús le devolvió la vista.

Bartolomé: Hijo de Tolmai *(918).* Uno de los apóstoles de Cristo, igual que Natanael.

Baruc: Bendito (1263). Nombre de varias personas, en especial del escriba de Jeremías cuando estaba en prisión.

Barzilai: Fuerte, hierro (1271). Galaadita rico que se hizo amigo de David cuando huyó de Absalón.

Basán: Fructífero (1316). Distrito sobre la costa este del Jordán renombrado por su fertilidad. Anteriormente era el reino de Og pero pasó a ser parte del territorio tribal de Manasés.

Beerseba: Pozo del juramento (884). Lugar en el extremo sur de Canaán famoso por el pozo que allí cavó Isaac. La expresión “de Dan a Beerseba” se convirtió en sinónimo de la Tierra Prometida.

Bel: Señor (1078). Dios babilónico, que se pensaba que era el nombre babilónico de Baal.

Belén: Casa de pan (1035). Pueblo a aproximadamente diez kilómetros al sur de Jerusalén famoso por ser la ciudad de David y el lugar de nacimiento de Jesús.

Belial: Sin valor (1100). Epíteto que denota a cualquier persona sin valor: “Un hijo de Belial”, por ejemplo.

Belsasar: Señor de los señores (1113). Nombre de un rey de Babilonia, el último regente de Babilonia en la época de Daniel.

Beltsasar: Señor de los señores (1096). Nombre babilónico dado a Daniel.

Ben-adad: Hijo de Adad (el poderoso) (1131). Rey asirio que celebró una alianza con Asa, rey de Judá, e invadió Israel. También es el nombre de otro rey sirio de la época de Acab y su hijo.

Benaía: Dios es inteligente (1141). Uno de los sobresalientes capitanes de David.

Benjamín: Hijo de mi diestra (1144). Nombre del hijo menor de Jacob y de la tribu que surgió de él.

Benoni: Hijo de mi congoja (1126). El nombre que la agonizante Raquel quiso darle a Benjamín.

Beor: Pastor (1160). Nombre de varias personas, especialmente del padre de Balaam.

Bera: Don (1298). Rey de Sodoma cuando Lot vivía allí.

Berea: Región más allá *(960).* Ciudad de Macedonia donde Pablo predicó.

Berenice: (959). Hija de Herodes Agripa que, junto con Agripa II, oyó la defensa del evangelio de Pablo.

Bernabé: Hijo de la consolación *(921).* Levita que donó el dinero que obtuvo de la venta de una propiedad a las arcas generales de la Iglesia de Jerusalén. Se convirtió en amigo y compañero misionero de Pablo. Se le llama apóstol.

Betábara: Lugar del pasaje *(962).* Lugar en el lado este del Jordán.

Betania: Casa de dátiles *(963).* Aldea en el Monte de los Olivos famosa por ser el hogar de Marta, María y Lázaro, devotos amigos de Jesús.

Bet-el: Casa de Dios (1008). Famoso lugar en el centro de Canaán, a dieciséis kilómetros al norte de Jerusalén, conectado con incidentes de la vida de Abraham y Jacob. Jeroboam lo convirtió en un centro de idolatría como el lugar donde veneró uno de sus becerros de oro.

Betesda: Casa de la misericordia *(964).* Renombrado estanque en Jerusalén cerca de la puerta de las ovejas y la escena de uno de los milagros de Jesús.

Betfagé: Casa de los higos *(967).* Aldea en el Monte de los Olivos.

Bet-peor: Casa de la apertura (1047). Ciudad de Moab cerca del Monte Peor, al este del Jordán frente a Jericó. Fue "sobre Bet-peor" donde Dios enterró a Moisés.

Betsabé: Hija de un juramento (1339). Esposa de Urías seducida por David.

Betsaida: Lugar de redes *(966).* Betsaida de Galilea: el hogar de Andrés, Pedro y Felipe. La Betsaida donde Jesús alimentó a los 5.000 se piensa que es otro lugar en la orilla este del lago.

Bet-sán: Casa de seguridad (1052). Ciudad de Manasés sobre la orilla oeste del Jordán donde los filisteos clavaron el cuerpo de Saúl.

Bet-semes: Casa del sol (1053). Pueblo en la frontera norte de Judá, sobre el declive noroeste de las montañas. Cuando los filisteos le devolvieron el arca a Israel, algunos de los hombres de Bet-semes irreverentemente la abrieron, miraron dentro y fueron asesinados instantáneamente por Dios.

Betuel: Morador en Dios (1328). Hermano de Abraham.

Beula: Desposada (1166). Nombre simbólico de la Tierra Prometida.

Bezaleel: Dios protege (1212). Uno de los hombres llenos del Espíritu designado para ayudar a construir el tabernáculo. Era un artesano en madera, metal y piedra.

Bicri: Lleno de juventud (1075). Padre de Seba, quien se sublevó contra David.

Bildad: Hijo del enojo (1085). Uno de los consoladores de Job, descendiente de Abraham a través de su esposa Cetura.

Bilha: Tierna (1090). La criada de Raquel que se le entregó para ser la esposa de Jacob y que luego fue seducida por Rubén.

Bitinia: (978). Provincia romana legada a Roma por Nicomedes II al morir en el año 74 a.C. Pablo fue refrenado por el Espíriu Santo de evangelizar la zona. La primera epístola de Pedro estaba dirigida a Bitinia y a otros sitios.

Blasto: Brote *(986).* Importante siervo de la casa de Herodes.

Boacim: Lloradores (1066). Lugar al oeste del Jordán y al norte de Gilgal.

Boanerges: Hijos del trueno *(993).* Nombre dado a Jacobo y a Juan, los hijos de Zebedeo, debido a su gran celo temperamental.

Booz: Fuerza (1162). Príncipe de la casa de Judá que vivía en Belén y que pasó a ser el esposo de Rut y un ancestro de David.

Boses: Altura; brillante (949). Roca cerca de la barranca de Micmas no muy lejos de Gabaa.

Bosra: Fortificación, redil (1224). Ciudad de una de los primeros reinos de Edom. También es el nombre de un lugar en Moab.

Cabul: Seco, arenoso (3521). Nombre dado con desagrado por Hiram, rey de Tiro, a las veinte ciudades de Galilea que Salomón le entregara.

Cades: Santo (6946). Lugar en el desierto a veces llamado Cades-barnea al oeste de Edom, donde Moisés envió a los espías a explorar Canaán. Fue aquí donde los hijos de Israel se dieron la vuelta por falta de creencia en la conquista de la Tierra Prometida y consiguientemente fueron condenados a vagar durante cuarenta años en el desierto.

Caifás: Depresión *(2503)*. Sumo sacerdote de los judíos, que entregó a Jesús a los romanos después de hacerlo pasar por un juicio ilegal.

Caín: Adquirido (7014). Hijo mayor de Adán y Eva. Asesinó a su hermano Abel y fundó la civilización cainita.

Caldea: Astrólogo (3778). Región del río Éufrates desde donde migró Abraham y cuya capital era Babilonia. Sus habitantes eran de origen cusita.

Caleb: Valiente; perro (3612). Príncipe de Judá que, habiendo espiado la tierra con Josué, trajo un buen informe sobre Canaán. A los 85 años de edad, Caleb le pidió a Josué que le diera la colina de Hebrón desde donde sacó a tres hijos de Anac.

Calvario: Calavera *(2898)*. Forma latina de *Gólgota,* una pequeña colina fuera de los muros de Jerusalén donde fue crucificado Jesús.

Cam: Moreno (2526). Hijo menor de Noé.

Caná: Gracia, bondad (2580). Aldea a unos ocho kilómetros de Nazaret donde Jesús convirtió agua en vino. También fue el hogar de Natanael.

Canaán: Bajo, plano (3667). Hijo de Cam y nieto de Noé. Fue el nombre dado a la Tierra Prometida, que habían ocupado los descendientes de Canaán.

Capernaum: Aldea de Nahum *(2584)*. Lugar sobre la orilla occidental de Galilea donde Jesús impartió gran parte de sus enseñanzas y realizó varios milagros. Él la denunció por su incredulidad.

Carmelo: Fructífero (3760). Montaña en Palestina que se proyecta al Mediterráneo. Está entre la llanura marítima de Sarón y la llanura de Esdraelon. Es famosa por la confrontación de Elías con Acab y los profetas de Baal.

Cedes: Santo (6943). Ciudad levítica de refugio en Neftalí, al oeste del Lago Merom.

Cedrón: Túrbido (6939). Arroyo que fluye por el valle entre Jerusalén y el Monte de los Olivos y que desemboca en el Mar Muerto. Jesús cruzó este arroyo en su camino a Getsemaní.

Cefas: Piedra *(2786)*. El nombre que Jesús le dio a Simón Pedro.

Cereteos: Verdugos (3774). Tribu filistea de la región sur de Canaán.

Cesarea: (2542). Puerto marítimo sobre la costa de Palestina construido por Herodes el Grande a cien kilómetros al noroeste de Jerusalén y llamado así por Augusto César. Pablo estuvo encarcelado allí.

Cetura: Fragancia (6989). Mujer con la que se casó Abraham después de morir Sara.

Chipre: (2954). Isla del Mediterráneo evangelizada por Pablo y Bernabé.

Cineret: Circuito (3672). Distrito alrededor del mar de Galilea.

Cirene: (2957). Ciudad de Libia en Cirenaica sobre la costa de África del norte.

Ciro: Sol; trono (3566). Fundador del imperio persa, cuya venida fue anunciada por Isaías. Fue él quien dio por terminado el cautiverio babilónico de los judíos.

Cis: Reverencia, poder (7027). Nombre de varias personas, en especial del padre del rey Saúl.

Cisón: Sinuoso (7028). Arroyo que nace en el Monte Tabor y que fluye hacia el oeste a lo largo del pie del Carmelo al Mediterráneo. Es el lugar donde Elías mató a los profetas de Baal.

Cleofas: (2810). Esposo de una de las Marías que era medio hermana de la madre de Jesús.

Cloé: (5514). Mujer discípula que le llevó noticias a Pablo sobre las divisiones en la Iglesia de Corinto.

Coat: Reunión (6955). El segundo hijo de Leví y ancestro de Moisés y Aarón. A la familia coatita se le confió el transporte de los objetos más sagrados del tabernáculo.

Conías: Dios está creando (3659). Nombre dado a Joacim, el rey de Jerusalén que fue llevado cautivo a Babilonia.

Corazín: (5523). Pueblo a tres kilómetros y medio de Capernaum sobre el mar de Galilea donde Jesús realizó algunas de sus poderosas obras. Fue denunciado por Él por su incredulidad.

Coré: Calvicie (7141). Nombre de varias personas, especialmente de un bisnieto de Leví que se unió a Datán y a Abiram en una conspiración contra Moisés y Aarón y que consiguientemente murieron. También el nombre de otro nieto de Leví cuyos descendientes se convirtieron en prominentes músicos y a quienes se les atribuye varios himnos.

Cornelio: (2883). Centurión romano.

Creta: (2914). Isla del Mediterráneo.

Crispo: Frágil *(2921).* Un corintio.

Cristo: Ungido *(5547).* Forma griega del hebreo "Mesías". Un título del Señor Jesús.

Cus: Negro (3568). Nombre de un grupo de personas, especialmente del hijo mayor de Cam y nieto de Noé.

Cusan-risataim: Negrura (3572). Rey de Mesopotamia que oprimió a Israel y que fue derrotado por Otoniel.

Cusi: Negro (3569). Mensajero enviado a David por Joab para anunciarle nuevas acerca de la victoria contra Absalón.

Dagón: Pez (1712). Dios nacional de los filisteos.

Dalila: Lánguida (1807). Mujer filistea a quien el enamorado Sansón le contó el secreto de su fuerza.

Damasco: (1834). La ciudad más antigua del mundo y capital de Siria.

Dan: Juez (1835). Hijo de Jacob y de Bilha. El nombre de una de las tribus y también el nombre de la ciudad ubicada más al norte de Israel. De ahí la descripción popular de la Tierra Prometida: "desde Dan hasta Beerseba".

Daniel: Dios es el juez (1849). Nombre de varias personas, en especial del profeta que adquirió gran poder en Babilonia y que fue autor del libro de Daniel.

Darío: (1867). Nombre de varios dirigentes de Babilonia y Persia.

Datán: Fuente (1885). Rubenita que con Coré y algunos otros condujo una rebelión contra Moisés y Aarón y que, como resultado de ello, murió.

David: Amado (1732). Hijo menor de Isaí de Belén en Judá y el rey más famoso de Israel.

Debir: Disertante (1688). Rey amorreo. También una ciudad en el sur de Judá cerca de Hebrón.

Débora: Abeja, avispa (1683). Profetisa que juzgó a Israel y que indujo a Barac a derrocar a Sísara. También es el nombre de la nodriza de Rebeca.

Dedán: Bajo (1719). Nieto de Cus y también de un hijo de Abraham y Cetura. El nombre también se utiliza para nombrar un distrito cerca de Edom.

Demas: (1214). Discípulo del apóstol Pablo que lo abandonó.

Diablo: Acusador *(1228)*. Hay varias palabras que se traducen como "diablo". Una palabra hebrea literalmente significa "peludo" o "becerro" (Lv. 17:7; 2 Cr. 11:15), un hecho interesante dado que los becerros juegan un papel en la adoración del diablo. Otra palabra hebrea significa "arruinador" o "destructor" (Dt. 32:17; Sal. 106:37).

Diana: Artemisa *(735)*. Una de las diosas principales del mundo pagano griego y romano.

Dibón: Curso del río (1769). Nombre de varias ciudades.

Dídimo: Mellizo *(1324)*. Sobrenombre de Tomás.

Dina: Juzgada, vengada (1783). Hija de Jacob y Lea seducida por Siquem.

Dionisio: Juerguista *(1354)*. Uno de los pocos conversos de Pablo en Atenas.

Diótrefes: Nutrido por Júpiter *(1361)*. Discípulo al que le encantaba tener preeminencia.

Doeg: Temeroso (1673). El pastor principal de Saúl, un edomita que le informó a Saúl que Ahimelec había ayudado a David y que masacró a los sacerdotes.

Dorcas: Paloma; gacela *(1393)*. Mujer de Jope renombrada por su caridad y resucitada por Pedro.

Dotán: Fiesta doble (1886). Ciudad cerca del Monte Gilboa.

Duma: Silencio (1746). Hijo de Ismael. También el nombre de varios lugares.

Ecrón: Naturalizado (6138). La ciudad más al norte de las cinco de los filisteos.

Edén: Delicias (5731). Huerto de Dios donde vivieron antes de la caída Adán y Eva.

Edom: Rojo (123). El hermano mellizo de Jacob que vendió su primogenitura y fundó una nación amargamente hostil a Israel.

Efraín: Doblemente fructífero (669). Segundo hijo de José y patriarca de la tribu que en ocasiones le dio su nombre a las diez tribus del norte. También el nombre de dos pueblos.

Efrata: Fertilidad (672). Antiguo nombre de Belén.

Efrón: Fuerte (6085). Heteo a quien Abraham le compró un sepulcro para Sara.

Egipto: Límite, confinado (4714). País en la costa norte de África que figura prominentemente en la historia hebrea. Los israelitas fueron esclavos allí hasta ser liberados por Moisés.

Eglón: Círculo (5700). Nombre de una ciudad amorrea. También un opresor de Israel que fue asesinado por Aod.

Ela: Roble (425). Valle donde David mató a Goliat. También el nombre del hijo de Baasa, un rey de Israel que vivió poco tiempo. También el nombre de varias otras personas.

Elam: Juventud (5867). Hijo de Sem cuyos descendientes se radicaron en un área al sur de Asiria y al este de Persia. También el nombre de varias personas.

Eldad: Dios es un amigo (419). Profeta en Israel durante los días de Moisés.

Eleazar: Dios es mi ayudador (499). Tercer hijo de Aarón y el nombre de varios otros.

Elí: Dios (Jah) es elevado (5941). Sumo sacerdote y juez de Israel que crió a Samuel. Su reclamo del puesto de sumo sacerdote lo realizó a través de Itamar, el menor de los hijos de Aarón.

Eliab: Dios es mi padre (446). Nombre de varias personas, especialmente del hijo mayor de Isaí y hermano mayor de David.

Eliaquim: Dios establece (471). Nombre de varias personas, en especial del rey Joacim que fue colocado en el trono de Judá por el faraón Necao.

Elías: Dios es Jehová (452). Famoso profeta que se opuso a Acab y a Jezabel y al culto de Baal.

Elcana: Dios posee (511). Padre de Samuel. También el nombre de varios otros.

Eliel: Dios es Dios (447). Nombre de diez personas diferentes.

Eliezer: Dios es mi ayuda (461). Nombre del administrador de Abraham. También el nombre del segundo hijo de Moisés y del profeta que regañó a Josafat y varios otros.

Elifaz: Dios dispensa (464). Uno de los consoladores de Job. También el nombre de uno de los hijos de Esaú.

Elim: Palmeras (362). Segundo campamento de Israel después de abandonar Egipto.

Elimelec: Mi Dios es rey (458). Procedente de Belén, de la época de los jueces, que llevó a su familia a Moab y cuyo hijo se casó con Rut.

Elisabet: Dios jura *(1665).* Esposa de Zacarías el sacerdote y madre de Juan el Bautista.

Elisama: Dios oye (476). Abuelo de Josué. También el nombre de uno de los hijos de David y de varios otros.

Eliseo: Dios salva (477). Sucesor de Elías como profeta.

Eliú: Dios mismo (453). Nombre de uno de los amigos de Job y de varios otros.

Elón: Roble, fuerte (356). Uno de los suegros de Esaú. También el nombre de otros dos (incluyendo uno de los jueces) y de un pueblo en Dan.

Emanuel: Dios con nosotros *(1694).* Nombre del Señor Jesús.

Emaús: (1695). Aldea a diez u once kilómetros de Jerusalén.

Emitas: Terribles (368). Nombre de una raza de gigantes.

Endor: Fuente de Dor (5874). Ciudad de Manasés al sur de Tabor donde Saúl consultó a la bruja.

Engadi: Fuente de Dios; cabrito (5872). Pueblo de la orilla occidental del Mar Muerto.

Enoc: Iniciado; maestro (2585). El hijo mayor de Caín a quien éste le dedicó una ciudad. También un descendiente devoto de Set transportado al cielo antes del diluvio.

Enós: Hombre mortal (583). Hijo de Set y nieto de Adán.

Er: Vigilante (6147). El hijo mayor de Judá, asesinado por Dios por su conducta.

Esaú: Peludo (6215). Hermano mellizo de Jacob y fundador del reino edomita tan hostil hacia Israel.

Escol: Racimo de uvas (812). Hermano de Mamre, un confederado de Abraham. También el nombre de un lugar cerca de Hebrón visitado por los diez espías.

Esdras: Ayuda (5830). Escriba que condujo a un contingente de judíos a la Tierra Prometida desde Babilonia y que luego dirigió reformas religiosas entre el resto de la tierra.

Esmirna: Mirra *(4667).* Una de las ciudades de Asia Menor.

Esteban: Corona *(4736).* Primer mártir de la Iglesia.

Ester: Planeta Venus (635). Huérfana benjamita, adoptada por Mardoqueo, quien se convirtió en reina del rey persa Asuero (Jerjes).

Etán: Antiguo (387). Nombre de varias personas, especialmente de un sabio famoso en los días de Salomón.

Et-baal: Hombre de Baal (856). Rey de Sidón y padre de Jezabel.

Etiopía: (3568). País de África, al sur de Egipto, poblado por los descendientes de Cus, hijo de Cam.

Éufrates: Copioso, dulce (6578). Famoso río que nace en el Edén, frontera oriental de la Tierra Prometida. El Éufrates también fluye a través de Babilonia y figura muchas veces en la profecía bíblica.

Eunice: Victoriosa *(2131).* Madre de Timoteo.

Eutico: Afortunado *(2161).* Joven de Troas a quien Pablo resucitó de entre los muertos.

Eva: Dadora de vida (2332). La primera mujer.

Evil-merodac: Soldado de Merodac (192). Hijo y sucesor de Nabucodonosor. Liberó a Joaquín el cual había estado en prisión durante 37 años encerrado por Nabucodonosor.

Evodia: Buen viaje *(2136).* Mujer discutidora en Filipenses.

Ezequías: Dios es fuerte (2396). Rey grande y bueno de Judá durante la época de Isaías y de la invasión asiria.

Ezequiel: Dios es fuerte (3168). Sacerdote que profetizó a los exiliados en Babilonia.

Ezión-geber: Espina dorsal de un poderoso (6100). Uno de los lugares de parada de Israel en el desierto. Posteriormente una base naval de Salomón y donde Josafat perdió su flota.

Faraón: El sol (6547). Rey de Egipto.

Fares: Ruptura; brotar (6557). Hijo de Judá y Tamar y ancestro de Jesús.

Farfar: Rápido (6554). Río de Damasco.

Felipe: Encariñado con los caballos *(5376).* Un apóstol. También el nombre de uno de los primeros diáconos.

Félix: Feliz *(5344).* Procurador romano sin escrúpulos de Judea que oyó el caso de Pablo.

Festo: Festivo *(5347).* Sucesor de Félix como procurador romano de Judea. Cuando Festo oyó el testimonio de Pablo, le dijo que estaba loco.

Ficol: Grande, fuerte (6369). Capitán de Abimelec.

Filistea: Migración (6429). Tierra de los filisteos.

Finees: Oráculo (6372). Nombre de varios sacerdotes, en especial de uno de los hijos de Aarón que luchó para Moisés en la batalla de Baal-peor en el desierto. También es el nombre de uno de los hijos malos de Elí.

Gabaa: Altura (1390). Ciudad en las alturas de Judá.

Gabaón: Altura (1391). Una de las cuatro ciudades que conspiraron para engañar a Josué para celebrar un tratado con ellas. Fue entregada a Benjamín y se convirtió en una ciudad levítica.

Gabata: Lugar elevado *(1042).* Sitio donde Pilato juzgó a Jesús.

Gabriel: Dios es poderoso (1403). Ángel heraldo.

Gad: Vidente (1408). Séptimo hijo de Jacob y primogénito de la criada de Lea, Zilpa. Se convirtió en fundador de la tribu de Gad. También el nombre de un profeta que se unió a David en el fuerte y quien le aconsejó abandonar el lugar como sitio de refugio.

Galaad: Fuerte; rocoso (1568). Región montañosa sobre la orilla este del Jordán ocupada por partes de Rubén, Gad y Manasés. En la época del Nuevo Testamento se llamaba Perea. También el nombre de varias personas, incluyendo al padre del juez Jefté.

Galacia:(1053). Provincia romana y escena de los primeros y más fructíferos viajes misioneros de Pablo.

Galilea: Círculo *(1056).* Distrito de Neftalí. Después del cautiverio, Galilea comprendía toda la Tierra Prometida al norte de Samaria y fue el escenario de gran parte del ministerio de Cristo.

Galión: (1058). Procónsul romano de Acaya que fue indiferente a las acusaciones de los judíos en su distrito contra Pablo. Fue el hermano menor del famoso erudito Séneca.

Gamaliel: Dios recompensa *(1583).* Asistente de Moisés en el desierto. Más en especial, el nombre de un maestro famoso entre los judíos que fue tutor de Saulo de Tarso.

Gat: Prensa de vino: Fortuna (1661). Una de las cinco ciudades de los filisteos celebradas como el hogar de Goliat.

Gat-hefer: Prensa de vino del pozo (1662). Lugar de nacimiento de Jonás en la tribu de Zabulón.

Gaza: Lugar fuerte (5804). Una de las cinco ciudades de los filisteos.

Gedalías: Dios es grande (1436). Gobernador de Judá designado por Nabucodonosor después de la destrucción de Jerusalén. También el nombre de varios otros.

Gedeón: Leñador, hachero (gran guerrero) (1439). Juez que liberó a Israel de los madianitas.

Genesaret: Con forma de corazón *(1082).* Otro nombre para el mar de Galilea.

Gera: Enemistad (1617). Padre de Simei, el hombre que maldijo a David.

Gerizim: Yermos (1630). Montaña sobre la cual Dios pronunció bendiciones sobre Jerusalén.

Gersón: Extranjero (1648). Primogénito de Moisés y Séfora. También el nombre del hijo mayor de Leví y de varios otros.

Geteos: Prensa de vino (1663). Habitantes de Gat.

Getsemaní: Prensa de aceite *(1068).* Jardín en Jerusalén donde Jesús oró la noche anterior a su crucifixión.

Gezer: Precipicio (1507). Ciudad conquistada por Josué y dada a los coatitas.

Giezi: Menoscabador (1522). Siervo de Elías que engañó a Naamán y que consiguientemente fue golpeado por la lepra de Naamán.

Gihón: Arroyo (1521). Río de Edén. Un lugar cerca de Jerusalén donde Salomón fue proclamado rey.

Gilboa: Fuente borboteante (1533). Zona de colinas de Manasés sobre la orilla oeste del Jordán donde fue asesinado Saúl. El Monte Gilboa estaba a diez kilómetros de Bet sán.

Gilgal: Círculo, rueda (1537). Lugar sobre la orilla occidental del Jordán cerca de Jericó donde Israel acampó por primera vez al entrar en la Tierra Prometida.

Gog: Alto, montaña (1463). Príncipe de los poderos enemigos que al final de los tiempos entablarán una lucha feroz contra el pueblo de Dios.

Golán: Círculo (1474). Ciudad de refugio de Manasés sobre la orilla oriental del Jordán en Basán.

Gólgota: Calavera *(1115)*. Pequeña colina donde Cristo fue crucificado.

Goliat: Exilio; adivino (1555). Gigante filisteo matado por David.

Gomer: Terminación; calor (1586). Hijo mayor de Jafet y padre de Askenaz y Togarma. Gomer fundó las tribus de cimerios y otras familias celtas. También es el nombre de la esposa infiel de Oseas.

Gomorra: Fisura; inmersión (6017). Ciudad hermana de Sodoma y destruida por Dios.

Gosén: (1657). Área de Egipto en la que José ubicó a sus hermanos. Parece haber estado en la parte este del país hacia la Tierra Prometida.

Habacuc: Mensajero (2265). Profeta que estaba preocupado por las advertencias de Dios sobre el hecho de que Judá sería derrotada por los babilonios.

Hadad: Poderoso (1908). Nombre de varias personas relacionadas con Esaú e Ismael.

Hageo: Festivo (2292). Profeta menor que profetizó después del fin del cautiverio babilónico.

Haguit: Festiva (2294). Una de las esposas de David y madre de Adonías.

Hai: Pila de ruinas (5857). Ciudad cerca de Bet-el y aproximadamente a quince kilómetros al norte de Jerusalén. Pudo rechazar el primer ataque de Josué debido al pecado de Acán.

Hamat: Amparada, amurallada (2574). Ciudad de Siria poblada por un pueblo de origen camítico.

Hamor: Gran asno (2544). Príncipe de Siquem cuyo hijo sedujo a Dina, la hija de Jacob.

Hanani: Benevolente (2607). Nombre de media docena de personas, incluyendo al hermano de Nehemías que se convirtió en gobernador de Jerusalén.

Hananías: Dios es benevolente (2608). Nombre de cerca de catorce personas, incluyendo al amigo de Daniel a quien los babilonios dieron el nombre de *Sadrac*.

Harán: Fuerte; iluminado (2039). Hermano menor de Abraham cuyos hijos fueron Lot, Milca e Isca (a quien José se refiere como Sara). También es el nombre de varias otras personas, así como también de una ciudad en Padanaram donde se detuvo Abraham en su camino a Canaán.

Hasabías: Dios está relacionado (2811). Nombre de varias personas, en su mayoría levitas.

Havila: Círculo, distrito (2341). Nombre de un lugar vinculado con el huerto del Edén. También el nombre de varias personas.

Hazael: Dios ve (2371). Oficial de la corte de Ben-adad de Damasco que consultó a Eliseo acerca de la enfermedad del rey. Posteriormente asesinó a su amo real y buscó el trono para sí mismo. Un tiempo antes, Elías lo había ungido secretamente rey de Siria.

Hazor: Cerrado (2674). Ciudad fortificada regida por Jabín. Había sido quemada por Josué y su sitio le fue dado a Neftalí.

Heber: Compañero (2268). Nombre de varias personas, incluyendo al esposo de Jael, quien mató a Sísera.

Hebrón: Vado; compañía, comunión (2275). Ciudad de Judá aproximadamente a treinta y cinco kilómetros al sur de Jerusalén. También el nombre de un par de personas.

Helias: Dios es Jehová *(2243).* Forma griega del nombre Elías.

Hemán: Fiel (1968). Uno de los músicos de David.

Hepsiba: Mi deleite está en ella (2657). Esposa de Ezequías. Algunos piensan que es la hija de Isaías. Era la madre del rey Manasés. El nombre también se usa poéticamente sobre la futura Jerusalén.

Hermón: Prominente; aspero (2768). Alta montaña del Líbano, sobre la que muchos piensan que es el lugar de la transfiguración de Cristo.

Herodes: Héroe *(2264).* Herodes el Grande fue procurador de Judea bajo Julio César y rey bajo Augusto. Su hijo, Herodes Antipas, fue tetrarca de Galilea y de Perea. Asesinó a Juan y se burló de Jesús. Herodes Agripa I mató a Santiago, encarceló a Pedro y murió bajo el juicio de Dios. Herodes Agripa II oyó el testimonio de Pablo y dijo que fue "casi persuadido" a ser cristiano.

Herodías: Heroica *(2265).* Nieta de Herodes el Grande, la cual se casó con su tío Felipe pero lo abandonó por su hermano Herodes Antipas. Instigó el asesinato de Juan el Bautista.

Heteos: Terror (2850). Descendientes de Canaán que ocupaban la colina de Judá.

Heveos: Aldeanos (2340). Descendientes de Canaán que ocupaban parte de la Tierra Prometida y que solían ser pacíficos y de mentalidad comercial.

Hezrón: Floreciente (2696). Nombre de varias personas, incluyendo a un nieto de Judá, ancestro de Jesús.

Hidekel: Rápido (2313). Antiguo nombre del Tigris, uno de los ríos del huerto del Edén, que fluía por Asiria.

Hinom: Libre (2011). Persona por quien se llama un notorio valle de Jerusalén, donde se ofrecían sacrificios humanos a dioses paganos. El nombre pasó a ser un sinónimo de infierno.

Hiram: Blancura; noble (2438). Rey de Tiro amigable con David y Salomón, que proveyó de materiales y de mano de obra para el templo.

Hobab: Amado (2246) También llamado Ragüel (Rauel) e identificado con Jetro el suegro de Moisés, si bien algunos lo identifican como el yerno de Moisés.

Hor: Montaña (2023). Lugar en el que murió Aarón en la frontera de Edom.

Horeb: Yermo (2722). Cadena de montañas dominadas por el Sinaí.

Horeos: Habitantes de las cavernas (2752). Habitantes originarios del Monte Seir que vivían en cavernas sobre los despeñaderos, especialmente en Petra y que fueron expulsados por los descendientes de Esaú.

Hulda: Comadreja (2468). Profetisa consultada por el rey Josías acerca de un libro de la ley recientemente descubierto.

Hur: Libre, noble (2354). Nombre de varias personas, especialmente de uno de los hombres que sostuvo en alto los brazos de Moisés mientras él intercedía por Josué e Israel cuando luchaban con Amalec. De acuerdo con la tradición judía, fue el esposo de María.

Huram: Noble, libre (2361). Nombre de varias personas, en especial de un artesano de Tiro empleado por Salomón para trabajar en el templo.

Husai: Rápido (2365). Uno de los amigos de David, enviado por él a Absalón para derrotar el consejo de Ahitofel.

Ibzán: Espléndido (78). Uno de los jueces.

Icabod: La gloria se ha ido (350). Hijo de Finees, el hijo maligno de Elí el sacerdote. Icabod nació cuando los filisteos capturaron el arca.

Iddo: Favorito, festivo, oportuno, honorable (5714). Nombre de varias personas.

Idumea: Territorio de Edom *(2401)*. Forma griega del nombre Edom.

Ilírico: (2437). Parte del imperio romano sobre la costa oeste del Mar Adriático.

Isaac: Risa (3327). Hijo y heredero de Abraham y padre de Jacob y Esaú.

Isacar: Que trae compensación; recompensa (3485). Noveno hijo de Jacob, y quinto hijo de Lea, padre de la tribu con el mismo nombre.

Isaí: Dios (Jah) existe (3448). Padre de David.

Isaías: Dios es nuestro ayudador (3470). El más grande de todos los profetas que escribieron, que ministró durante aproximadamente sesenta años y advirtió a Israel sobre la inminente invasión asiria. Era amigo cercano y apoyaba a Ezequías de Judá.

Isbi-benob: Morador de la montaña (3430). Uno de los hijos del gigante Goliat.

Is-boset: Hombre de vergüenza (378); hijo de Saúl que Abner, general de Saúl, colocó como marioneta y rey rival contra David.

Iscariote: Hijo de Queriot *(2469)*. Nombre de Judas quien traicionó a Jesús.

Ismael: Dios oye (3458). Hijo de Abraham y Agar y padre de los pueblos árabes. También es el nombre de varias otras personas.

Israel: Príncipe con Dios (3478). El nuevo nombre de Jacob después de luchar con el ángel de Jehová en el Jaboc. También es el nombre dado a la nación que descendió de él.

Itamar: Costa de la palma (385). Hijo menor de Aarón el sacerdote.

Itai: Ser, vivir (863). Capitán geteo del ejército de David cuando David huyó de Absalón.

Jabal: Corriente (2989). Antediluviano que enseñó al pueblo a criar ganado.

Jabes: Lugar árido (3003; 3258). Abreviatura de Jabes-galaad. Hombre sobresaliente de Judá. También una ciudad.

Jabes-galaad: (3003; 1568). Ciudad en Gad cerca de Bet-sán.

Jabín: Inteligente (2985). Nombre de dos reyes de Hazor, especialmente el que oprimió a Israel durante veinte años y que fue derrotado por Barac.

Jaboc: Correr, fluir (2999). Pequeño río que divide Israel de Amón. Nace en las colinas de Basán y va al Jordán a medio camino entre el mar de Galilea y el mar Muerto. Aquí Jacob luchó con el ángel.

Jacob: Suplantador (3290). Hijo de Isaac y Rebeca y mellizo de Esaú. Se convirtió en el padre de los doce patriarcas que dieron sus nombres a las doce tribus de Israel.

Jael: Cabra silvestre (3278). Esposa de Heber el ceneo que asesinó a Sísara.

Jafet: Alto (3315). Segundo hijo de Noé.

Jair: Dios ilumina (2971). Nombre de varias personas, en especial de uno de los jueces.

Jairo: Uno que ilumina *(2383)*. Dirigente de la sinagoga de Capernaum, a cuya hija Jesús le devolvió la vida.

Jambres: (2387). Mago egipcio de la corte del faraón que se oponía a Moisés.

Janes: (2389). Mago egipcio de la corte del faraón que se oponía a Moisés.

Jared: Ir hacia abajo (3382). Padre de Enoc.

Jasón: Sanar *(2394)*. Creyente de Tesalónica que alojó a Pablo y a Silas.

Javán: Efervescente (3120): Hijo de Jafet cuyos descendientes poblaron Grecia.

Jebús: Pisoteado (2982). Antiguo nombre de Jerusalén.

Jebuseos: Pertenecientes a Jebús (2983). Rama de la familia cananea que vivió cerca y en Jerusalén hasta que David se la arrebató.

Jeconías: Dios (Jah) establecerá (3204). Rey impío de Judá.

Jedaías: Dios (Jah) sabe (3042). Nombre de varios sacerdotes.

Jedida: Amada (3040). Esposa de Amón, rey de Judá y madre de Josías.

Jedidías: Dios (Jah) es un amigo (3041). Nombre dado a Salomón por el profeta Natán.

Jedutún: Coro de alabanza (3038). Levita cuyo nombre está relacionado con el servicio de cánticos en el templo.

Jefté: Opositor (3316). Uno de los jueces.

Jefone: Aparece (3312). Padre de Caleb.

Jehiel: Dios (Jah) está vivo (3171). Nombre de aproximadamente una docena de personas.

Jehová: El que existe (3068). Forma del nombre de Dios por el cual fue conocido en el Antiguo Testamento.

Jehú: Dios (Jah) es él (3058). Nombre de varias personas, especialmente de un vigoroso rey de Israel ungido por Elías para dar fin a la dinastía de Acab.

Jemima: Pura (3224). Una de las hijas de Job.

Jeremías: Dios (Jah) es alto (3414). Nombre de media docena de personas, en especial de uno de los principales profetas.

Jericó: Fragante (3405). Ciudad cananea cerca del Jordán tomada por Josué y maldecida.

Jerobaal: Peleador contra Baal (3378). Nombre dado a Gedeón por su padre.

Jeroboam: Extensor (3408). Nombre de dos reyes de Israel.

Jerusalén: Lugar de paz (3389). Ciudad capital de los judíos desde la época de David.

Jesús: Salvador *(2424)*. Nombre del Mesías prometido de los judíos y del salvador de la humanidad.

Jetro: Preeminencia (3503). Sacerdote de Madián y suegro de Moisés.

Jezabel: Sin cohabitación; montón de estiércol (348). Hija maligna de Etbaal, rey de los sidonios. Se convirtió en esposa de Acab y también fue la madre del célebre Atalía.

Jezreel: Dios siembra (3157). Nombre de varias personas y lugares. Oseas le dio este nombre simbólicamente a su hijo para que representara a la nación de Israel.

Joab: Dios (Jah) es mi padre (3097). Sobrino de David y comandante en jefe sin escrúpulos.

Joacaz: Dios (Jah) sostiene (3059). Rey de Israel, hijo de Jehú y padre de Joás. También es el nombre de un rey de Judá también llamado Salum, el hijo de Josías. Fue depuesto por el faraón Necao.

Joacim: Dios (Jah) dispone (3079). Hijo de Josías que fue hecho rey de Judá por el faraón Necao en lugar de Joás. Su nombre original era Eliaquim.

Joaquín: Dios (Jah) estableció (3078). Hijo de Joacim, rey de Judá, que fue puesto en el trono por Nabucodonosor. Finalmente fue deportado a Babilonia.

Joás: Dios (Jah) apoya (3060). Rey de Judá, hijo de Ocozías y padre de Amasías. También es el nombre de un rey de Israel, hijo y sucesor de Joacaz y padre de Jeroboam II.

Joás: Dios sostiene (3101). Nombre de varias personas, incluyendo a varios reyes.

Job: Odiado, es decir, perseguido (347). Un semita que vivía en Uz, cuyos sufrimientos dieron lugar al libro que lleva su nombre.

Jocabed: Dios (Jah) es honor; Dios mi gloria (3115). Madre de Moisés, Aarón y María.

Joel: Jehová (Jah) es Dios (3100). Nombre de más de una docena de personas. En especial del profeta con ese nombre.

Johanán: Dios (Jah) es benevolente (3110). Nombre de por lo menos una docena de personas.

Joiada: Dios (Jah) sabe (3111). Nombre de media docena de personas, especialmente del sumo sacerdote que escondió a Joás de Atalía y lo hizo rey.

Jonadab: Dios (Jah) es generoso (3082, 3122). Un recabita.

Jonás: Paloma (3124). Profeta hebreo enviado a predicar a Nínive.

Jonatán: Dios (Jah) ha dado (3129) Nombre de varias personas, especialmente del hijo de Saúl que era amigo de David.

Jope: Altura, belleza (3305). Puerto marítimo en el territorio de la tribu de Dan.

Joram: Dios (Jah) es ensalzado (3088, 3141). Nombre de un rey de Judá, hijo de Josafat. También el nombre de un rey de Israel, hijo de Acab, asesinado por Jehú. También es el nombre de un sacerdote.

Jordán: Que desciende (3383). Río principal de Canaán, que nace de dos fuentes en el valle entre Líbano y Hermón. Desciende con un curso sinuoso para perderse en el Mar Muerto. En la tipología bíblica simboliza la muerte.

Josafat: Dios (Jah) es juez (3092). Nombre de varias personas, incluyendo al padre de Jehú. En especial el nombre de uno de los reyes buenos de Judá. El nombre también se aplica a un valle en Jerusalén donde el Señor finalmente juzgará a las naciones.

José: Uno que aumentó (3130; *2500*). Hijo de Jacob y de Raquel, hermano de Benjamín y padre de Efraín y Manasés. También el nombre de varias otras personas, incluyendo a José, esposo de la virgen María y padre adoptivo de Jesús, y a José de Arimatea el cual cedió su sepulcro a Jesús.

Josué: Dios (Jah) salva (3091). Nombre de varias personas, en especial del capitán de los ejércitos de Israel que conquistaron Canaán.

Josías: Dios (Jah) sostiene (2977). Uno de los reyes devotos de Judá.

Jotam: Dios (Jah) es perfecto (3147). Hijo menor de Gedeón que escapó a la masacre de sus hermanos a cargo de Abimelec. También el nombre de un rey de Judá.

Juan: Favorito de Jehová *(2491)*. Heraldo de Jesús. También el nombre de uno de los discípulos más íntimos del Señor.

Jubal: Arroyo (3106). Antediluviano que inventó los instrumentos musicales.

Judá: Alabanza (3063). Cuarto hijo de Jacob y Lea y padre de la tribu real de donde provino Jesús.

Judas: Alabanza (*2455*). Discípulo que traicionó a Jesús, también llamado Iscariote. Nombre de varias otras personas, especialmente de un discípulo de Jesús también llamado Lebeo y Tadeo.

Keila: Encerrada (7084). Ciudad de Judá en las colinas hacia Filistea cuyo pueblo, habiendo sido salvado de los filisteos por David, luego lo traicionó con Saúl.

Labán: Blanco, glorioso (3837). Suegro de Jacob, cuyas dos hijas fueron Raquel y Lea.

Lahai-roi: El que vive me ve (883). Un pozo vinculado con Isaac.

Laquis: Altura (3923). Antigua ciudad amorrea capturada por Israel y luego sitiada por los asirios en la época de Ezequías.

Lázaro: Sin ayuda *(2976)*. Amigo de Jesús, hermano de Marta y María de

Betania. Jesús lo resucitó de entre los muertos. También es el nombre de un mendigo en una de las historias de Cristo.

Lea: Fatigada (3812). Una de las esposas de Jacob.

Lebeo: Hombre de corazón *(3002)*. Uno de los discípulos de Jesús. Se le puso el sobrenombre de Tadeo y a veces se le identifica con Judas, el hermano de Jacobo.

Leví: Unido (3878). Tercer hijo de Jacob y Lea y padre de la tribu levítica a la que se le confió el servicio del tabernáculo. Los sacerdotes de Israel eran todos pertenecientes a esta tribu. También el nombre de Mateo, uno de los discípulos del Señor, que antes era recolector de impuestos.

Líbano: Blanco; nevado (3844). Cadena montañosa desde Tiro a Siria, casi paralela a la costa, y que en algunos puntos alcanza alturas de 9.000 pies.

Lo Ammi: No mi pueblo (3818). Nombre simbólico dado por Oseas al hijo nacido de Gomer.

Lodebar: Sin pasto (3810). Lugar más allá del Jordán en Galaad donde Mefiboset se ocultó después de la caída de la casa de Saúl.

Lo Ruhama: Sin lástima, no amado (3819). Nombre simbólico dado por Oseas a una hija nacida de Gomer.

Lot: Oculto, oscuro (3876). Sobrino de Abraham y padre incestuoso de Moab y Amón.

Lucas: Luz *(3065)*. Médico y compañero de Pablo que escribió el Evangelio y Hechos.

Lucifer: El que brilla (1966). Nombre de Satanás.

Maaca: Depresión (4601). Madre de Absalón. También el nombre de varias personas y de un lugar en Siria.

Macedonia: (3109). Región al norte de Grecia evangelizada por Pablo.

Macpela: Giratorio, espiral (4375). Campo en Mamre cerca de Hebrón que compró Abraham como lugar de entierro de Sara.

Madián: Enojo (4080). Hijo de Abraham y Cetura. También su territorio sobre la orilla este del Jordán.

Magdala: Torre, grandeza *(3093)*. Hogar de María Magdalena, a cuatro kilómetros y medio del Mar de Galilea.

Magog: (4031). Hijo de Jafet. También es mencionado en las profecías de Ezequiel 38-39 y Apocalipsis 20:8.

Mahanaim: Dos campamentos (4266). Pueblo sobre la orilla este del Jordán, al sur del río Jaboc.

Mahlón: Manso (4248). Hijo mayor de Elimelec y Noemí y esposo de Rut.

Malaquías: Mensajero de Dios (4401). Profeta del Antiguo Testamento.

Malco: Un rey *(3124)*. Criado a quien Pedro le cortó la oreja.

Mamre: Firmeza, vigor (4471). Sitio a tres kilómetros y medio al norte de Hebrón relacionado con Abraham. También es el nombre de un amorreo amistoso con Abraham.

Manaén: Consolador *(3127)*. Amigo de la niñez de Herodes, que se convirtió en profeta de la Iglesia en Antioquía.

Manahem: Consolador (4505). Rey asesino de Judá.

Manasés: Causar olvido (4519). Hijo de José y padre de una de las tribus. También es el hijo de Ezequías y uno de los reyes más malvados de Judá.

Manoa: Descanso (4495). Padre de Sansón.

Maquir: Vendedor (4353). Hijo de Manasés. También es el nombre de un hombre que vivía cerca de Mahanaim que se hizo amigo de Mefi-boset.

Mara: Amargo (4785). El primer campamento de Israel en el este del Mar Muerto donde el agua no era potable.

Marcos: (3138). Autor del Evangelio de Marcos y primo de Bernabé.

Mardoqueo: Dedicado a Marte (4782). Primo y tutor de Ester.

María: Gorda, fuerte (4813). Hermana mayor de Moisés y Aarón.

María: Amarga *(3137)*. Nombre de siete mujeres del Nuevo Testamento.

Marta: Dama *(3136)*. Hermana de María de Betania y de Lázaro.

Matanías: Regalo de Dios (4983). Hermano de Joacim, convertido en rey de Judá cuando su sobrino Joaquín fue destronado por Nabucodonosor. También se le llama Zedequías y fue el último rey de Judá.

Mateo: Regalo de Dios *(3156)*. Discípulo de Jesús también llamado Leví.

Matías: Regalo de Dios *(3159)*. Eligido por los apóstoles para reemplazar a Judas Iscariote.

Matusalén: Cuando muera, vendrá (4968). Hijo de Enoc.

Medad: Amor (4312). Profeta del campamento de Israel en la época de Moisés.

Medos: Medio (4074). El pueblo de Media en liga con Persia, pero también sometido a ella.

Mefi-boset: Pronunciación de Baal (4648). Hijo lisiado de Jonatán amigo de David.

Meguido: Lugar de Dios (4023). Ciudad al oeste del Jordán y sitio de la última batalla en la venida de Cristo.

Melquisedec: Rey de justicia (3198). Sacerdote y rey de Jerusalén a quien Abraham le pagaba diezmos.

Merab: Incremento (4764). Hija mayor de Saúl prometida a David pero dada a Adriel.

Merari: Amargo; excitado (4847). Hijo menor de Leví.

Meriba: Contienda (4809). Lugar en Refidim donde Moisés golpeó la roca.

Mesac: (4336) Nombre babilónico de Misael, amigo de Daniel.

Mesec: Sembrar; posesión (4902). Nombre de varias personas.

Mesopotamia: Entre dos ríos (763). El terreno que está entre los ríos Éufrates y Tigris.

Micaía: ¿Quién es como Dios (Jah)? (4319). Nombre de varias personas, en especial de un apóstata de la época de los jueces.

Micaías: ¿Quién es como Dios (Jah)? (4321). Profeta que predijo el destino de Acab.

Mical: ¿Quién es como Dios? (4324). Hija menor de Saúl y esposa de David.

Micmas: (4363). Ciudad benjamita a doce kilómetros al norte de Jerusalén.

Mifcád: Asignación (4663). Una de las puertas de Jerusalén: puerta del Juicio.

Miguel: ¿Quién es como Dios? (4317). Nombre de varias personas. También el nombre del arcángel que sostiene la causa de Israel.

Milca: Consejo (4435). Pariente cercana de Abraham. También el nombre de una hija de Zelofehad.

Miqueas: ¿Quién es como Dios (Jah)? (4320). Nombre de uno de los profetas menores.

Misael: ¿Quién es lo que es Dios? (4332). Nombre de varias personas, especialmente de un amigo de Daniel cuyo nombre babilónico era Mesac.

Mizpa: Torre de vigilancia (4709). Nombre de varias ciudades.

Mizraim: Confinado (4714). Segundo hijo de Cam de quien descendieron los egipcios.

Moab: El agua de un padre (4124). Hijo incestuoso de Lot y de su hija mayor y padre del pueblo moabita en la orilla oriental del Mar Muerto.

Moisés: Sacado de (4872). Gran emancipador y legislador de Israel.

Moloc: Consejero, rey (4432). Dios feroz, al que se ofrendaban niños pequeños para arder en la hoguera.

Moriah: Dios (Jah) provee (4179). Lugar donde Abraham ofreció a Isaac, posteriormente el lugar del templo.

Naama: (5279). Agradable; Esposa de Lamec. También es el nombre de la madre amonita de Roboam.

Naamán: Agradable (5283). Leproso sirio sanado por Eliseo.

Nabal: Necio (5037). Hombre rico que insultó a David, y esposo de Abigail.

Nabat: Mirada, cultivo (5028). Padre de Jeroboam I de Israel.

Nabot: Prominencia (5022). Israelita devoto asesinado por Jezabel porque se negó a vender su viñedo a Acab.

Nabucodonosor: (5019). Rey de Babilonia que tomó a los judíos en cautiverio.

Nacor: Horadador, asesino (5152). Nombre del abuelo de Abraham. También es el nombre del hermano de Abraham.

Nadab: Generoso (5070). Hijo mayor de Aarón asesinado por Dios por ofrecer un fuego extraño en el altar. También es el nombre de varios otros, incluyendo el de un rey de Israel.

Nahas: Oráculo (5176). Nombre de dos reyes amonitas. También el nombre de la hermana de Sarvia.

Nahum: Consolador (5151). Profeta menor que predijo la caída de Nínive.

Naiot: Descansar en casa (5121). Ciudad en la que David buscó en vano refugiarse de Saúl.

Natán: Dador (5416). Nombre de varias personas, en especial del profeta que denunció a David por su pecado con Betsabé.

Natanael: Dios da (5417). Nombre de diez personas del Antiguo Testamento.

Natanael: Dado por Dios *(3482)*. Discípulo de Jesús, también llamado Bartolomé.

Nazaret: (3478). Hogar de la niñez de Jesús.

Nebo: Altura (5015). Nombre de varios lugares, especialmente de una montaña al este del Jordán desde donde se avista Jericó, parte de la cadena Abarim con Pisga como cumbre, donde murió Moisés.

Neftalí: Lucha (5321). Sexto hijo de Jacob y segundo hijo de Bilha, criada de Raquel.

Nehemías: Dios (Jah) consuela (5166). Nombre de varios hombres, en especial del copero de Artajerjes que reconstruyó las paredes de Jerusalén.

Ner: Luz (5369). Abuelo de Saúl. También el nombre del padre de Abner.

Nicodemo: Sangre inocente *(3580)*. Miembro del Sanedrín que se convirtió a Cristo.

Nicolás: Conquistador del pueblo *(3532)*. Uno de los primeros siete diáconos.

Nimrod: Rebelde; fuerte (5248). Constructor de Babel y fundador de Nínive.

Nob: Altura (5011). Ciudad en Benjamín cuyos sacerdotes fueron asesinados por Saúl y Doeg.

Nod: Vagar (5113). Tierra al este del Edén establecida por Caín.

Noé: Descanso (5146). El hombre que construyó el arca.

Noemí: Agradable (5281). La suegra de Rut.

Nun: Continuación (5126). Padre de Josué.

Obed: Servir (5744). Nombre de varias personas, especialmente del hijo de Booz y Rut, el padre de Isaí.

Obed-edom: Siervo de Edom (5654). Nombre de varias personas.

Ocozías: Dios (Jah) tiene o posee (274). Nombre de dos reyes: El hijo de Acab y el octavo rey de Israel; el hijo de Joram y quinto rey de Judá, un rey que también es llamado Joacaz y Azarías.

Ofel: Lugar alto (6077). Parte de Jerusalén al este de Sión.

Ofir: Lejano; rico (211). Lugar celebrado en Arabia del sur famoso por su oro y riquezas.

Ofni: Fuerte (2652). Uno de los hijos malvados de Elí, el sacerdote.

Og: Cuellilargo; gigante (5747). Rey de Basán cuya tierra fue entregada a Manasés.

Olivos: Olivo (2132). Cadena corta montañosa al este de Jerusalén.

Omri: Dios distribuye (6018). Rey de Israel y padre de Acab.

On: Sol (204). Lugar un poco al norte de Menfis en Egipto, capital del bajo Egipto, la hija de cuyo sacerdote se casó con José.

Onésimo: Rentable *(3682)*. Esclavo que se escapó y que fue convertido por Pablo en Roma y enviado de regreso a su amo Filemón en Coloso.

Orfa: Espalda, cuello, cuello duro (6204). Una moabita.

Ornán: Fuerte (771). Un jebuseo.

Oseas: Dios (Jah) es mi ayuda (1954). Uno de los profetas menores. Nombre original de Josué. También el nombre del último rey de Israel.

Otoniel: Dios es vigoroso (6274). El hermano menor de Caleb que juzgó a Israel después de la muerte de Josué.

Pablo: Pequeño *(3972)*. Gran apóstol de los gentiles que escribió gran parte del Nuevo Testamento.

Padan-aram: Llanura de Aram (6307). Llanuras de la Mesopotamia donde vivía Labán.

Palestina: Emigración (6429). La Tierra Prometida.

Paran: Lleno de cavernas (6290). Parte del desierto al este de Edom.

Patmos: (3963). Isla yerma en el mar Egeo donde fue encarcelado Juan.

Patros: (6624). Alto Egipto.

Pedaías: Dios (Jah) libera (6305). Nombre de varias personas.

Pedro: Piedra (4074). Uno de los discípulos.

Peka: Vigilancia (6492). Rey de Israel.

Pekaía: Dios (Jah) observa (6494). Rey de Israel.

Peleg: División (6389). Descendiente de Sem en cuya época se dividió la tierra.

Peniel: El rostro de Dios (6439). Donde Jacob luchó con el ángel.

Penuel: El rostro de Dios (6439). Otro nombre para Peniel.

Peor: Abertura (6465). Lugar en Moab donde Balac llevó a Balaam para que pudiera maldecir a los israelitas.

Pilato: Firme, cerrado *(4091)*. Procurador romano que sentenció a muerte a Jesús.

Pisga: Pico (6449). Cadena montañosa de la cual Nebo es el pico.

Pisón: Fluir libremente (6276). Uno de los cuatro ríos del Edén.

Pitón: (6619). Ciudad de almacenaje en Egipto construida con la mano de obra de esclavos hebreos.

Potifar: (6318). Capitán de la guardia del faraón a quien fue vendido José.

Potifera: (6319). Sacerdote de On cuya hija se casó con José.

Priscila: Pequeña Prisca; antigua *(4252)*. Esposa de Aquila que junto a su esposo instruyeron a Apolos en forma perfecta las cosas de Dios, y devota colaboradora de Pablo.

Publio: Común, popular *(4196)*. Hombre principal de la isla de Creta donde naufragó Pablo.

Pudente: Pudoroso *(4196).* Amigo de Pablo.

Pul: Fuerte (6322). Rey de Asiria que invadió Israel.

Quebar: Unión (3529). Tributario del Éufrates, a lo largo de cuyas orillas vivieron algunos exiliados judíos y que fue escenario de algunas visiones de Ezequiel.

Quedorlaomer: Gavilla (3540). Rey de Elam que invadió Canaán y tomó cautivo a Lot.

Quelión: Languidecer (3630). Hijo de Elimelec y Noemí.

Querit: Trinchera (3747). Arroyo al este del Jordán en Gilead cerca de Jericó donde Elías se ocultó después de denunciar a Acab.

Quiriat-arba: Ciudad de Arba (7153). Padre de Anac uno de los gigantes de Canaán. La ciudad que llevaba su nombre después fue llamada Hebrón.

Quiriat-jearim: Ciudad de bosques (7157). Ciudad benjamita a doce kilómetros al oeste de Jerusalén

Quiriat-sefer: Ciudad de los libros (7159). Ciudad de Judea no muy lejana de Hebrón. También llamada Quiriat-sana (ciudad de la instrucción) y Debir (disertante).

Quitim: Terrible; gigantes (3794). Nombre de la isla de Chipre.

Rabá: Grande (7237). Capital de Amón a treinta y cinco kilómetros al este del Jordán.

Rabsaces: Jefe de los coperos (7262). Oficial de Senaquerib que intentó persuadir a Ezequías de que Jerusalén se rindiera.

Ragüel: Dios es un amigo (7467). Suegro de Moisés.

Rahab: Anchura (7343). Prostituta de Jericó que dio refugio a los dos espías hebreos, se casó con la familia real y se convirtió en ancestro de Jesús.

Ramá: Altura (7414). Nombre de varias ciudades, en una de las cuales vivió Samuel.

Ramesés: Hijo del sol (7486). Ciudad de almacenaje en Egipto construida por los esclavos israelitas.

Ramot: Alturas (7216). Ciudad levítica en Gad. Igual que Ramot-galaad.

Raquel: Cordero (7354). Esposa favorita de Jacob.

Rebeca: Lisonjera (7259). Esposa de Isaac y madre de Esaú y Jacob.

Recab: Compañerismo (7394). Nombre de varias personas, especialmente del padre de los recabitas, una tribu que adoptó determinadas costumbres de los hebreos.

Reuel: Dios es un amigo (7467). Hijo de Esaú.

Refaim: Fuerte (7497). Valle en Jerusalén.

Refaítas: Fuerte (7497). Nombre de una raza ubicada al sur de Jerusalén.

Refidim: Llanuras (7508). Lugar donde Israel murmuró por agua y Moisés golpeó la roca.

Rehobot: Expansión (7344). Uno de los pozos de Isaac.

Rezín: Dominio (7526). Rey sirio asesinado por los asirios.

Rimón: Granada (7417). Nombre de varios lugares. También es el nombre de un dios sirio similar a Adonis.

Rizpa: Abigarrada (7532). Una de las concubinas de Saúl que más tarde se casó con Abner.

Roboam: Emancipador del pueblo (7346). Hijo necio de Salomón y sucesor del trono, que perdió diez de las doce tribus ante Jeroboam.

Rode: Rosa *(4498)*. Mujer de la casa de María, la madre de Marcos.

Rogelim: Lugar pleno (7274). Ciudad en Galaad y hogar de Barzilai.

Rubén: He aquí un hijo (7205). Primogénito de Jacob y Lea, y fundador de una tribu.

Rufo: Rojo *(4505)*. Hijo de Simón de Cirene.

Rut: Amistad (7327). Mujer moabita que regresó fielmente a Judá con su suegra Noemí y luego fue "redimida" por Booz y se casó con él.

Sabá: (7652). País desde donde la reina de Sabá llegó hasta Salomón.

Sadoc: Justo (6659). Nombre de varias personas, especialmente de un sacerdote de la época de David.

Sadrac: (7715). Nombre babilónico de Ananías, uno de los amigos de Daniel.

Safán: Sigiloso (8227). Nombre de varias personas, especialmente de un escriba cercano al devoto rey Josías.

Safira: Zafiro *(4551)*. Esposa de Ananías que murió por mentir al Espíritu Santo.

Salatiel: Pedido a Dios (7597). Hijo de Jeconías y padre de Zorobabel.

Salmanasar: (8022). Rey asirio.

Salomón: Paz (8010). Hijo de David, rey de Israel famoso por su riqueza y sabiduría.

Salum: El que recompensa (7967). Rey asesino de Israel que a su vez fue asesinado.

Sama: Fama (8048). Nombre de varias personas, en especial de uno de los hermanos de David.

Samaria: Observar (8111). Capital del reino de Israel a sesenta y siete kilómetros de Jerusalén.

Samgar: Copero; el que huye (8044). Uno de los jueces.

Samuel: Levita (8050). El último de los jueces y el primero de los profetas de Israel.

Sansón: Distinguido (Brillando como el sol) (8123). Uno de los jueces, famoso por su fuerza.

Santiago: Forma griega del nombre Jacobo *(2385)*. Nombre de varias personas, incluyendo a dos de los discípulos del Señor y al hermano del Señor.

Sara: Princesa (8283). Esposa de Abraham y madre de Isaac.

Sarai: Dios (Jah) es un príncipe (8297). Esposa de Abraham, cuyo nombre fue cambiado por Dios a Sara. Era medio hermana de Abraham.

Sarón: Llanura (8289). Rica tierra de pastos entre Jope y Cesarea.

Sarvia: Bálsamo (6870). Hermana de David y madre de Joab, Abisai y Asael.

Satanás: Acusador, que siente odio (7854). Nombre del diablo.

Saúl: Pedido (7586). Nombre del primer rey de Israel.

Saulo: Pedido *(4569)*. El nombre del apóstol Pablo.

Seba: (7652). Nombre de varias personas. Se utiliza una palabra diferente que significa "juramento" o "pacto" en relación al nombre Beerseba. También es el nombre de un benjamita que se rebeló contra David.

Sedequías: Dios (Jah) es poder (6667). Nombre de varias personas, especialmente el nombre dado por Nabucodonosor a Matanías cuando lo convirtió en rey en lugar del depuesto Joaquín.

Séfora: Pequeña ave (6855). Esposa de Moisés.

Sehón: Grande, valiente (5511). Rey amorreo.

Sem: Nombre, reconocido (8035). Hijo de Noé, fundador de las familias semitas.

Semaías: Dios (Jah) es afamado (8098). Nombre de dos docenas de personas, incluyendo a un profeta enviado a Roboam para advertirle que aceptara la rebelión de las diez tribus y el establecimiento del reino del norte.

Senaquerib: (5576). Rey asirio que invadió Judá en la época de Ezequías e Isaías.

Seraías: Dios (Jah) es un príncipe (8303). Nombre de varias personas.

Set: Compensación (8352). Hijo de Adán y Eva nacido después del asesinato de Abel.

Siba: Plantación (6717). Siervo de Saúl designado por David para servir a Mefi-boset y que calumnió a este último ante David.

Siclag: Giratoria (6860). Ciudad relacionada con los años fugitivos de David.

Sidim: Extensión (7708). Región donde estaban ubicadas las ciudades de Sodoma y Gomorra.

Sidón: Fortificado (6721). Famoso puerto marítimo fenicio a treinta y dos kilómetros de Tiro.

Sihor: Turbio, fangoso (7883). Cauce de agua a veces llamado "el río de Egipto". La palabra se aplica también al Nilo. Marca la frontera de la Tierra Prometida.

Silas: (4609). Compañero misionero de Pablo, también llamado Silvano.

Silo: Estar contento (7887). Ciudad en Efraín donde se ubicó el tabernáculo hasta la época de Samuel. También es un nombre místico del Mesías.

Simeón: Oír (8095). Segundo hijo de Jacob y Lea. También el nombre de varias otras personas, incluyendo a Simón Pedro.

Simón: Oír *(4613)*. Nombre de dos de los apóstoles. Uno era el hermano de Andrés y el otro fue conocido como Simón el Zelote.

Sin: Risco (5512). Desierto entre Elim y Sinaí.

Sinaí: Risco (5514). Montaña con tres picos entre los golfos de Suez y Aqaba, donde Dios le entregó la ley a Moisés.

Simei: Dios es afamado (8096). Nombre de aproximadamente veinte personas, incluyendo al benjamita que maldijo a David y fue ejecutado por Salomón.

Sinar: (8152). Babilonia. El lugar donde se construyó la Torre de Babel.

Síntique: Accidente *(4941)*. Mujer pendenciera de la Iglesia de Filipos.

Sion: Fortaleza (6726). Colina sudoeste de Jerusalén, a veces llamada la ciudad de David. Un nombre poético para Jerusalén.

Siquem: Hombro (7927). Una de las ciudades refugio. También el nombre de varias personas, incluyendo al hombre que sedujo a la hija de Jacob.

Siria: Terreno alto (758). País vecino del norte de Israel, que solía ser hostil hacia esta nación.

Sísara: Meditación; selección (5516). Capitán del ejército de Jabín, rey de Canaán, asesinado por Jael.

Sodoma: Lugar de cal (5467). Ciudad vil donde vivió Lot, destruida por un juicio feroz y singular de Dios junto con Gomorra y varias otras ciudades.

Sofonías: Dios (Jah) es oscuridad (6846). Uno de los profetas menores. También es el nombre de varias otras personas.

Sorec: Viñedo (7796). Valle entre Ascalón y Gaza.

Sucot: Cabañas (5523). Nombre de varios lugares.

Sunem: Desparejo (7766). Ciudad en Isacar en el lado empinado de Gilboa. El nombre *Sulem* probablemente se refiera al mismo lugar; de ser así, la sulamita que obtuvo la atención de Salomón provino de allí.

Susa: Lirio (7800). Capital de Persia sobre el río Ulai.

Tabita: Gacela *(5000)*. Mujer a quien Pedro resucitó de entre los muertos.

Tabor: Montaña (8396). Nombre de varios lugares, en especial de una montaña solitaria en Galilea.

Tadeo: (2280). Otro nombre para Lebeo, uno de los discípulos del Señor.

Tamar: Palma (8559). Viuda de Er, casada con Judá en contra de su voluntad, y ancestro de Jesús. También es el nombre de varios otros, incluyendo a la hermana de Absalón que fue seducida y avergonzada por Amnón.

Taré: Dar vueltas, vagar (8646). Padre de Abraham.

Tarsis: Duro (8659). Se cree que era Tartesos en España, uno de los puertos de avanzada del imperio comercial fenicio.

Tarso: (5019). Capital de Cilicia en Asia Menor, reconocida como el lugar de nacimiento del apóstol Pablo.

Temán: Sur (8487). Área desde donde provenían los consoladores de Job.

Teófilo: Amado por Dios *(2321)*. Noble a quien Lucas dedicó su Evangelio y el libro de Hechos.

Tiberias: Perteneciente al río *(5085)*. Ciudad en la orilla oeste del mar de Galilea construida por Herodes Antipas (asesino de Juan el Bautista) y llamado así por el emperador Tiberio. Se convirtió en el asiento del aprendizaje rabínico y los judíos la consideraban casi tan sagrada como Jerusalén, Hebrón y Safed después de la época de Cristo.

Tiberio: Perteneciente al río *(5086)*. El César reinante cuando nació Jesús.

Timnat: Una porción asignada (8553). Lugar al que fue Sansón para obtener una esposa.

Timoteo: Honrado de Dios *(5095)*. Un medio judío circuncidado por Pablo después de su conversión y un compañero de trabajo de Pablo.

Tiro: Roca (6865). Ciudad imperial de los fenicios asignada a la tribu de Aser pero nunca tomada por ella.

Tirsa: Deleite (8656). Ciudad, famosa como la capital de las diez tribus antes de la construcción de Samaria y a la cual Salomón comparo con la sulamita.

Tito: (5103). Discípulo griego de Pablo.

Tobías: Dios (Jah) es bueno (2900). Nombre de varias personas, especialmente del amonita que se opuso a Nehemías.

Tofet: Altar (8612). Lugar en el valle de Hinom en Jerusalén donde se ofrecían sacrificios. El nombre se convirtió en sinónimo de infierno.

Tola: Cálido. Carmesí (8439). Uno de los jueces. También un hijo de Isacar.

Tomás: Mellizo *(2381)*. Un apóstol llamado Dídimo (mellizo).

Tubal: (8422). Hijo de Jafet siempre relacionado con Mesec en su enemistad contra el pueblo de Dios.

Urías: Dios (Jah) es luz (223). Nombre de varias personas, en especial del esposo de Betsabé, a quien había asesinado David.

Uza: Fuerza (5798). Hombre que murió al tocar el arca sagrada. También es el nombre de varios otros.

Uzías: Dios (Jah) es fuerte (5818). Poderoso rey de Judá que fue atacado de lepra por intentar usurpar las funciones sacerdotales.

Vasti: (2060). Reina depuesta por Asuero.

Zabulón: Morada (2074). Hijo de Jacob y Lea y fundador de una de las tribus.

Zacarías: Dios (Jah) ha recordado (2148). Nombre hebreo común, especialmente el de uno de los últimos reyes y el de uno de los profetas menores.

Zacarías: Dios (Jah) es renombrado *(2197)*. En su forma griega, en especial el nombre del padre de Juan el Bautista.

Zafnat-panea: Salvador del mundo (revelador de secretos) (6847). El nombre que el faraón le dio a José.

Zaqueo: Puro *(2195)*. Recaudador de impuestos en Jericó.

Zebedeo: Dios (Jah) da *(2199)*. Padre de Jacobo y de Juan, y esposo de Salomé.

Zelote: Partidario o adepto *(2208)*. Uno de los discípulos del Señor también llamado el cananita.

Zif: Lugar de refinamiento (2128). Nombre de un lugar en Judá. También el nombre de una persona.

Zila: Protección, sombra (6741). Una de las esposas de Lamec.

Zilpa: Mirra que gotea (2153). Sirvienta de Lea que concibió hijos de Jacob.

Zimri: Celebrado (2174). Rey asesino de Israel que a su vez fue asesinado.

Zipor: Gorrión (6834). Padre de Balac, el rey de Moab que contrató a Balaam para maldecir a Israel.

Zoán: (6814). Importante ciudad egipcia.

Zoar: Pequeña (6820). Ciudad donde huyó Lot cuando Dios destruyó Sodoma. Luego fue una ciudad moabita.

Zofar: Peludo, áspero (6691). Uno de los amigos de Job.

Zorobabel: Brote de Babilonia; plantado en Babilonia (2216). Hombre que condujo a un grupo de cautivos de regreso desde Babilonia. Era el nieto de Joacim.

28

Libros útiles para el estudio

Charles H. Spurgeon, conocido como el "príncipe de los predicadores" dijo una vez:

> Incluso un apóstol debe leer. Algunos de nuestros hermanos ultracalvinistas creen que un ministro que lee libros y estudia su sermón debe ser un espécimen de predicador deplorable. Un hombre que llega al púlpito, declara que ha escogido su texto de forma espontánea, y habla unas cuantas tonterías, es el ídolo de muchos... ¡Cómo les reprende el apóstol! Él está inspirado y aun así quiere libros. Ha predicado durante al menos treinta años, y sigue queriendo libros. Ha visto al Señor y todavía quiere libros. Ha tenido una experiencia más amplia que la mayoría de los hombres y todavía quiere libros. Se ha acercado al tercer cielo, ha escuchado cosas que dijo no se debían expresar, y todavía quiere libros. Ha escrito la mayor parte del Nuevo Testamento, y todavía quiere libros. El apóstol le dice a Timoteo y también a todo predicador: "ocúpate en la lectura". El hombre que nunca lee, nunca será leído; el que nunca cita, nunca será citado... Pablo dijo: "Trae los libros", unámonos a él en esta petición.

Wilbur M. Smith, en una alocución sobre "El pastor y sus lecturas" pronunciada en una sesión para pastores en la Moody Bible Institute Founder's Week Conference, en 1960, dijo:

> Un ministro cristiano... tiene más áreas de interés vital que un hombre con cualquier otro tipo de llamado. Estas áreas incluyen temas tan amplios como: la

> teología sistemática, bíblica e histórica, en la que, por supuesto, la persona y la obra de Cristo ocupa el primer lugar; la historia de la Iglesia cristiana; hermenéutica; los múltiples aspectos de la homilética; el crecimiento y principios de las misiones; las biografías de los hombres y mujeres que han hecho una contribución vital a la extensión del Reino de Dios y al conocimiento de su Palabra durante siglos; alabanza; arquitectura eclesial; psicología pastoral; la historia y geografía del oriente cercano; apologética; la filosofía de la religión, etc.
>
> Nadie en toda su vida puede llegar a examinar siquiera de forma superficial las obras principales, antiguas y modernas, en todas las áreas, y solo unos pocos tienen la habilidad de dominar toda la literatura o incluso uno de estos temas, como ha hecho Latourette con la historia de las misiones, o R. H. Rowley con la literatura perteneciente al Antiguo Testamento.

Nadie sabe, por ejemplo, cuántos libros se han escrito directamente relacionados con la vida de Jesucristo. Una autoridad estima que se han escrito más de diez mil libros sobre Él en inglés, solo en los últimos 200 años (W. M. Smith, *The Minister in His Study* [Chicago: Moody Press, 1973], p. 53).

A los predicadores, al igual que a los maestros de las clases de Biblia o de la Escuela dominical, les dan las obras hechas a su medida. Su primer problema, asumiendo que se tomen en serio su llamado de ser predicadores y de enseñar la Palabra, es decidir qué libros les ayudarán en sus estudios. Algunos libros han sido muy aclamados, pero en realidad son inútiles. Otros, contienen una mezcla de materiales, unos útiles, otros no. Ni siquiera los escritores "de fiar" se pueden recomendar de forma generalizada. Los buenos autores no siempre son útiles, y un escritor en particular, por muy reconocido que sea, puede que no atraiga a todo el mundo.

La lista es una sugerencia, no es una lista exhaustiva. Entre estos títulos no se citan todos los buenos libros sobre un tema. Algunos libros ya no se publican, pero se pueden encontrar con frecuencia en librerías de segunda mano. No se citan todos los libros de un autor concreto, pero, por lo general, si un lector encuentra especialmente útil el libro de un autor en particular, probablemente también le resulten útiles otros libros de ese mismo autor. Sin embargo, es necesario tener cuidado. Algunos autores son muy buenos en ciertas áreas, pero tienen puntos de vista cuestionables en otras; Bullinger y Pink, por ejemplo, deben ser leídos con criterio. El discernimiento siempre es deseable en todos los aspectos de la vida, desde luego.

La siguiente lista pondrá en marcha a los lectores en un área concreta, y todos pueden añadir su bibliografía a medida que se vayan sintiendo más seguros sobre ella.

Así que: "Ocúpate en la lectura" (1 Timoteo 4:13).

INTERPRETACIÓN BÍBLICA

Hermenéutica, Milton S. Terry (Terrassa: Editorial Clie).

Hermenéutica Bíblica, José M. Martínez (Terrassa: Editorial Clie), 1984.

Normas de interpretación bíblica, Ernesto H. Trenchard (Grand Rapids: Portavoz), 1958.

Traza bien la Palabra de verdad, C. I. Scofield (Grand Rapids: Portavoz), 1981.

HISTORIA, GEOGRAFÍA Y CULTURA BÍBLICAS

Usos y costumbres de las tierras bíblicas, Fred H. Wight (Grand Rapids: Portavoz), 1981.

Nuevo manual de usos y costumbres de los tiempos bíblicos. Ralph Gower (Grand Rapids: Portavoz), 1990.

La vida y los tiempos de Jesús el Mesías, 2 vols., Alfred Edersheim (Terrassa: Editorial Clie).

Atlas completo de la Biblia, Charles F. Pfeiffer (Miami: Unilit), 1997.

En los pasos del apóstol Pablo, F. F. Bruce (Grand Rapids: Portavoz), 1995

Atlas histórico Westminster de la Biblia, Wright/Filson (El Paso, Casa Bautista de Publicaciones), 1956.

Habla el Antiguo Testamento, Samuel J. Schultz (Grand Rapids: Portavoz), 1995.

Israel y las naciones, F. F. Bruce (Grand Rapids: Portavoz), 1979.

Josefo: Las obras esenciales: Paul Maier, ed. (Grand Rapids: Portavoz), 1995.

El mundo que Jesús conoció, Anne Punton (Grand Rapids: Portavoz), 2005.

BIBLIAS Y ESTUDIOS DEL HEBREO Y GRIEGO BÍBLICO

Nueva concordancia Strong exhaustiva de la Biblia, James Strong (Miami: Editorial Caribe), 2003.

Léxico Griego/Español del Nuevo Testamento, Alfred E. Tuggy (El Paso: Casa Bautista de Publicaciones), 2003.

Léxico concordancia del Nuevo Testamento en Griego y Español, Jorge G. Parker (El Paso: Editorial Mundo Hispano), 1982.

Nueva Biblia de estudio Scofield, C. I. Scofield y actualizado por E. Shuyler English, (Nashville: B&H Publishing Group), 2001.

Comentario al texto griego del Nuevo Testamento, A. T. Robertson (Terrassa: Editorial Clie), 2003.

Diccionario Expositivo de palabras del Antiguo y Nuevo Testamento Exhaustivo, W. E. Vine (Nashville: Grupo Nelson), 2007.

Antiguo Testamento interlineal hebreo-español, 4 vols, (Terrassa: Editorial Clie).

Nuevo Testamento interlineal griego-español, F. Lacueva ((Terrassa: Editorial Clie), 1984.

La Biblia cronológica, F. Lagard Smith (Grand Rapids: Portavoz), 2008.

Biblia de estudio Ryrie, Charles C. Ryrie (Grand Rapids: Portavoz), 1992.

NOMBRES BÍBLICOS

Los nombres de Cristo, T. C. Horton y C. E. Hurlburt (Grand Rapids: Portavoz), 1999.

Los nombres de Dios, Nathan Stone (Grand Rapids: Portavoz), 1996.

Los nombres del Espíritu Santo, Ray Pritchard (Grand Rapids: Portavoz), 2000.

ESTUDIO GENERAL DE LA BIBLIA

De qué trata la Biblia, Henrietta C. Mears (Grand Rapids: Portavoz).

Manual bíblico de Halley, Henry H. Halley (Miami, Vida), 2002.

Manual bíblico de Unger, Merrill F. Unger (Grand Rapids: Portavoz), 1993.

Reseña crítica de una introducción al Antiguo Testamento, Gleason L. Archer (Grand Rapids: Portavoz), 1981.

Nuestro Nuevo Testamento, Merrill C. Tenney (Grand Rapids: Portavoz), 1973.

Auxiliar bíblico Portavoz, Harold L. Willmington (Grand Rapids: Portavoz), 1996.

Cómo obtener lo máximo de la Palabra de Dios, John MacArthur (Grand Rapids: Portavoz), 2003.

Compendio bíblico Portavoz de bolsillo, William F. Kerr (Grand Rapids: Portavoz), 2005.

Panorama del Antiguo Testamento, Paul N. Benware (Grand Rapids: Portavoz), 2003.

Panorama del Nuevo Testamento, Paul N. Benware (Grand Rapids: Portavoz), 2003.

TIPOLOGÍA

El tabernáculo de Israel, James Strong (Grand Rapids: Portavoz), 2003.

El tabernáculo en el desierto, John Ritchie (Grand Rapids: Portavoz), 1987.

El templo: Su ministerio y servicios en tiempos de Jesucristo, Alfred Edersheim (Grand Rapids: Portavoz), 1997.

PROFECÍA

Eventos del porvenir, J. Dwight Pentecost (Miami: Vida), 1984.

Daniel y el reino mesiánico, Evis Carballosa (Grand Rapids: Portavoz), 1979.

El dictador del futuro, Evis Carballosa (Grand Rapids: Portavoz), 1978.

¡Ven pronto, Señor Jesús!, Charles C. Ryrie (Grand Rapids: Portavoz), 1997.

Serie Profecía: El Anticristo y su reino, Thomas Ice y Timothy Demy (Grand Rapids: Portavoz), 1997.

Serie Profecía: Armagedón y el Medio Oriente, Thomas Ice y Timothy Demy (Grand Rapids: Portavoz), 1999.

Serie Profecía: El arrebatamiento, Thomas Ice y Timothy Demy (Grand Rapids: Portavoz), 1997.

Serie Profecía: Cielo y eternidad, Thomas Ice y Timothy Demy (Grand Rapids: Portavoz), 1999.

Serie Profecía: Jerusalén en la profecía, Thomas Ice y Timothy Demy (Grand Rapids: Portavoz), 1997.

Serie Profecía: El milenio, Thomas Ice y Timothy Demy (Grand Rapids: Portavoz), 1997.

Serie Profecía: Segunda venida de Cristo, Thomas Ice y Timothy Demy (Grand Rapids: Portavoz), 1999.

Serie Profecía: Las señales finales, Thomas Ice y Timothy Demy (Grand Rapids: Portavoz), 1999.

Serie Profecía: El templo de los útlimos días, Thomas Ice y Timothy Demy (Grand Rapids: Portavoz), 1997.

Serie Profecía: La tribulación, Thomas Ice y Timothy Demy (Grand Rapids: Portavoz), 1997.

Los profetas de Israel, Leon J. Wood (Grand Rapids: Portavoz), 1995.

La segunda venida, John MacArthur (Grand Rapids: Portavoz), 1999.

CRISTOLOGÍA

Cristo Rey de reyes, Evis Carballosa (Grand Rapids: Portavoz), 2002.

VARIOS

Diccionario de figuras de dicción utilizadas en la Biblia, E. W. Bullinger (Terrassa: Editorial Clie).

Cómo entender y explicar los números de la Biblia, E. W. Bullinger (Terrassa: Editorial Clie).

Teología bíblica del Nuevo Testamento, Charles C. Ryrie (Grand Rapids: Portavoz), 1979.

Diccionario de teología premilenarista, Mal Couch (Grand Rapids: Portavoz), 2000.

Diccionario de teología, E. F. Harrison (Grand Rapids: Libros Desafío), 2006.

Nuevo diccionario bíblico ilustrado, Vila/Escuain (Terrassa: Editorial Clie), 1982.

Nuevo diccionario bíblico Certeza, (Buenos Aires: Ediciones Certeza Unida), 2003.

Grandes temas bíblicos, Lewis S. Chafer, edición revisada por John F. Waloord (Grand Rapids: Portavoz), 1995.

Los números en la Biblia, Robert D. Johnston (Grand Rapids: Portavoz), 1994.

COMENTARIOS

Comentario bíblico Moody, Antiguo y Nuevo Testamento (2 tomos), Charles F. Pfeiffer y Everett F. Harrison (Grand Rapids: Portavoz), 1971.

Comentario MacArthur del Nuevo Testamento, John MacArthur (Grand Rapids: Portavoz).

Comentario bíblico Portavoz, varios autores, (Grand Rapids: Portavoz).

Biblia de bosquejos y sermones, Anónimo (Grand Rapids: Portavoz).

Mateo: La revelacion de la realeza de Cristo, Evis L. Carballosa (Grand Rapids: Portavoz), 2007.

Romanos, Evis L. Carballosa (Grand Rapids: Portavoz), 1994.

Filipenses, Evis L. Carballosa (Grand Rapids: Portavoz), 1991.

Colosenses, Evis L. Carballosa (Grand Rapids: Portavoz), 1997.

Apocalipsis, Evis L. Carballosa (Grand Rapids: Portavoz), 1997.